C0-AYK-020

V&R

# Novum Testamentum et Orbis Antiquus / Studien zur Umwelt des Neuen Testaments



Band 72

Vandenhoeck & Ruprecht

Martin Ebner / Elisabeth Esch-Wermeling (Hg.)

# Kaiserkult, Wirtschaft und *spectacula*

## Zum politischen und gesellschaftlichen Umfeld der Offenbarung

Vandenhoeck & Ruprecht

Mit 20, z.T. farbigen Abbildungen und Karten

Bibliografische Information der Deutschen Nationalbibliothek

Die Deutsche Nationalbibliothek verzeichnet diese Publikation in der Deutschen Nationalbibliografie; detaillierte bibliografische Daten sind im Internet über http://dnb.d-nb.de abrufbar.

ISBN 978-3-525-53396-3


Printed in Germany.
Druck und Bindung: ⊕ Hubert & Co, Göttingen.

Gedruckt auf alterungsbeständigem Papier.

# Vorwort

Die Beiträge des vorliegenden Sammelbandes sind aus Vorträgen entstanden, die im Rahmen des Workshops „Kaiserkult, Wirtschaft und *spectacula*. Zum politischen und gesellschaftlichen Umfeld der Offenbarung" am 11./12.02.2009 in Münster vorgetragen wurden. Der Workshop war bewusst interdisziplinär angelegt: Neutestamentler traten mit Fachleuten für Alte Geschichte und der Klassischen Archäologie ins Gespräch – sowohl unter den Referentinnen und Referenten als auch unter den Teilnehmerinnen und Teilnehmern. Organisatorisch verankert war der Workshop im Projekt D2 „Gewaltvisionen der Offenbarung und Gewalt-*spectacula* im Römischen Reich" des Exzellenzclusters „Religion und Politik in den Kulturen der Vormoderne und Moderne" an der WWU Münster.

Wir danken an erster Stelle der Referentin und den Referenten, die sich auf die gestellte Thematik eingelassen, engagiert diskutiert und schließlich die schriftlich vorliegende Fassung ihres Beitrags von den zugespitzten Fragestellungen her konzipiert haben, wie sie im Diskurs des Workshops entstanden sind.

Darüber hinaus danken wir den Verantwortlichen des Exzellenzclusters, namentlich seien an dieser Stelle Prof. Dr. Gerd Althoff und Dr. Iris Fleßenkämper genannt, für die problemlose Bereitstellung der entsprechenden finanziellen Mittel – sowohl für die Durchführung des Workshops als auch im Blick auf die Druckkosten. Dankend erwähnen möchten wir außerdem die hilfsbereiten Mitarbeiter und Mitarbeiterinnen innerhalb des Exzellenzclusters, die unsere interdisziplinäre Arbeit mit manch nützlichem Hinweis unterstützt haben.

Dem Herausgeberteam danken wir für die prompte Aufnahme in die Reihe NTOA, insbesondere Prof. Dr. Peter Lampe, der unseren Band betreut hat. Darüber hinaus möchten wir uns bei Herrn Christoph Spill vom Vandenhoeck & Ruprecht Verlag bedanken für die ausdauernde und freundliche Kooperation. Dank gebührt schließlich Julia Mathias, die in größter Gewissenhaftigkeit die Beiträge Korrektur gelesen und auf Form gebracht, die Register erstellt und bei der formalen Überarbeitung die Hauptlast getragen hat.

Münster, im Juli 2010

Elisabeth Esch-Wermeling
und Martin Ebner

# Inhalt

Martin Ebner

# Unterschiedliche Perspektiven auf den Kaiserkult in der römischen Provinz Asia

## Alte Geschichte, Klassische Archäologie und neutestamentliche Exegese auf dem Weg zum interdisziplinären Gespräch

Ephesus – Smyrna – Pergamon – Thyatira – Sardis – Philadelphia – Laodizea. Bei diesen Städtenamen werden Klassische Archäologen vermutlich andere Bilder und Daten assoziieren als Fachleute für Alte Geschichte oder Neutestamentler (Männer wie Frauen). Die einen haben sofort die Kuretenstraße und das Theater von Ephesus vor Augen, den Burgberg von Pergamon, das Gymnasion von Sardis und vieles andere mehr. Die anderen denken zuallererst an die römische Provinz Asia, an deren Provinzhauptstadt Ephesus, vielleicht an den Aufstand 88 v.Chr., den Sulla niedergeschlagen hat. Neutestamentler denken vermutlich schlicht und einfach an die sieben Städte der Geheimen Offenbarung im Neuen Testament.

In den vorliegenden Beiträgen dieses Bandes, weitergesponnen aus Vorträgen, die bei einem interdisziplinären Workshop im Rahmen des Exzellenzclusters Religion und Politik an der WWU Münster gehalten wurden, schauen Fachleute der Alten Geschichte, der Klassischen Archäologie und des Neuen Testaments auf den gleichen geographischen Raum in der Zeit römischer Herrschaft: die römische Provinz Asia. Aber sie haben je unterschiedliche Perspektiven – und sie stützen sich auf je andere Materialien: Die einen berufen sich auf Inschriften und literarische Zeugnisse, die anderen haben Artefakte vor Augen, die Neutestamentler lesen das Buch der Offenbarung.

Auf die Blick*richtung* fokussiert könnte man sagen: Während die einen in die Tiefe graben und Bauwerke wie Kunstwerke freizulegen und zu rekonstruieren versuchen, die anderen die Schriftzeichen auf den Steinen zu entziffern, zu ergänzen und zu deuten sich bemühen, schauen die Neutestamentler buchstäblich in den Himmel. Denn das Buch der Offenbarung (= Offb) besteht fast ausschließlich aus Visionen. Der Text beginnt – nach der brieflichen Einführung – zwar auf der Erde, hebt dann aber buchstäblich ab. Der Verfasser, der sich auf der Insel Patmos vor der kleinasiatischen Küste befindet, hat am Herrentag dort eine Vision: Er schaut eine herrscherlich-monströse Kolossalgestalt, die ihm an jede der sieben Gemeinden in den genannten sieben Städten einen Brief diktiert. Anschließend lässt diese Kolossalgestalt den Verfasser (und mit ihm die Leser) in den Himmel schauen und sie einen himmlischen Thronsaal sehen. Dort wird ein Buch geöffnet, dessen Inhalt dann – vor den Augen der Adressaten und der Leser – wie ein Film abläuft, bis der Text ganz am Ende des Buches in einem Wechselgespräch zwischen Verfasser und Gemeinden wieder auf die Erde zurückkehrt.

Eine derartige Schau in den Himmel, eine derartige Manier, Visionen und Himmelsreisen literarisch festzuhalten und unter ausgewählten Anhängerkreisen zu verbreiten, das ist typisch für die jüdische Apokalyptik. Dahinter steckt der Anspruch, eine Schau der wahren Welt zu bieten, besser gesagt: die irdischen Welt so zu zeigen, wie sie unter göttlichen Augen durchleuchtet wird. Was in den Visionen geschildert wird, ist eine Welt ohne Hüllen. Sie wird buchstäblich ent-hüllt (ἀπο-καλύπτειν). Bezüglich seiner Visionen beansprucht der Autor, das wahre Gesicht der irdischen Welt zum Vorschein zu bringen – und ihr künftiges Geschick. Die Visionen der Offb entwerfen z.T. surreale Bilder. Mit am bekanntesten sind vielleicht die beiden ungeheuerlichen Tiere, von denen das eine aus dem Meer, das andere aus dem Land aufsteigt. Damit wird sich ein eigener Beitrag beschäftigen.

Wenn diese Visionen wirklich „Enthüllungen" sein wollen – und nicht nur phantastische Bilder, dann müssen sie etwas zu tun haben mit der Welt auf dem Boden. Und an diesem Punkt beginnt das Rätselraten. In der ntl Wissenschaft ist es zu einem weitreichenden Konsens geworden: Es ist der Kaiserkult in der Provinz Asia, gegen den die Offb polemisiert. Der Kaiser maßt sich an, was eigentlich nur Gott zusteht: göttliche Verehrung.

Was die Forschung zur Offb angeht, sind Exegeten eifrigste Rezipienten der archäologischen, epigraphischen, numismatischen und literarischen Daten: Sie sammeln, tragen zusammen, was sie an „Anspielungen" entdecken können, und versuchen, bestimmte Textelemente mit bestimmten Daten aus dem zeitgeschichtlichen Umfeld in Verbindung zu bringen. Dabei besteht immer die Gefahr, dass die Daten einseitig wahrgenommen und im Blick auf die eigenen Bedürfnisse ein wenig zurechtgebogen werden; dass sie vielleicht sofort in der Perspektive des eigenen Vorverständnisses rezipiert und letztlich die Informationen schon so gefiltert werden, dass sie zu passen *scheinen*. Dabei kann einerseits so etwas wie ein Kuriositätenkabinett entstehen, andererseits ein stark idealisiertes Bild der christlichen Gemeinden, die sich dem Zwang des Kaiserkults mutig entgegenstellen.

Es ist die Chance eines sozusagen dreidimensional angelegten Zugriffs auf das Buch der Offenbarung, dass Fachwissen, also Fakten und deren fachspezifische Deutungen, nicht nur aus erster Hand weitergegeben werden, sondern dass die einzelnen Wissenschaftsbereiche an den thematischen

Schnittstellen auch unmittelbar miteinander kommunizieren und ihre Ergebnisse der Plausibilitätskontrolle der anderen unterstellen können und müssen. Das ist auf dem Workshop in teils heftigen Diskussionen geschehen. Die gegenseitigen Anfragen und wechselseitigen Problematisierungen sind bereits in die Ausarbeitung der Beiträge eingeflossen, so dass auch die Leser daran partizipieren und das Streitgespräch weiterführen können.

Als thematischer Schnittpunkt wurde das Phänomen des Kaiserkults gewählt. In allen Beiträgen geht es darum, den Kaiserkult in der Provinz Asia zu konkretisieren: im Blick auf seine Geschichte und die archäologischen Spuren, die er hinterlassen hat; seine Öffentlichkeitswirksamkeit wird genauso evaluiert wie die Wertung aus der Sicht von Opponenten. Die Exegeten, die mit dem Buch der Offenbarung in der Hand die letztgenannte Perspektive vertreten, bleiben zunächst in der Position von Hörenden. Bevor sie aus der typisch jüdisch-christlichen Perspektive der Offb die Welt am Boden durchleuchten und theologisch qualifizieren, wird in den historischen und archäologischen Beiträgen die Welt am Boden zunächst einmal rekonstruiert, ohne dass diese Rekonstruktion auf bestimmte Bedürfnisse der ntl Texte hin fokussiert wäre. Erst in einem zweiten Schritt wird der Andock-Versuch reflektiert und exemplarisch vorgeführt.

Um den Öffentlichkeitscharakter des Kaiserkults geht es im Beitrag von Walter Ameling „Der kleinasiatische Kaiserkult und die Öffentlichkeit. Überlegungen zur Umwelt der Apokalypse“. Neben den unterschiedlichen Formen des Kultes beleuchtet er insbesondere die Auswirkung des Kaiserkults auf den ganz normalen Alltag der Menschen: über die Zeit und das Geld. Durch die Kalenderreform von Priene wird der Jahresanfang in der Provinz Asia auf den Geburtstag des Kaisers Augustus gelegt, diverse Kaiserfeste in der Provinz verknüpfen den Jahresablauf mit weiteren Einzeldaten aus der Biographie bestimmter Kaiser. Auf Münzen ist ihr Bild in religiös konnotierter Form zu sehen, das auch bei den Prozessionen der Kaiserfeste den Blickfang bildet. Die Tatsache, dass die Städte, in denen provinziale Kaiserkulte eingerichtet wurden, sehr rasch diese Tempel auf ihre Münzen setzen, wertet Ameling als Signal dafür, dass der Kaiserkult wesentlich zur Bildung städtischer Identität beigetragen hat. Im Blick auf die Offb stellt er allerdings die kritische Forderung einer erneuten, gründlichen Untersuchung all derjenigen Texte, die gewöhnlich für eine Bezugnahme auf den Kaiserkult in Anspruch genommen werden.

Ntl Darstellungen, ausgehend vom Text der Offb, stellen den Kaiserkult gern als die große *Bedrohung* der Christen dar. Dass die Teilnahme am Kaiserkult auch eine große *Versuchung* gewesen sein könnte, die sich wirtschaftlich-finanziell ausgezahlt hat und vielleicht gerade deshalb Teile der christlichen Gemeinden infizieren konnte, das kommt viel seltener in den Blick. Über den Kaiserkult in dieser Perspektive als *win-win*-Spiel zu sprechen, ist das Anliegen des zweiten Beitrags von Peter Herz: „Der Kaiserkult und die Wirtschaft. Ein gewinnbringendes Wechselspiel".

In ntl Arbeiten ist oft vom „Oberpriester" des Kaiserkultes und vom „Provinziallandtag" die Rede. Babett Edelmann geht in ihrem Beitrag „Die Provinzen und der Kaiserkult" speziell der Entstehung und Organisation des Provinziallandtages von Asia nach. Sie zeigt, wie einerseits bereits bestehende Strukturen klug aufgegriffen und umgestaltet wurden, und stellt andererseits verschiedene Aspekte heraus, die es sowohl für die kleinasiatischen Städte als auch die Zentrale in Rom als vorteilhaft erscheinen ließen, das ehemalige κοινὸν τῆς Ἀσίας in den Provinziallandtag zu überführen und als vornehmliches Medium der Kommunikation zu wählen.

Sehen und erkennen kann nur, wer schon vorher bestimmte Bilder im Kopf hat. Bei der Himmelsschau der Offb könnten neben den literarisch geprägten Bildern der jüdischen Tradition auch die Bilder der realen Welt eine Rolle gespielt haben. Friedrich Krinzinger geht in seinem Beitrag „Spectacula und Kaiserkult" der Entwicklung der verschiedenen Disziplinen römischer *spectacula* nach, analysiert insbesondere die neuen Regelungen, die Augustus bezüglich der Ausrichtung von Gladiatorenspielen und Tierhetzen erlassen hat und verfolgt die Auswirkungen dieser Neuordnung im Blick auf die Gestaltung entsprechender Spielorte in kleinasiatischen Städten, wie sie sich an der architektonischen Veränderung von Stadien und Theatern archäologisch festmachen lassen. Fokussiert auf Ephesus zeichnet Krinzinger schließlich minutiös den „Einzug" des Kaiserkults in das Stadtbild und die Erlebniswelt der Einwohner nach: vom ersten Kaisertempel auf dem Staatsmarkt über den Umbau des Theaters, dessen Funktion auf Grund der Reliefdarstellungen von Gladiatoren, die vermutlich als Ausstattungselemente im Eingangsbereich dienten, als Schauplatz von Gladiatorenspielen als gesichert gelten darf, bis hin zum Gladiatorenfriedhof mit den einzigartigen Erkenntnissen über Lebens- und Kampfweise von Gladiatoren, wie sie durch die anthropologische und forensische Untersuchung der gefundenen Skelette zu Tage gefördert wurden.

Wenn Elisabeth Esch-Wermeling abschließend Offb 13, also die Passage mit den ungeheuerlichen Tieren, sowie die Vision der monströsen Kolossalgestalt in Offb 1 analysiert, so versucht sie, den Brückenschlag zwischen der literarisch-visionären Welt der Offb hin zur Lebenswelt der Adressaten exemplarisch und methodisch reflektiert vorzuführen. In ihren hermeneutischen Überlegungen arbeitet Esch-Wermeling eine Differenzierung heraus, die für das Gespräch mit der Alten Geschichte und der Klassischen Archäologie hilfreich sein und es vielleicht entspannter gestalten könnte: Aus den Texten der Offb lässt sich nicht *der Kaiserkult* in seiner Bedeutung für *die Provinz Asia* rekonstruieren, sondern vielmehr lediglich die Perspektive, die ein Außenseiter – auch innerhalb der christlichen Gruppen – auf dieses Phänomen wirft: bewusst verzerrt, im Spiegel atl Texte zugleich chiffriert wie eindeutig negativ gewertet. Aber das allein ist schon interessant genug. Die Leser mögen entscheiden!

Walter Ameling

# Der kleinasiatische Kaiserkult und die Öffentlichkeit

## Überlegungen zur Umwelt der Apokalypse

### 1. Einleitung

Neutestamentliche Schriften vor dem Hintergrund ihrer Zeit zu erklären, ihre Interpretation durch die Kenntnis der religiösen wie sozialen Umwelt zu fördern, gehört seit langem zu den anerkannten Methoden der Exegese. Je rätselhafter eine Schrift ist, desto größer ist die Versuchung, bekannte(re) Phänomene heranzuziehen, um den Text besser zu verstehen. Spätestens seit dem 17. Jh. ist die Apokalypse Gegenstand zeitgeschichtlicher Betrachtung,[1] und im Spannungsfeld zwischen Religion und Politik wird sie es noch lange Zeit bleiben.

Im Zentrum zeitgeschichtlicher Betrachtung der Apokalypse stand immer der Kaiserkult, wie gerade noch einmal durch zwei Monographien nachdrücklich bewiesen wurde.[2] Der Kaiser und seine Vertreter sollen hinter den beiden apokalyptischen Tieren stehen (Offb 13), und die Verehrung des Kaisers als eines Gottes soll Anlass für die vom Apokalyptiker beschworene Krise der sieben christlichen Gemeinden gewesen sein.[3] Dass sich die Christen der Apokalypse von den „Verfechtern des Kaiserkults" bedroht sahen,[4] oder anders ausgedrückt: Dass der Apokalyptiker glaubte, sich gegen Anpassungstendenzen wehren zu müssen, ist in fast jeder Einleitung zum Neuen Testament zu lesen. Zur Bedrohung habe u.a. „die Beteiligung von Christen an Mählern im Kontext des Kaiserkultes" gehört, zumal

---

[1] Vgl. nur die entsprechenden Passagen in dem Forschungsüberblick von O. BÖCHER, Johannesapokalypse.

[2] T. WITULSKI, Kaiserkult, als Vorbereitung zu DERS., Johannesoffenbarung. Vgl. ansonsten z.B. J.N. KRAYBILL, Cult, bei dem die Kapitelüberschrift S. 26 lautet: „Imperial Cult as a Pivotal Concern", und erklärt wird: „Our examination [...] starts with the majority opinion of modern scholarship that pressure from the imperial cult lies at the center of John's concern." Von früheren Autoren werden besonders genannt: W. BOUSSET, Offenbarung 358–374; W.M. RAMSAY, Letters 97; R.H. CHARLES, Offb I 345–367 („classic presentation").

[3] So lange sich nicht entscheiden lässt, ob die viel beschworene Intensivierung des Kaiserkultes, die der Anlass für die Abfassung der Apokalypse gewesen sein soll, tatsächlich stattfand oder nur vom Apokalyptiker wahrgenommen wurde, ist die Frage der Datierung auf dieser Grundlage schwer zu entscheiden: Für die Frühdatierung nach dem Tod Neros hat sich jetzt wieder J. MARSHALL, Parables ausgesprochen; für die Spätdatierung vgl. T. WITULSKI, Johannesoffenbarung.

[4] In meinem Fall z.B. I. BROER, Einleitung II 666 (sic!).

in einer „heidnischen, vom Kaiserkult geprägten“ Umgebung. Es ist daher nur richtig, das politische und gesellschaftliche Umfeld der Apokalypse mit einem Schwerpunkt auf dem Kaiserkult abzuklopfen – selbst wenn die Gefahr besteht, wenig Neues sagen zu können.[5] Im Folgenden soll es vor allem um die Präsenz des Kaiserkultes in der Öffentlichkeit der Provinz Asia gehen,[6] also um die Frage, ob und wie sehr die Christen der sieben Gemeinden mit dem Kult als täglicher Realität in ihrem Leben konfrontiert waren. Es wird sich zeigen, dass der Kaiserkult eine Realität war, der man in Kleinasien nicht ausweichen konnte. Damit ist allerdings das Problem nicht erledigt: In einem weiteren, wesentlich kürzeren Abschnitt wird die Frage gestellt, ob der Kaiserkult tatsächlich die große Ausnahme in den Religionen der Zeit ist – die einzige „success-story“ neben einer Vielzahl von zusehends vernachlässigten Kulten, die ihre sozialen Aufgaben nicht mehr erfüllen können. Erst nach der Beantwortung dieser Frage wird es möglich sein, die Bedeutung des Kaiserkultes für die Apokalypse richtig einzuschätzen.

Um mein Vorgehen richtig einschätzen zu können, möchte ich drei kurze, allgemeine Bemerkungen an den Anfang stellen:

1) *Der* Kaiserkult ist ein modernes Konstrukt, für das es in der Antike keinen einheitlichen Namen gab. Jede Privatperson konnte einen Kult einrichten, wenn sie die Erfahrung einer übernatürlichen Macht gemacht hatte.[7] Was dem Privatmann recht war, war unterschiedlichen Vereinen und Vereinigungen billig. Dasselbe gilt erst recht für jede Stadt, aber auch für einen Zusammenschluss von Städten – bis hin zum Landtag einer Provinz. Der Ausdruck *Kaiserkult* verschleiert auch allzu leicht, dass ein solcher Kult von Ort zu Ort und von Jahrhundert zu Jahrhundert unterschiedlich ausfallen konnte.[8]

Von diesen Kulten ist die Verehrung des verstorbenen und konsekrierten Kaisers als *divus* (Staatsgott) im Rahmen des römischen Staatskultes zu trennen.[9] Dieser Kult galt für die römischen Bürger. Aber selbst für einen

---

[5] P. HERZ, Caesar 638–648, über die wissenschaftliche Beschäftigung mit dem Kaiserkult: „an observer [...] may well be left with the impression that our advances in knowledge do not always keep pace with the luxuriant productivity“.

[6] Die Beschränkung auf diese Provinz ist eine Folge der Beschäftigung mit der Offb, sollte aber nicht daran hindern, auch Material aus den anderen Provinzen des Reiches heranzuziehen: Ebenso wenig wie Provinziallandtage oder Städte kann der Kaiserkult in Isolation betrachtet werden.

[7] Allgemein zu den verschiedenen Gruppen: C. HABICHT, Zeit 41–50.55–64.

[8] H. PLEKET, Aspect 331–347, beschreibt mit „imperial mysteries“ z.B. eine Form des Kultes, der zwar an einigen Stellen, aber nicht immer und überall realisiert wurde.

[9] In Kleinasien wurden nicht nur lebende Kaiser verehrt, die noch nicht konsekriert waren, sondern musste auch bei verstorbenen Kaisern und Mitgliedern der kaiserlichen Familie nicht auf die Frage der Konsekration Rücksicht genommen werden. vgl. z.B. I.v.Magnesia 158: ἱέ[ρει]αν Ἀφ[ροδ]είτης κα[ὶ θεᾶς Ἀγριπ]πείνης [μητ]ρός κτλ.

öffentlich verehrten *divus* konnte es weitere private Kulte und alle anderen Formen der Kulte geben, d.h. seine Verehrung konnte sowohl im Bereich der *publica sacra* wie auch der *sacra privata* (öffentlichen resp. privaten religiösen Handlungen) stattfinden.[10]

Ein solches Nebeneinander privater und öffentlicher Kulte ist übrigens nichts Besonderes: Auch die Verehrung der anderen Götter könnte man nach diesen Kategorien einteilen.

2) Die Kulte standen nebeneinander und beeinflussten einander; ihre Dauer ist ganz verschieden und von uns in vielen Fällen gar nicht abzuschätzen. Der Festkalender von Dura-Europos (*feriale Duranum*) zeigt eine Wirklichkeit, die in dieser Form nicht für alle Bewohner des Reiches galt, aber eben doch in allen Regionen des Reiches präsent war.[11] Dass die Vielfalt der Kulte ein und demselben Gegenstand galt, nämlich dem Kaiser und seinen Vorfahren, war selbstverständlich und verstärkte ihre Wirkung.

3) Der Kult ist die Reaktion auf die Erfahrung einer übernatürlichen Macht – eine Erfahrung, die nicht allein, aber häufig durch politische Entscheidungen oder Wohltaten begründet werden konnte, aber die auch auf der Beendigung von Bürgerkriegen wie unter Augustus oder den Flaviern beruhen konnte. Der Kult galt erst einmal weniger dem Kaiser als Kaiser (ohnehin ein lange Zeit schwieriges Konzept), sondern demjenigen, der auf Grund seiner überragenden Stellung den Menschen geholfen hatte und auch für die Zukunft ihr Heil garantierte. Erst wenn man glaubt, dass ein Kaiser auf Grund seiner Stellung der Garant der *salus publica* (des öffentlichen Wohls) ist, entstehen auch die kollektiven Kulte der Augusti und wird der Kaiser als Kaiser, nicht mehr auf Grund konkreter Wohltaten verehrt.

Welche Folgen haben diese allgemeinen Voraussetzungen für unser Thema? Es gibt offenbar keine einheitliche Organisation des Kultes und daher auch keine einheitliche Öffentlichkeit, sondern eine Vielzahl sich überlappender, institutionell verschieden verankerter Öffentlichkeiten – und ein privater Kult impliziert noch nicht einmal notwendig Öffentlichkeit.

Organisation wie Öffentlichkeit sind komplizierter geworden: Es gibt keine einheitliche Organisation „des Kaiserkultes“, und die Kulte sind auf eine jeweils wechselnde, von Ort zu Ort und Kult zu Kult möglicherweise sogar institutionell differierende Öffentlichkeit berechnet, während die privaten Kulte die Idee einer Öffentlichkeit nicht notwendig implizieren.

---

[10] E. BICKERMAN, Consecratio 17f.

[11] Die Fortdauer mancher Kulte sieht man auch an dem severischen Kalender: Milet VI 2, 944.

Frage ich mich, wie der Kult in der Öffentlichkeit wirkte, so verschiebt sich die Betrachtung noch einmal: Götter waren nicht nur im Kult präsent – sondern Kult war in der Regel eine Folge ihrer wahrgenommenen Präsenz im menschlichen Leben. Der Kaiser als lebender Gott war – ob nah oder fern – in unterschiedlicher Form schon im alltäglichen Leben der Bürger wie Provinzialen präsent. Der Kult ist nur eine Form, in der diese Präsenz anerkannt wird, d.h. er ordnet sich in einen weiteren und größeren Bereich ein, in dem der Kaiser in der Öffentlichkeit präsent ist – dessen Sakralität nur mit Hilfe einiger, bekannter Phänomene erinnert sei.

## 2. Die sakrale Präsenz des Kaisers in der Provinz Asia

Wenige Kaiser waren während ihrer Regierungszeit jemals in Kleinasien – Augustus, Trajan und Hadrian stellen die bekannten Ausnahmen dar. Trotzdem war der Kaiser präsent – und zwar in einer Form, die seine Sakralität deutlich hervorhob: schon das Σεβαστός (verehrt, zu verehren, heilig, göttlich) in seinem Titel transportiert eine stärkere sakrale Bedeutung als das lateinische *Augustus* (erhaben).[12] Schon dies eine Beispiel zeigt, dass der Kaiser gar nicht gedacht werden konnte, ohne dass man auf seine Sakralität Bezug nahm. Er war präsent im Denken und Fühlen der Menschen, in der sichtbaren und spürbaren Realität – er war ein Gott, und der Sohn des Kaisers war „Gott von Gott".[13]

Es ist klar, dass ich nur mit einigen Beispielen an die allgemein bekannten Phänomene erinnern kann:

a) Präsenz im Denken und Fühlen beginnt mit der Überzeugung, dass das Wohlergehen der Städte wie der Menschen von dem Wirken, ja der Existenz des Kaisers ausgeht. Gerade für Augustus ist das im Zusammenhang mit der Beendigung der Bürgerkriege oft formuliert worden, da die Ehren für ihn ja neu waren und damit einer eingehenderen Begründung

---

[12] Nikolaos v. Damaskos, FGH 90 F 125,1, zum Namen Augustus/Sebastos: ὅτι εἰς τιμῆς ἀξίωσιν τοῦτον οὕτω προσεῖπον οἱ ἄνθρωποι ναοῖς τε καὶ θυσίαις γεραίουσιν, ἄνα τε νήσους καὶ ἠπείρους διῃρημένοι καὶ κατὰ πόλεις καὶ ἔθνη τό τε μέγεθος αὐτοῦ τῆς ἀρετῆς καὶ τὴν εἰς σφᾶς εὐεργεσίαν ἀμειβόμενοι (Die Menschen haben ihn so genannt zur Würdigung seines Ansehens und verehren ihn in Tempeln und mit Opfern, auf Inseln und auf Kontinenten, in Städten und unter Völkern, und vergelten ihm so seine Größe und die ihnen erwiesene Wohltätigkeit; Übers. J. Malitz). S.R.F. PRICE, Rituals 2, Anm. 1: σεβαστός „has a stronger association with the display of religious reverence (eusebeia) to the emperor".

[13] SEG 52,1101 (Stratonikeia): Δροῦσον Καίσαρα, Σεβαστοῦ υἱόν, θεὸν ἐκ θεῶν καθειέρωσεν, εὐεργέτην ἐξ εὐεργετῶν, ὁ δῆμος.

bedurften.[14] Der Frieden nach dem Ende der Bürgerkriege war seine Tat[15] und nicht umsonst ist hier vom εὐαγγέλιον (der frohen Botschaft) die Rede. Diese Wohltat ist aber eher auf der staatlichen Ebene angesiedelt. Es gibt aber, u.a. sichtbar in verschiedenen kaiserlichen Epitheta, auch die Vorstellung, dass das Wohlergehen des Individuums zumindest indirekt vom Kaiser abhängig war[16] – bis hin zum Kindersegen[17] und der Fruchtbarkeit der Felder.[18] Der Kaiser kann hier als direkt tätig oder als eine Art Mittlerinstanz zwischen Göttern und Menschen gesehen werden[19] – doch ist er auf jeden Fall existentiell, weshalb es auch die Sitte gibt, dass diejenigen, die heiraten wollen, dem Kaiser ein Opfer darbringen.[20]

Die Existenz des Kaisers veränderte den Kalender und damit die soziale Zeit der Menschen. Der Beschluss des Landtages, den Jahresanfang auf den Geburtstag des Augustus zu legen, wurde umgesetzt, wie schon die weite Verbreitung der Kalenderinschrift belegt:[21] Nach den Hemerologien (Menologien) begann der Kalender in (zumindest) Asia, Bithynia, Pamphylia, Kreta und in Paphos mit dem 23. September – und an manchen Orten war der Monat in Kaisarion oder Kaisarios umbenannt worden.[22] Vermutlich war dieser Jahresanfang nicht gleichmäßig über Generationen in der ganzen Provinz verbreitet, aber die fehlende Adaption zahlreicher städtischer Kalender an den julianischen Kalender ist alleine kein wirkliches Argument gegen die weite Umsetzung des eigenen Beschlusses. Wo man ein Fest zu Kaisers Geburtstag veranstaltete, oder wo der

---

14 S.R.F. PRICE, Rituals 57, mit Verweis auf U. LAFFI, Iscrizioni 5–98. (R. SHERK, Documents, 328–333, Nr. 65); I.v.Olympia 53 (aus Kos nach L. ROBERT, Hellenica II 146, Anm. 2; DERS., Documents 97).

15 Vgl. auch IGRR IV 1173 (Myrina): Αὐτοκράτορι Καίσαρι Θεῷ, υἱῷ Θεοῦ, Σεβαστῷ ὑπὲρ εἰρήνης σεβαστῆς.

16 A. CHANIOTIS, Kaiserkult 19, zitiert hierzu ἀποβατήριος, ἐμβατήριος, ἐπιβατήριος mit F. RICHARD, Souverains 441–452.

17 C. HABICHT, Iulia 156–159.

18 M. CLAUSS, Kaiser 342–352, der zu diesem Aspekt allerdings hauptsächlich Belege aus der Literatur zitiert, keine Inschriften; aber vgl. immerhin IG XII 2,208.210.212f.258 (Mytilene): Agrippina als Karpophoros. In Ephesos gibt es eine Priesterin der Sebaste Demeter Karpophoros, IK 17,2,4337, Z. 18. In dieselbe Richtung weist auch die in IK 12,213 (Ephesos) genannte Kombination der Götter: μυστήρια καὶ θυσίαι ... καθ' ἕκαστον ἐνιαυτὸν ἐπιτελοῦνται ἐν'Εφέσῳ Δήμητρι Καρποφόρῳ καὶ Θεσμοφόρῳ καὶ θεοῖς Σεβαστοῖς.

19 M. CLAUSS, Kaiser 345, zitiert Men. Rhet. 2,377,21–24 (p. 92 D. Russell/N. Wilson): τί δὲ μεῖζον αἰτεῖν παρὰ τῶν θεῶν ἢ βασιλέα σώζεσθαι; ὄμβροι γὰρ κατὰ καιρὸν καὶ θαλάσσης φοραὶ καὶ καρπῶν εὐφορίαι διὰ τὴν βασιλέως δικαιοσύνην ἡμῖν εὐτυχοῦνται (What greater blessing must one ask from the gods than the emperor's safety? Rains in season, abundance from the sea, unstinting harvests come happily to us because of the emperor's justice; Übers. D. Russell/N. Wilson).

20 S.R.F. PRICE, Rituals 119.

21 Fragmente wurden in Priene, Eumeneia, Apameia, Dorylaion, Maeonia und jetzt Metropolis gefunden (B. DREYER/H. ENGELMANN, Augustus 173–182).

22 U. LAFFI, Iscrizioni 71–81; A.E. SAMUEL, Chronology 174–176.181f.186–188.

Kaiserpriester als eponymer Magistrat benutzt wurde, da wurde die Verbindung von Jahresanfang und Kaiser, also von des Kaisers Herrschaft über die Zeit der Stadt noch einmal unterstrichen.[23] Dieselbe Bedeutung hat es an anderen Orten, wenn die Magistrate bei Amtsantritt nicht den wichtigsten lokalen Göttern, sondern dem Kaiser opfern.[24] Zur Ehre des Kaisers wurden Monate nach ihm benannt, von der Feier einzelner Tage ganz zu schweigen.[25] Selbst die Jahreszählung wurde vom Kaiser dominiert, denn die weit verbreitete aktische Aera trug immer die Erinnerung an den grundlegenden Sieg des Kaisers mit sich: Dieser Sieg über die Mächte des Bösen wurde durch die Aera zur Grundlage der Zeit.[26] In Samos war es der Tod des Augustus, der für den Kalender Bedeutung gewann.[27] Dass der Festkalender einer jeden Stadt immer wieder die Gelegenheit bot, an den Kaiser und seine Bedeutung zu denken, versteht sich von selbst – war aber ganz sicher von Stadt zu Stadt unterschiedlich.[28] Erinnert sei nur daran, dass der Kaisereid in Paphlagonien am 6. März abgelegt wurde – dem Tag, an dem Augustus in Rom zum *pontifex maximus* (Vorsteher des Kollegiums der *pontifices*) gewählt worden war. Kult und Priesteramt verschränkten sich so miteinander, und römische Erinnerungen wurden in den Provinzen gepflegt. In Milet wurden an bestimmten Kaiserfesten Geldverteilungen an Ratsherren vorgenommen – wofür zuvor die Stadt Geld bereitgestellt hatte.[29] Wichtig ist immer, dass die Ordnung der Zeit nicht nur als von dem wichtigen Politiker, dem Herrscher, abhängig gedacht wurde, sondern auch die religiöse Komponente der Herr-

---

[23] S.R.F. PRICE, Rituals 84, zitiert für Feiern am Geburtstag des Kaisers IK 17,1,3245,1–3.14–8 (Apateira): πρὸς τὸ εὐω[χεῖσθ]αι αὐτοὺς καθ᾽ ἕκαστο[ν ἔτος] τῇ γενεθλίῳ ἡμέρᾳ τοῦ [κυρίο]υ ἡμῶν Αὐτοκράτορος [Καίσα]ρος; dass auch die Geburtstage der verstorbenen Kaiser weiter gefeiert wurden, zeigt I.v.Pergamon 374, b 5: γενεσίῳ Σεβαστοῦ. S.R.F. PRICE, Rituals 81.106.

[24] S.R.F. PRICE, Rituals 119, mit Verweis auf J.H. OLIVER, Julia 528f. (IG II$^2$ 1076 mit neuen Fragmenten: Julia Domna als Athena Polias).

[25] Monatsnamen: K. SCOTT, Months 201–278; R. MERKELBACH, Monate 157–162 (Ephesos). Meist wird der Geburtstag gefeiert, hier nur ein anderes Beispiel, Sardis VII 1,8,9–15 (Anlegung der *toga virilis* durch Gaius Caesar): ἥ τε ἡμετέρα πόλις ἐπὶ τῇ τοσαύτῃ εὐτυχίᾳ τὴν ἡμέραν τὴν ἐκ παιδὸς ἄνδρα τελησοῦσα[ν] αὐτὸν ἱερὰν ἔκρινεν εἶναι, ἐν ᾗ κατ᾽ ἐνιαυτὸν ἐν λαμπραῖς αἰσθῆσιν στεφανηφορεῖν ἅπαντας κτλ.

[26] W. LESCHHORN, Ären 426.

[27] Samos nutzt den Tod des Augustus, um neu zu datieren, IG XII 6,1,16: ἔτου]ς ι᾽ τῆς τοῦ Αὐτ[οκράτορος Τιβερίου Καίσα]ρος ἡγεμονίας, [ἔτους . τῆς Αὐτοκράτορος Καί]σαρος ἀποθεώσε[ως; 192 a; 195; 420 (Mitte 2. Jh.!).

[28] P. HERZ, Forschungen 47, Anm. 2, verweist auf den Festkalender von Soknopaiou Nesos, der eine Vielzahl von Festen enthält, die auf den einheimischen Kult ausgerichtet sind, aber nur einen einzigen Termin für ein Kaiserfest enthält (P.Louvre I 4, Z. 35f.). Da es sich aber um ein Haushaltsbuch des Soknopaios-Heiligtums handelt, erklärt A. JÖRDENS, Papyri, Kommentar ad loc., die Erwähnung des Kaiserkultes „wirkt überraschend“.

[29] Milet VI 2,944 mit N. EHRHARDT, Festkalender 395; es handelt sich z.B. um den *dies natalis* des Lucius Verus und den *dies imperii* des Antoninus Pius.

scherverehrung in sich trug. Die Tage des Kultes waren daher vielerorts auch Tage, an denen nicht mehr jede Form staatlichen Handelns erlaubt war.[30]

Wie sich die Zeit durch die Kaiser verwandelte, so verwandelte sich auch eine ganz grundlegende materielle Gegebenheit, mit der viele Menschen täglich zu tun hatten: das Geld. Wir kennen alle die Geschichte vom Zinsgroschen (Mt 22,20f.): „Und er sprach zu ihnen: ‚Wessen ist dieses Bild und die Aufschrift?‘ Sie antworteten: ‚Des Kaisers.‘ Da sprach er zu ihnen: ‚So gebt dem Kaiser, was des Kaisers ist, und Gott, was Gottes ist.‘“ Trotz des Vorbildes der hellenistischen Herrscher ist ein Kaiserportrait auf einer Münze nicht selbstverständlich, wie wir z.B. an seinem Fehlen in den syrischen Lokalprägungen sehen können[31] – und bei den Münzprägungen der verschiedenen kleinasiatischen Städte können wir in etwa beobachten, wie es dazu kam. Das Portrait des Augustus taucht nicht gleichzeitig auf allen lokalen Münzen auf, sondern wird nur nach und nach, offenbar auf Grund lokaler Entscheidungen, für die Vorderseiten übernommen.[32] Hier ersetzt es eben nicht das Bild Alexanders oder eines hellenistischen Königs, sondern in aller Regel das Bild einer der traditionellen Gottheiten der Stadt. Man kann hierin fast so etwas wie Kult sehen – auf jeden Fall aber eine Annäherung des Kaisers an die Götter der Stadt. In einem Punkt scheint mir Heuchert daher zu irren: „While the emperor and his family dominated provincial coin obverses, reverses were mostly dedicated to topics of local relevance.“[33] Wie die Stadtgötter auf der Vorderseite von enormer lokaler Bedeutung waren, so waren auch der Kaiser und sein Bild von enormer lokaler Bedeutung – ohne diese hätte man das Kaiserbild erst gar nicht auf die Münzen gesetzt.[34]

Aber auch die Rückseiten der Münzen sind nicht ohne Bedeutung: Wir sind so sehr an die Abbildungen von Tempeln auf den kaiserzeitlichen Münzen gewöhnt, dass wir erst einmal leicht übersehen, dass diese Bilder erst in der Kaiserzeit aufkommen – und dass die ersten so abgebildeten

---

[30] Vgl. die Einschränkungen, die laut der *lex Irnitana* (J. GONZÁLEZ, lex 186, c. 92) für die Tage gelten, *quos ... propter venerationem domus Augustae festos feriarumve numero haberique o[p]ortet oportebit.*

[31] A. BURNETT, West 180, der daran erinnert, dass es in Syrien auch recht wenige plastische Kaiserportraits gab.

[32] RPC I 38–40, mit V. HEUCHERT, Development 44, auf dem auch das Folgende beruht.

[33] V. HEUCHERT, Development 48.

[34] V. HEUCHERT, Development 44, bietet dieselbe funktionale Erklärung, die man in der Regel für den Kaiserkult gibt: „On the one hand the cities were paying tribute to Augustus' unrivalled superhuman power. On the other they were incorporating the Roman emperor into their own world, thus defining their relationship with him. Parallels can be found in many aspects of civic life, for example in the imperial cult, processions, festivals and public sculpture such as theatre friezes“ (mit weiterer Literatur).

Tempel die der römischen Kaiser waren.[35] Der Brauch wird später aufgenommen, aber hier ist von Anfang an klar, dass die Kaisertempel so etwas wie Brennpunkte städtischer Identität waren – und das ist einer der Punkte, in denen beispielsweise provinzialer Kult und lokale Identität eine Verbindung miteinander eingehen.

Mit dem Vorderbild der Münzen sind wir beim kaiserlichen Bild in der Alltagswelt der Menschen angekommen. Wie selbstverständlich die Verbindung des Kaiserbildes mit dem Kult ist, zeigt sehr schön eine neuere Arbeit über die städtische Entwicklung von Aizanoi. Der Abschnitt über den Kaiserkult beginnt dort: „Von der bildlichen Vergegenwärtigung der principes und ihrer Familien zeugt in dem an Statuenfunden armen Aizanoi das Fragment eines iulisch-claudischen Prinzenportraits“[36] – an einem Ort, der nun wahrlich nicht arm ist an direkten Zeugnissen zum Kult beginnt man die Betrachtung mit den Statuen des Kaisers und seiner Familienangehörigen. Was uns auf den ersten Blick etwas seltsam anmuten muss, ist es nicht völlig: Die Statue des Kaisers stand eben doch nicht auf derselben Ebene wie die Statue eines verdienten Bürgers.[37] Ihre Errichtung war mit Opferritualen verbunden und ihr Material konnte auf Göttlichkeit weisen; sie wurde genutzt, um Petitionen an ihr „abzugeben“[38] und konnte als Ort des Asyls dienen[39] – und nicht einfach versetzt werden.[40] Nicht nur, aber auch aus diesen Gründen blieben die Statuen über längere Zeit stehen und prägten so das Bild des öffentlichen Raumes (und wenigstens offiziell verwehrten sich die Kaiser dagegen, dass in einer Stadt über das Einschmelzen dieser Statuen oder ihre Wiederverwendung entschieden wurde[41]).

---

35 V. HEUCHERT, Development 50, mit Verweis auf z.B. RPC I 2355–2357 (Pergamon) und A. BURNETT, Buildings 158. Vgl. z.B. S.R.F. PRICE, Rituals 249, Nr. 6 zu Eresos auf Lesbos: „Price, Trell (1977) fig. 397 (B.M.) is described as an imperial temple but this seems an arbitrary decision.“

36 K. JES, Stadt 53, der dann auch auf die verschiedenen weiteren Belege für den Kult in Aizanoi verweist: Priester für den Kult der iulisch-claudischen Dynastie (B. LEVICK, Aspects 265; MAMA IX 45; SEG 45,1719), Sebasta Klaudieia und Spiele für die Sebastoi Neoi Homobomioi, die vom Kaiserpriester finanziert wurden (IGRR IV 582-584 und 560; MAMA IX 16; SEG 45,1719); die Einkünfte eines Dorfes für den Kult des Augustus und der Livia, in claudischer Zeit noch einmal erweitert.

37 Mit dem Ausdruck „Verehrungsstatue“, den K. HITZL, Kultstätten 103, einzuführen versuchte, um ein Kaiserbild als zwischen Kult- und Ehrenstatue stehend zu charakterisieren, kann ich wenig anfangen: Verehrung und Kult sind doch sehr nahe beieinander.

38 P.Oxy. 2130; Corpus Papyrorum Raineri I 20; P.Lond. inv. 1589 (zugegebenermaßen alle aus dem 3.Jh.).

39 Philostr. Ap. 1,15.

40 Allgemein: T. PEKARY, Kaiserbildnis; S.R.F. PRICE, Rituals 200f.; M. CLAUSS, Kaiser 305–315; R. GAMAUF, *statuas* 177–202.

41 IK 11,25 (Ephesos), Brief des Marc Aurel über den Umgang mit alten Kaiserstatuen; er verbietet ein Einschmelzen und erklärt zu der Anfrage, es handele sich um ein πρᾶγμα ὡς ἀληθῶς τῆς ἡμετέρας συνχωρήσε[ως] προσδεόμενον.

Das Wichtige an dem sakralen Aspekt dieser Statuen ist natürlich die Tatsache, dass sie – wie Münzen – überall zu sehen waren und an die Sakralität des Kaisers erinnerten. Wollte ich fortfahren, die Präsenz des Kaisers darzustellen, so würde ich an Vereine erinnern, die dem Kaiser gewidmet waren,[42] würde daran erinnern, dass mancherorts die Kaiser neben den Göttern über den Grabkult zu wachen hatten,[43] die Grabmult für Opfer an den Kaiser (oder für seinen Tempel) zu verwenden war,[44] schließlich noch erwähnen, dass die für den Kaiserkult bestimmten Gebäude das Gesicht einer Stadt massiv veränderten – und immer wieder die Erinnerung an den Gott und seinen Kult hervorrufen mussten. Das ging so weit, dass man sogar Ehrenstatuen verdienter Bürger im heiligen Bezirk des Kaisers aufstellte, der damit als ein ἐπιφανέστατος τόπος (besonders sichtbarer Ort) in der Stadt identifiziert wird.[45]

Materiell gegenwärtig waren – neben den Statuen – nicht nur die großen Tempel und Kultbezirke, sondern auch die kleinen, vielerorts aufgestellten Altäre, die ganz unterschiedliche Zwecke erfüllen konnten: Seit neuestem kennen wir z.B. einen Altar des Germanicus aus Metropolis, der – wie die Kaiserstatue – als Stätte des Asyls fungierte.[46]

Der Kaiser war für die Bewohner einer Stadt fast allgegenwärtig (und ich erinnere nur nebenher daran, dass etliche der zitierten Belege sogar vom sogenannten „flachen Land“ kamen[47]), auch wenn er nicht persönlich anwesend war. Wer auf Reisen ging, sah (selbst in Kleinasien) vielerorts die Meilensteine, die zu Kaisers Ehren von den Städten aufgestellt waren, dessen Titel zeigten und die Verbindung der Stadt zum Kaiser für jeden sichtbar machten. Wer durch die Stadt spazierte, sah seine Statuen, wer auf dem

---

42 IGRR IV 1348 (Καισαριασταί) mit S.R.F. PRICE, Rituals 84.118.

43 IGRR IV 661 (Akmoneia; ein besserer Text in: F. CUMONT, Catalogue Nr. 133): ἐπι[σ]κό[που]ς καὶ μάρτυρας θεοὺς Σ[ε]βαστοὺς και θε[οὺς] πατρίου]ς.

44 IGRR IV 872 (Sanai). S.R.F. PRICE, Rituals 119, zitiert noch J. KEIL/A. V. PREMERSTEIN, Reise III 61, Nr. 75 (Kelles); IK 23,199.237 (Smyrna); IGRR IV 1581 (Teos); J. POUILLOUX, Thasos, II 185; IK 17,1,3214 (Umgebung von Belevi); CIG 2843; REG 19 (1906) 261, Nr. 155; P. LE BAS/W.H. WADDINGTON, Inscriptions 1641 (Aphrodisias); vgl. W. LIEBENAM, Städteverwaltung 34–54.

45 S.R.F. PRICE, Rituals 118, mit Verweis auf IK 11,22,45–48 (Ephesos); in Eresos wird das Kultgebäude erbaut ἐν τῷ ἐπιφανεστάτῳ τόπῳ τῆς ἀγορᾶς (IG XII, Suppl. 129). Vgl. zur Lage noch Philo, legat. 150 (Alexandria); Philostrat, soph. 1,25 p. 531 zum Heiligtum in Smyrna: τηλεφανής. Allgemein zur Lage im Stadtbild und zur Sichtbarkeit: J. SÜSS, Kaiserkult 12–118.

46 B. DREYER/H. ENGELMANN, Augustus 174f.: Γερμανικῶι ᾿Ιουλίωι, Τιβερίου υἱῶι, Καίσαρος υἱωνῶι, Καίσαρι ἄσυλον κτλ.

47 Die außerstädtischen Plätze des Kaiserkultes in Athen studiert F. LOZANO, Religión, 51–53. IGRR IV 1348; IK 17,2,3817 (Mostena) als Beispiele von Kaiserkult auf dem Dorf (zu dieser Inschrift vgl. die schöne Studie von G. BOWERSOCK, Euemerioi); SEG 53,1184 (Umgebung von Alabanda): ἡ κωμὴ ἡ ᾿Ολυνδωνδρέων Αὐτοκράτορι Καίσαρι, θεοῦ υἱῷ, Θεῷ Σεβαστῷ. Die Beteiligung der Dörfer auf dem Territorium von Oinoanda an den Demostheneia bietet ein weiteres Beispiel für deren Integration in Kulthandlungen für den Kaiser.

Markt kaufte, bezahlte mit dem Bild des Kaisers. Wer sich die Mühe machte, sich das Bild einer Stadt vor Augen zu stellen, sah die Orientierung der Städte auf die neuen Bauten des Kaiserkultes hin.

Diese Allgegenwart mit ihren sakralen Implikationen hatte auch Bedeutung für den Kult selber. Dessen Wirkung hängt nämlich nicht unbedingt von einer gleichmäßigen Teilnahme der gesamten Bevölkerung am Ritual ab, vom Vollzug des Rituals durch jeden Bürger, sondern hängt davon ab, dass die Existenz des Kultes und sein Vollzug allen bewusst waren[48] – und dieses Bewusstsein wurde durch die Allgegenwart des Kaisers gestärkt. Dass Angehörige privilegierter Status-Gruppen viel eher in herausgehobener Funktion am Ritual teilnahmen als die Angehörigen der unteren Gesellschaftsschichten, dürfte jedem selbstverständlich gewesen sein, die Bedeutung des Rituals im Bewusstsein der breiteren Öffentlichkeit sogar verstärkt haben.

## 3. Formen des Kultes

Wir sind jetzt bei der Frage nach der Bedeutung des Rituals im öffentlichen Leben angelangt und müssen entsprechend der oben angestellten Überlegungen zwischen privaten, munizipalen und kommunalen Kulten differenzieren.[49]

### 3.1 Privater Kult

Während vor nicht allzu langer Zeit der Kult in Privathäusern noch in Frage gestellt wurde,[50] so zweifelt man heute nicht mehr wirklich an der „privaten" Verehrung des Kaisers – und für Italien liegen die Dinge ohnehin klar: Kulte des *genius Augusti* (*genius*: der über die menschliche Natur waltende Gott) und andere Kulte finden sich in den Haushalten – wobei hier die Konzentration auf den lebenden Kaiser deutlich ist: Die konsekrierten *divi* sind für die Privatleute weniger wichtig.[51] Inzwischen gibt es aber sogar aus

---

[48] K. HOPKINS, Death 6f., sagt mit Blick auf die stadtrömischen *munera*: „perhaps exact frequency does not matter much; Christmas comes only once a year; frequency and significance are not Siamese twins."

[49] Zum Kult durch „groups and individuals" vgl. S.J. FRIESEN, Cults 104–121.

[50] E. BICKERMAN, Consecratio 5, mit der sich anschließenden Diskussion.

[51] Zum *genius Augusti* im Hauskult vgl. allgemein: I. GRADEL, Emperor 198–212. Auf Grund der Quellenlage gehören die dort zitierten Beispiele fast ausschließlich in den Bereich der Oberschicht – doch mag das übertragbar gewesen sein.

kleinasiatischen Häusern Beweise für den Kult der Kaiser[52] – was ja auch kaum anders anzunehmen war. Private Anerkennung des Kaisers als Gott ist im Eid beim Kaiser eingeschlossen, öffentliche Anerkennung ist dort deutlich, wo der Kaiser als Schwurgottheit vorgeschrieben wird.[53] Die Portraits des Kaisers waren – wie die moderner Staatsoberhäupter und Diktatoren – in fast allen Geschäften präsent,[54] wohl meist in gemalter Form, aber vielleicht stammen auch manche unserer plastischen Kaiserbildnisse aus Privathäusern.[55] Zum privaten Kult gehörte es auch, dass man an Festtagen die Häuser schmückte – was sogar Christen getan haben sollen, um nicht weiter aufzufallen.[56] Privat war der Kult auch, der von den verschiedenen Haushalten auf je eigenen Altären vollzogen wurde, wenn sich die großen Prozessionen durch die Stadt bewegten. Diese Form des Opfers hatte eine Tradition seit hellenistischer Zeit – und die vielen Altäre für Hadrian stehen wohl in derselben Tradition.[57] Solche Opfer und Altäre mögen auf städtischer oder sogar provinzialer Anordnung beruhen,[58] doch ist damit eher die Organisationsform beschrieben, über die Bedeutung des Rituals in den Haushalten nichts ausgesagt.

Private Verehrung des Kaisers äußert sich in ganz unterschiedlicher Form. Es seien nur einige Beispiele genannt: Der Kaiser kann neben anderen Göttern auftreten[59] oder alleine genannt werden; manchmal ist eine

---

52 Im ephesischen Hanghaus 2, Wohneinheit 7 fanden sich in einer Wandnische des Südraums die Portraits des Augustus, der Livia und des Tiberius, z.B. U. OUTSCHAR/G. WIPLINGER, Hanghaus 2, 114.

53 Z.B. Milet VI 3,1044, wo die „mit dem Eid geschützten, Finanzfragen betreffenden Regelungen offensichtlich Interessen des Kaisers selbst betrafen" (W. GÜNTHER, Milet VI 3 ad loc).

54 Fronto, M. Caes. 4,12,6 – sicher übertragbar, wie Men. Rhet. 2,377,26–28 (p. 94 D. Russell/N. Wilson) zeigt: πλήρεις εἰκόνων αἱ πόλεις, αἱ μὲν πινάκων γραπτῶν, αἱ δέ που καὶ τιμιώτέρας ὕλης.

55 S.R.F. PRICE, Rituals 119, weist daraufhin, dass die meisten Kaiserbildnisse ohne sichere Provenienz auf uns gekommen sind.

56 P. HERZ, Fest 75 (mit allgem. Verweis auf G. SCHÖLLGEN, Ecclesia; gemeint sind wohl v.a. Tert.cor. 13, 8f.; idol. 15).

57 Altäre: A.S. BENJAMIN, Altars 57–86; M. LEGLAY, Hadrien 347–372. Eine hohe Zahl unpublizierter Altäre findet sich jetzt in Milet VI 3,1324–1349; insgesamt sind jetzt vierzig solcher Altäre aus Milet bekannt. Die Interpretation z.B. bei S.J. FRIESEN, Cults 117; T. WITULSKI, Kaiserkult 130–136. T. Witulski erwägt, ob IG XII 2,173–182; IG XII, Suppl. 51f. (Mytilene) als Altäre für Trajan interpretiert werden können (87f.); die Angaben in den IG helfen nicht viel weiter: in der Regel heißt es dort „basis"; einzig bei 182 („fragmenta tabulae marmoris") liegt der Charakter als Altarplatte auf der Hand. Die klassische Studie zum Phänomen in hellenistischer Zeit ist immer noch L. ROBERT, Opera VII 599–635.

58 Vgl. A.S. BENJAMIN, Altars 50; T. WITULSKI, Kaiserkult 131f.

59 M. Iulius Philippus weihte die von J. REYNOLDS, Aphrodisias 182, Nr. 54 edierte Inschrift: θειότητι Αὐτοκρατόρων, θεᾶι ᾿Αφροδείτῃ γενε[τείρᾳ,] συνκλήτῳ, δήμῳ Ρωμαίων, πολείταις εὐχαριστ[τῶν. Der Weihende ist ein Freigelassener des Kaisers, was die Idiosynkrasie seiner Ausdrucksweise begünstigt haben mag (J. REYNOLDS, Ruler-cult 50; S.J. FRIESEN, Cults 120), die aber gleichzeitig einen schönen Beleg für den privaten Charakter der Weihung bietet.

Differenzierung hier nicht leicht.[60] Man konnte zum Kaiser beten[61] und die Erhörung seines Gebetes erfahren[62] – selbst wenn es einem nur indirekt mit dem Kaiserhaus verbundenen Gott wie Antinoos gegolten hatte.[63] Zweifelsohne äußert sich in den Votiven, die auch dem lebenden Kaiser gelten können,[64] persönliche Frömmigkeit.[65] Und zweifelsohne bedeutet ein Votiv die Erhörung eines Gebetes, die Erfahrung göttlicher Hilfe vom Kaiser. Sogar die Stiftung eigener Tempel für den Kaiser konnte von Privatpersonen ausgehen[66] – was es ja nicht nur in Kleinasien gab.[67]

---

60 Nur zwei Beispiele: M. CHRISTOL/T. DREW-BEAR/M. TASLIALAN, Empereur 1f., publizieren folgende Inschrift, die mit einer überlebensgroßen Kaiserstatue verbunden war (AE 2001, 1918; Antiochia Pis.!): *Ti. Claudio Caesari Aug. Germanico ... pro incolumitate eius et victoria Britannica ex voto quo susceperat cum liberis suis statuam, ludos iuvenales, hostias, venationem dedit C. Caristanius Fronto ...* (Für Tiberius Claudius Caesar Augustus Germanicus ... stiftete C. Caristanius Fronto für dessen Unversehrtheit und britannischen Sieg auf Grund des Gelübdes, das er mit seinen Kindern abgelegt hatte, eine Statue, Spiele für die Jugend, Opfertiere, eine Jagdveranstaltung). Bei ihrer Diskussion gehen die Herausgeber davon aus (18; cf. 20), dass die Verehrung des Kaisers, zumindest seines *genius*, hier eine wichtige Rolle spielte, was sich in dem Plural *hostiae* andeute. Die Benutzung italischer Formen der Verehrung ist durch die *ludi iuvenales* ebenfalls angedeutet. SEG 45,1719 (Aizanoi): [Δὶ] Ἀναδότῃ καὶ Σεβαστοῖς θεοῖς καὶ τῷ δή[μ]ῳ ε[ὐ]χὴν ὑπέρ ... καθιερωσάντων τὸν βωμόν ... ; vgl. auch A. CHANIOTIS, Kaiserkult 20.

61 Aristeid. 26,32: ὕμνει καὶ σέβει καὶ συνεύχεται διπλῆν εὐχήν, τὴν μὲν ὑπὲρ αὐτοῦ (scil. τοῦ Σεβαστοῦ) τοῖς θεοῖς, τὴν δὲ αὐτῷ ἐκείνῳ περὶ τῶν ἑαυτοῦ; Sardis VII 1,8,8f.: ἥδονταί τε πάντες ἄνθρωποι συνδιεγειρομένας ὁρῶντες τῷ Σεβαστῷ τὰς ὑπὲρ τῶν παιδῶν εὐχάς (... and all people rejoice to see the united prayers ascending to Augustus on behalf of his sons; Übers. W.H. Buckler/D.M. Robinson); TAM V 2,998,11–13 (Thyateira): πάσας τὰς εἰς τὸν θεὸ[ν καὶ] εἰς τοὺς κυρίους αὐτοκρά[τορ]ας εὐχὰς καὶ θυσίας.

62 Zum Kaiser als ἐπήκοος vgl. H. VERSNEL, Faith 36f. In dieselbe Richtung weisen Weihungen, die auf Grund einer εὐχή geleistet werden, also Erfüllung des Gebetes voraussetzen (bei SEG 2,718 [Pednelissos] überlegt allerdings A. CHANIOTIS, Kaiserkult 20, ob εὐχή mit ἐπαγγελία gleichzusetzen sei).

63 IK 31,56 (Klaudiopolis) – wobei es natürlich bezeichnend ist, dass das zu Grunde liegende Gebet in der unmittelbaren Heimat des neuen Gottes erhört worden war. L. ROBERT, Asie 132–146, zu Antinoos in seiner Heimat.

64 IK 66,164 (Pessinous) mit dem Kommentar von J. Strubbe.

65 H. PLEKET, Aspect 331f.346f.; C. HABICHT, Zeit 42–44; S.J. FRIESEN, Cults 117.

66 Zum Thema allgemein J. SÜSS, Kaiserkult 165–168.288f., der allerdings immer wieder den sog. Hadrianstempel von der ephesischen Kuretenstraße nennt (z.B. p. 54 mit E.L. BOWIE, Temple 138), doch mehren sich in den letzten Jahren die Stimmen, die diese Benennung für falsch halten (S. SCHORNDORFER, Bauten 162–165; U. OUTSCHAR, Deutung 443–448; aber vgl. IK 12,429 (Ephesos). Berühmt ist OGIS 583 (Lapethos): Τιβερίωι Καίσαρι Σεβαστῶι θεῶι, θεοῦ Σεβαστοῦ υἱῶι, Αὐτοκράτορι ... ὁ ἐνγενικὸς ἱερεὺς τοῦ ἐν τῶι γυμνασίωι κατεσκευασμένου ὑπὸ αὐτοῦ ἐκ τοῦ ἰδίου Τιβερίου Καίσαρος Σεβαστοῦ ναοῦ καὶ ἀγάλματος ... κατεσκεύασεν τὸν ναὸν καὶ τὸ ἄγαλμα ἰδίοις ἀναλώμασιν τῶι ἀτοῦ θεῶι (von C. HABICHT, Zeit 43, aber als Loyalitätskundgebung bezeichnet). IGRR III 986 (Salamis/Zypern) wird von T.B. MITFORD so ergänzt, dass es sich um die Tempelweihung eines Kaiserpriesters handelt, vgl. zuletzt SEG 30,1646. IG XII, Suppl. 124 (Eresos): καθιέρ]ωσε δὲ καὶ τοῖς παίδεσσι τῶ Σεβ[άστ]ω τέμενοί τε καὶ να[ῦον ἐκ] τῶν ἰδ[ίων ἐν τ]ῷ ἐπιφανεστάτῳ τόπῳ τᾶς ἀγορᾶς, ἔχων [δὲ χωρίον ἰ]διόκτητον ἐν τῷ ἐπιφανεστ[ά]τῳ, τᾷ πόλι κατεσκεύασε[ν καὶ] ἐν τούτ[ῳ τέμενός] τε καὶ ναῦον καὶ προγραψάμενος ἐπὶ τᾶς βόλλας ἀνέθηκ[ε Λιο]υ[ία] Σεβ[άστα Προ]νοία ... ἱδρύσα]το δὲ καὶ ἐπί τῷ λιμένι τῶ ἐμ[πορί]ῳ [να]ῦον τῷ Σεβαστῷ θε[ῷ Καίσαρι], ὅπ[πως μηδεὶ]ς τόπος ἐπίσαμος ἀπολίπη[ται τᾶς ε]ἰς τὸν θεὸν ἐξ αὐτῶ

Die genannten Beispiele zeigen bereits, dass der Kaiser von Privatpersonen in derselben Form angerufen wurde und Verehrung erfuhr wie andere Götter auch – und seine Einbeziehung in Mysterien,[68] Tempel oder den Kult anderer Götter tat dem keinen Abbruch. Die Gründe für die Verehrung des Kaisers unterschieden sich auch nicht sehr von den Gründen für die Verehrung der Götter: Natürlich wollte man aus sozio-politischen Gründen seine Verbundenheit mit der *domus Augusta* (dem erhabenen Haus, d.h. der kaiserlichen Familie) demonstrieren, aber der Kaiser oder die Mitglieder seiner Familie waren auch εὐεργέται (Wohltäter), denen die gebührende Ehre erwiesen werden sollte,[69] sie erhörten Gebete, sorgten für glückliches Gelingen und gute Ernte – d.h. sie erfüllten die Aufgaben der Götter für die Menschen, und das erwiderten die Menschen auch privat in den bekannten Formen der Frömmigkeit.[70]

## 3.2 Städtische Kulte

Schon die Tempel, die den Kaisern von Privatpersonen gestiftet wurden, markierten den Übergang in den kommunalen Raum.[71] Die private Beteiligung an Prozessionen war ein vergleichbares Phänomen, und manche städtischen Feierlichkeiten waren von privaten Stiftungen finanziert. Ebenfalls in den Bereich zwischen privater und städtischer Verehrung fällt der Kai-

ε[ὐνοίας] καὶ εὐ[σεβεία]ς. SEG 54,1374 (Pednelissos; Ergänzung A. Chaniotis) dürfte ebenfalls einen privaten Tempelbau in der Stadt bezeugen: θεοῖς Σεβαστοῖς καὶ τῇ π[ατρίδι ...] ὁ πατήρ. Vgl. unten (Anm. 71) zu Plin. epist. 10,70,2.

67 J. SÜSS, Kaiserkult 167, zitiert Beispiele aus Pompeii, Alcántara und Antiocheia Syr.; vgl. auch ILAlg II 1,3991; CIL VIII 8239 („inter Cuicul et Milev"): *numini caelestis Aug. Imp. Traiano Hadriano ... Q. Raecius Quadratus. her(edes) temp(lum) fec(erunt)*. Weitere Beispiele lassen sich z.B. für Augustus leicht im Katalog von H. HÄNLEIN-SCHÄFER, Veneratio 113–254, finden.

68 Sollte J.H.M. STRUBBE, Cult 116–119, recht haben, dass der Sebastophant nicht mit Mysterien zu verbinden ist, sondern die Kaiserbilder in Prozessionen trug und zeigte, verschwindet ein großer Teil der Verbindung zu den Mysterien.

69 IK 3,88 (Ilion): Ἀντωνίαν ... τὴν ἑαυτοῦ εὐεργέτιν ἐκ τῶν ἰδίων; Antonias Tochter Livilla wird als Aphrodite Anchisias bezeichnet. B. WEISSER, Pergamum 140, datiert den Text in die 20er Jahre. Von der Stadt Thasos ausgehend für Livia und Julia: IGRR I 835; Julia in Mytilene: IGRR IV 64; Agrippa in Athen: IG II$^2$ 4122f.; in Myra: IGRR III 719; Thermai: IV 21; Ilion: IK 3,86; Tiberius: I.v.Pergamon II 386

70 Vgl. A. CHANIOTIS, Kaiserkult 22: „[...] das Paradoxon der sterblichen Göttlichkeit gehört zu den Diskrepanzen, mit denen uns die griechische Kultpraxis konfrontiert".

71 Ein schönes Beispiel für die Verquickung der beiden Bereiche findet sich auch Plin. epist. 10,70,2: *legaverat eam (scil. domum) Claudius Polyaenus Claudio Caesari iussitque in peristylio templum ei fieri, reliqua ex domo locari*. Die rechtliche Konstruktion war offenbar kompliziert: Das Haus mit dem Tempel war in kaiserlichen Besitz übergegangen, aber die Gemeinde sollte aus der Miete den Unterhalt des zu Lebzeiten des Claudius gestifteten Kultes finanzieren. Ein Grund für die Einrichtung wird nicht genannt, mag aber im Umfeld der Verleihung des Bürgerrechtes an den Stifter zu suchen sein.

serkult, der von den verschiedenen Vereinigungen ausgeübt wurde,[72] und zu diesen Vereinen gehörten letztlich auch die Korporationen römischer Bürger in einer Provinz, die von Augustus ja noch angehalten worden waren, den *divus Iulius* (den Staatsgott Iulius) zu verehren.[73]

Sofort nach seinem Sieg bei Actium wurden die ersten Kulte für den Sieger eingerichtet – dessen Gabe zur Versöhnung als geradezu göttlich gesehen wurde.[74] Die Zahl der munizipalen Kulte ist insgesamt so groß, dass sie nicht einzeln vorgeführt werden können.[75] Will man sie in Gruppen einteilen, ergibt sich Folgendes:

– Man hat die Fälle, in denen der Kaiserkult mit dem Kult einer bestehenden Gottheit assoziiert wurde, das Fest für den Kaiser mit dem Fest dieser Gottheit übereinstimmte, was auch praktische Gründe haben konnte.[76] Selbst ein solcher Kult konnte in unterschiedlicher Form organisiert sein: Der Kaiser konnte – sofort oder nach einiger Zeit – als σύνναος (jemand, der zusammen [mit einem anderen Gott] in einem Tempel verehrt wird) eines Gottes erscheinen. In Priene wurde er mit der Athena Polias verbunden, in Sagalassos wurde Augustus zusammen mit Apollon Klarios verehrt, während Nero als Neos Helios mit den θεοὶ Σεβαστοὶ καὶ πάτριοι (den zu verehrenden und von den Vätern her [verehrten] Göttern) zusammen geehrt wurde, und die Kaiser in Kyzikos in die Panathenaia eingeschlossen wurden.[77] Ein Fest konnte den Namen des Kaisers als Beinamen erhalten: So entstanden Feste, die Kaisareia, Augusteia, Sebasteia, Hadrianeia etc. hießen.[78] Selbst wenn sich einige dieser Namen

---

72 P.A. HARLAND, Cults 85–107. Ein schönes Beispiel ist die Weihung IK 17,2,3817 (Mostena), die den θεοῖς π[ατρῴ]οις καὶ θεοῖς Σεβαστοῖς gilt.

73 Das rasche Ende dieses Kultes in Asia bespricht P. HERZ, Geschichte 133–148. IK 4,19 (Assos): ὁ δῆμος καὶ οἱ πραγμα[τευόμενοι Ῥωμαῖοι] θεὰν Λειουίαν Ἥραν ν[έαν κτλ. I.v.Pergamon 383: ὁ δῆμος [κ]αὶ οἱ κ[α]τοικοῦντες Ῥωμαῖοι ehren den Gott Augustus. In Tunesien verehren z.B. die *cives Romani, qui Thinissut negotiantur*, noch zu seinen Lebzeiten den *deus Augustus* (ILS 9495).

74 B. DREYER/H. ENGELMANN, Augustus 173f., publizieren zwei Altäre aus Metropolis, von denen der eine in der Orchestra des Theaters, der andere vor dem Bouleuterion gefunden worden war: Καίσαρος ἱλαστηρίου resp. εἱλαστηρίου.

75 Ausführlich zu städtischen Kulten: S.J. FRIESEN, Cults 56–76. (Veraltete) Listen bei F. GEIGER, sacerdotibus; D. MAGIE, Rule 1356, Anm. 17; 1360, Anm. 28; 1392, Anm. 62; 1427, Anm. 9; 1467, Anm. 39; 1482, Anm. 38f.; 1523, Anm. 57; 1535, Anm. 11; 1613f.

76 (Veraltete) Listen für dieses Phänomen finden sich bei P. RIEWALD, Imperatorum; so wird z. B. Nero als neuer Apollo in Athen oder als Asklepios in Kos verehrt, A.D. NOCK, Essays 42f. L. ROBERT, Études 35: Tiberius und Dionysos in Teos; 63f.: Asklepios und der Kaiser in I.v.Pergamon 340; S.R.F. PRICE, Gods; „minimizing any increase in public expenditure", R. MELLOR, Character 390.

77 Priene: F. RUMSCHEID, Anschluß 78; Sagalassos: M. WAELKENS, Transformation 71 (vgl. noch TALLOEN/WAELKENS, Apollo 176f.); Nero: H. DEVIJVER, Elite 122f.125; Kyzikos: IGRR IV 144 (SEG 4,707).

78 Vgl. z.B. S.R.F. PRICE, Rituals 3; D.O.A. KLOSE, Festivals 127.

nicht sehr lange hielten, war wohl doch für eine solche Namensänderung die kaiserliche Erlaubnis zu beantragen.[79] Manchmal können diese Namen sich auf zwei getrennte Feste beziehen,[80] doch meistens geht es um einen gemeinsamen Kult – selbst wenn der Kaiser und der Gott keinen Tempel teilen.[81]

– Dann gab es die Feiern, die nur dem Kaiser gelten. Einige von ihnen müssen nicht vornehmlich sakralen Charakter gehabt haben: Das gilt für die meisten irregulären Feste wie z.B. Feiern zum Regierungsantritt oder anlässlich eines von Rom aus verkündeten Sieges.[82] Ein Kult konnte allerdings aus solchem Anlass auch eingerichtet werden: Als C. Caesar die *toga virilis* anlegte, beschloss Sardeis ein Fest und die Weihung einer Kultstatue des jungen Caesar in den Tempel des Augustus – was mit einer Gesandtschaft nach Rom gemeldet wurde.[83]

– Schließlich sind da die regelmäßig abgehaltenen Feierlichkeiten, die nur dem Kaiser und keinem anderen Gott galten. Diese fanden in unterschiedlichen, aber jeweils festgelegten Abständen statt, auch unter Berücksichtigung der provinzialen Feste.[84] Es gibt dem Kaiser geweihte Tage und dementsprechend einen täglichen Kult;[85] Mytilene feierte den Geburtstag

---

79 Kurz zu den Anträgen bei Städten: S.J. FRIESEN, Cults 59.

80 Caesarea und Isthmia, vgl. L. ROBERT, Opera VII 759f.

81 L. ROBERT, Inscriptions 286. Z.B. Milet I 3,134; IG XII 2,224 (Mytilene). Zum gemeinsamen Auftreten des Kaisers mit einer lokalen Gottheit vgl. die Salutaris-Stiftung in Ephesos: Es gibt Kaiserbilder im Tempel; Kaiserbilder werden zusammen mit Bildnissen der Artemis getragen.

82 IK 11,18 b,11–17 (Ephesos; Schreiben eines Statthalters): ὁσάκις τε γὰρ ἂν ἀπὸ Ῥώμης ἱλαρωτέρα ἔλθῃ ἀγγελία, ταύτῃ πρὸς τὸν ἴδιον ἀποχρῶνται πορισμόν, τό τε σχῆμα τῆς θείας οἰκίας προκάλυμμα ποιούμενοι τὰς ἱερωσύνας ὥσπερ ἐν ἀπαρτείᾳ πιπράσκουσιν καὶ ἐκ παντὸς γένους ἐπὶ τὴν ὠνὴν αὐτῶν συνκαλοῦσιν ἀνθρώπους (Sooft nämlich von Rom eine gnädige Botschaft kommt, mißbrauchen sie diese, um sich selbst etwas zu verschaffen, und verkaufen, wobei sie die Würde des Hauses der Göttin zur Tarnung verwenden, die Priesterämter wie auf einer Versteigerung und rufen zu ihrem Kauf Menschen aller Art zusammen; Übers. H. Wankel).

83 Sardis VII 1,8, Z. 17–21; die Antwort des Augustus ebd. 22–27, der diese Ehrung seines Sohnes sehr richtig als Erwiderung seiner Wohltaten für Sardeis versteht. Erst in den folgenden Dekreten zeigt sich, dass die Gesandtschaft nicht nur von der Stadt ausging, sondern auch vom Landtag, Z. 32.40.58.104, wir aber von konkreten Ehrenbeschlüssen des Landtages aus diesem Anlass nichts hören. Gegeben haben muss es sie natürlich.

84 P. HERZ, Gedanken 178, unter Verweis auf J. REYNOLDS, Aphrodisias 185, Nr. 57: πρ[ο]θεσμία δὲ εἰς τὸν ἑξῆς χρόνον καὶ τὴν ἐπιοῦσαν τετραετηρίδα ἔσται χρό[νος] ὁ ἀπὸ [Βαρ]βιλλήων τῶν ἐν Ἐφέσῳ [ἀγομένων] πρὸς [κοινὰ ?] Ἀσίας; vgl. auch P. HERZ, Gedanken 179, Anm. 26: „Da als Bezugspunkt der Anfang des (asiatischen) Jahres genannt wird, dürfte dieser Termin wohl am ehesten für die Koina Asias in Frage kommen, was für Eurykleia und Barbilleia einen Termin im Sommer wahrscheinlich macht." Die Art der Regelungen kann man jetzt sehr schön an dem Brief sehen, den Hadrian 133/134 an die σύνοδος θυμελικὴ περιπολιστικὴ τῶν περὶ τὸν Διόνυσον τεχνιτῶν ἱερονεικῶν στεφανειτῶν schrieb, G. PETZL/E. SCHWERTHEIM, Hadrian 12–16, Z. 80.

85 S.R.F. PRICE, Rituals 228, mit Verweis auf M.P. NILSSON, Service 63–69 (vgl. auch DERS., Geschichte II 381); „imperial days": TAM II 3,905 ix G 95–99 (Rhodiapolis); TAM V

des Augustus in jedem Monat, auch wenn man dort jedes Jahr am 23. September opferte und alle vier Jahre einen Wettkampf abhielt.[86] Vergleichbare Zyklen gab es an vielen Orten, und manchmal lagen nur zwei Jahre zwischen den Agonen,[87] und der Geburtstag des Kaisers war schon in der Antike überall und immer ein Tag, der besonders begangen werden konnte. War ein städtischer Kult mit einer öffentlichen Feier verbunden, so bedurfte auch er wohl der Genehmigung. Meist dürften solche Genehmigungen leicht von der lokalen Diplomatie erreicht worden sein – so lange mit dem Fest kein besonderer Status oder besondere Privilegien verbunden waren.

Diese Feiern konnten aus einem Opfer und dem anschließenden Mahl bestehen, dauerten aber oft auch mehrere Tage, wie wir manchmal an der Abfolge der Gladiatorenspiele sehen können;[88] die einzelnen Tage konnten dann einzelnen Mitgliedern des Kaiserhauses geweiht sein.[89]

Solche Kulte waren in Kleinasien überall anzutreffen, wo es Städte gab – aber damit wohl nicht genug: Auch in den Gebieten Paphlagoniens, die nicht besonders vom Städtewesen heimgesucht waren, konnte man bereits kurz nach der Provinzialisierung davon ausgehen, dass es eine flächendeckende Einrichtung von Kaiserkulten gab.[90] Dies lässt sich so fast nur erklären, wenn es einen zentralen Anlass zur Schaffung der Kulte gab.[91] Gab es also eine Aufforderung des Landtages an alle Mitgliedsstädte, einen Kult des (ersten) Kaisers einzurichten? So wahrscheinlich dies sein mag, so kann es aber nicht die ganze Wahrheit sein. Wenigstens in Asia hatte jede Stadt ihre eigenen Freiheiten, und dass Mytilene seine Beschlüsse zur Ehre des Kaisers in alle Welt schickte, macht nur Sinn, wenn die Stadt nicht genau dasselbe getan hatte wie alle anderen Städte der Provinz.

---

2,932 (Thyateira): ἐν τοῖς ἑορτασίμοις τῶν Σεβαστῶν ἡμέραις; IK 22,1,701 (Stratonikeia); I.v.Pergamon 374.

[86] IK 11,21.26: ἑορτάζειν δὲ καὶ] κατὰ [τὰ προκεκυρωμένα ψηφίσματα ἑκάσ]του ἔτους τὴν Σε[β]αστὴν τοῦ δω[δε]κ[ά]του μηνὸ[ς τοὺς πολείτας, ἐν δὲ τοῖς] γε[νεθλίοις τοῦ θεοῦ Αὐτοκράτορος τῶν 'Εφεσ]ίων γερόντων κτλ.; 14,1393 (jeweils aus Ephesos).

[87] IK 49,60 (Laodikeia am Lykos), allerdings von T. Corsten anders interpretiert.

[88] L. ROBERT, Gladiateurs 280f.; S.R.F. PRICE, Rituals 106f.

[89] SEG 11,922f. (Gytheion, Zeit des Tiberius): Der erste Tag war dem Augustus, der zweite dem Tiberius, der dritte der Livia als Tyche der Stadt geweiht, während der vierte Tag der Nike des Germanicus, der fünfte der Aphrodite des Drusus und der sechste dann dem T. Quinctius Flamininus galt.

[90] IGRR III 137 (Kaisereid aus Phazimon): κατὰ τὰ αὐτὰ ὤμοσαν καὶ οἱ ἐ[ν τῆι χώραι] πάντες ἐν τοῖς κατὰ τὰς ὑ[παρχίας Σε]βαστήοις.

[91] S.R.F. PRICE, Rituals 79, mit Bezug auf den gerade zitierten Eid; vgl. auch die Kalenderinschrift, R. SHERK, Documents 328–333 Nr. 65 D, Z. 61: καὶ ἐν τοῖς ἀγομένοις κατὰ πόλιν ἀγῶσιν τῶν Καισαρήων.

Auch solche Aufforderungen und wenigstens bestimmte, nach außen wirkende Kultformen setzen eine kaiserliche Erlaubnis voraus[92] – aber sie setzen natürlich noch viel mehr voraus. Langwierige Überlegungen und Verhandlungen in den Gremien der Städte, Beschlüsse des Rates, vielleicht sogar unterstützt durch das Volk, regelmäßige Auswahl der Priester, Beschlüsse zum Bau von Heiligtümern, Gesandtschaften nach Rom, die entweder um Erlaubnis baten oder die Einrichtung zumindest meldeten, regelmäßige Berichte in den Gremien, der praktische Unterhalt der Kultbezirke etc. etc. Damit wird natürlich neben der Öffentlichkeit in der Stadt für die eigenen Feierlichkeiten auch eine weitere, die Grenzen der Stadt und sogar die Grenzen der Provinz übersteigende Öffentlichkeit angesprochen.

Von den Ereignissen in der Provinz konnte der Kaiser Kenntnis nehmen, musste es aber nicht unbedingt tun.[93] Die Gründe für die Einrichtung eines Kultes konnten für die Städte ebenso unterschiedlich sein wie für Privatpersonen. Bildprogramme zeigen, dass der Kaiser u.a. als Sieger und Friedensstifter dargestellt wurde, also dieser Aspekt seiner Leistung für die Städte im Vordergrund stand[94] – was ja auch eine Erklärung für die besondere Prominenz des Augustus ist[95]. Gleichzeitig gibt es Orte, in denen die Kaiser (und die ganze *domus Augusta* [das erhabene Haus, d.h. die kaiserliche Familie]) als „a new branch of the Olympian pantheon" neben die anderen Götter gestellt werden.[96] Als solche werden sie auch in ihren Tempeln vorgestellt, die nach ihrer Formensprache denen der olympischen Götter entsprachen.[97]

---

[92] Vgl. z.B. IK 12,213 (Ephesos), wo der Kult der Demeter Karpophoros und Thesmophoros und der Theoi Sebastoi von Königen, Kaisern und proconsules bewahrt worden war: μυστήρια ... συντετηρημένα ἀπὸ βασιλέων καὶ Σεβαστῶν καὶ τῶν κατ᾽ ἐνιαυτὸν ἀνθυπάτων, καθὼς αἱ παρᾶ κείμεναι ἐπιστολαὶ αὐτῶν περιέχουσιν.

[93] Plin. epist. 10,70f., ist ein Beispiel dafür, dass die Geschichte eines städtischen Kultes über mehr als zwei Generationen weder von den Kaisern noch von den Statthaltern verfolgt worden war. Andererseits nahm Tiberius den Kyzikenern die Freiheit, weil sie einen (munizipalen) Augus-tus-Tempel nicht fertig stellten, Tac. ann. 4,36,2; Cass. Dio 57,24,6 (cf. Suet. Tib. 37,3).

[94] J. SÜSS, Kaiserkult 263–270.

[95] Vgl. dazu S. MITCHELL, Anatolia I 100, der daran erinnert, dass wir noch aus dem Jahr 27 zwei Zeugnisse für einen Kult des Augustus haben, IK 13,902 (Ephesos; cf. F. MILLAR, Rome I 292); TAM V 3,1428 (Philadelpheia), und dass wir fast drei Dutzend Kulte des Augustus aus Kleinasien kennen; vgl. S.J. FRIESEN, Cults 60.

[96] So die Interpretation der Sebasteion-Reliefs aus Aphrodisias durch R.R.R. SMITH, Reliefs 136; vgl. S.J. FRIESEN, Cults 94: „The Aphrodisians had to retell the story, recasting the emperor as the natural heir of Greek history and religion and redefining themselves as loyal relatives of the rulers."

[97] J. SÜSS, Kaiserkult 163, zum Tempel des Augustus und der Dea Roma in Mylasa: „Der Kaiserkult wurde ... in einer traditionell gehaltenen Tempelarchitektur ausgeübt. Die Bauformen drücken aus, dass die Verehrung der römischen Herrscher gleichberechtigt neben die großen Götterkulte trat." Vgl. auch 206f. Zu dem Tempel vgl. jetzt F. RUMSCHEID, Tempel 131–178.

Wie die Kulte der Götter, so prägte auch der Kult der Kaiser und ihrer Familie den städtischen Raum, gab es kaum einen öffentlichen Platz, an dem er nicht zu finden war, kaum ein öffentliches Gebäude, das völlig frei von diesen Kulten war. Wurde der Kaiserkult so zu einem integralen Bestandteil städtischen Lebens, so wundert es nicht, dass er zu einem der entscheidenden Kriterien in der Konkurrenz der Städte untereinander wurde:[98] Waren die historischen Verdienste der verschiedenen Städte doch immer etwas umstritten, so gab es wenig neuere, so einfach zu vergleichende Hinweise auf den Status einer Stadt wie die Privilegierung der dort ansässigen Kulte der römischen Herren.

## 3.3 Provinzialer Kult

Städtischer Kaiserkult konnte in seiner Wirkung, wie wir gerade gesehen haben, über die einzelne Stadt hinausstrahlen und die ganze Provinz betreffen. In vielfältiger Form betraf aber auch der provinziale Kult die einzelnen Städte: Spiele, die zum provinzialen Kult gehörten, wurden von den Städten ausgerichtet, betrafen – als Last oder freudig erfüllte Pflicht – die Mitglieder der städtischen Oberschicht. Aber nicht nur in diesem Punkt sind die Übergänge fließend: Zwischen dem städtischen und dem provinzialen Kult stehen noch die Kulte der verschiedenen Städtebünde.

Auch wenn unsere Informationen insgesamt nur minimal sind, so wissen wir doch, dass es einen ἀρχιερεύς (Hoher Priester) der 13 ionischen Städte, des κοινὸν τῶν Ἰώνων, gab. Die Funktion, so viel kann nur gesagt werden, „wurde in enger Verbindung mit dem Ausbau des Kaiserkultes auf der Ebene der Provinz“ geschaffen.[99] Unsicher ist auch, was es mit den Πανέλληνες (Allgriechen) auf sich hat, die den jungen Caesar kurz nach Actium ehrten – und zwar wegen seiner ἰσόθεοι πράξεις (gottgleichen Taten):[100] Handelt es sich um eine weitere Städtegruppe oder war dies ein damals gebräuchlicher Ausdruck für den ja längst existierenden Landtag von Asia?[101]

---

[98] Allgemein: S.R.F. PRICE, Rituals 126–132.

[99] P. HERRMANN, Κοινόν 238.

[100] Vgl. IK 3,81 (Ilion): Ehrung für Augustus ἀνυπερβλήτοις πράξεσιν κεχ[ρή]μενον καὶ εὐερ̂ γεσίαις ταῖς εἰς ἅπ[αν]τας ἀνθρώπους.

[101] SEG 48,1593 (Klaros): ὁ δῆμος [Αὐτοκρ]άτορα, θεοῦ υἱόν, Καίσαρα [διά τ]ε τὴν ἀρετὴν αὐτοῦ καὶ τὰς [ἰσο]θέους πράξεις καὶ τὰς εὐερ[γε]σίας τὰς εἰς τὴν πόλιν ἡμῶν [καὶ κ]οινῶς εἰς τοὺς Πανέλληνας. Auf der Grundlage dieser Inschrift ergänzte C.P. JONES, Augustus 107–110, in IG XII 6,1,440 (Samos), folgendermaßen: [ὁ δῆ]μος Θεᾶι Ῥώμηι καὶ [Αὐτοκράτορι Καίσαρι, θεοῦ υἱῷ, ὃν καὶ οἱ] Πανέλληνες ἐτίμ[ησαν. C.P. JONES, Augustus 109, überlegt die Gleichsetzung der Πανέλληνες mit dem Landtag und zitiert in 109, Anm. 2, die reichen Belege, die es ab 27 für die Dea Roma und Augustus auf Samos gibt.

Wollte eine Provinz einen – von uns so bezeichneten – „provinzialen Kaiserkult“ mit seinem großen Tempel, mit seinen provinzialen Kaiserpriestern und -festen installieren, so bedurfte dieser Vorgang der kaiserlichen Zustimmung.[102] Doch steht diese Zustimmung erst am Ende eines längeren Vorganges: Der Landtag der Provinz musste erst einmal den Beschluss gefasst haben, einen solchen Kult einrichten zu wollen, d.h. er muss in seiner Sitzung die Verdienste des zu verehrenden Gottes gebührend herausgestrichen haben. In Asia geschah das im Winter des Jahres 29, als der Sieger der Bürgerkriege und Friedensbringer sich für alle zugänglich in Samos aufhielt. Dass die Idee nicht völlig absurd war, zeigt der etwa gleichzeitige Antrag der Provinz Bithynia.

Der Entschluss zum Kult auf provinzialer Ebene ist zwar in erster Linie eine Anerkennung der Göttlichkeit des späteren Augustus, war aber auch auf die römische Öffentlichkeit berechnet, und in dieser Form fasste es der *princeps* auch auf, der sich nicht – via Landtag – von den in Asia und Bithynia residierenden Römern verehren lassen wollte[103] (nur nebenbei sei daran erinnert, dass die meisten der provinzialen Kaiserpriester, die den Kult der Dea Roma und des Augustus pflegten auch römische Bürger waren). Cassius Dio, der die Art erwähnt, in der die Genehmigung des Augustus erfolgte (51,20,6–8), verkürzt ganz offenbar: dass Augustus zusammen mit der Dea Roma verehrt werden sollte, wird nicht erwähnt, ebenso wenig der Senat, der wohl auch beteiligt gewesen sein dürfte.

Die Berechnung auf die römische Öffentlichkeit sieht man auch, wenn Nero bei der Einrichtung des Kultes für Tiberius dem zustimmenden Senat dankt – und nicht dem beantragenden Landtag (Tac. ann. 4,15). Die Wahl eines Ortes für den Tempel wurde offenbar anfangs den römischen Instanzen überlassen (cf. ann. 4,55f.), und bezeichnend für die römische Beteiligung ist auch die Ernennung eines Senators für die *cura templi* (Aufsicht über den Tempel[bau], ann. 4,56).[104] Anders scheint es mir bei Caligula gewesen zu sein – auch wenn man die einschlägige Passage bei Cassius Dio vielleicht etwas missverstanden hat. Hier geht es weniger um einen Befehl zur Kulteinrichtung, sondern um den Befehl, den Kult in Milet einzurichten[105] – wie ein Vergleich der Argumentation bei Tacitus nahelegt (ann.

[102] Gewährung des Kultes durch Augustus: Cass. Dio 51,20,6–8.

[103] Vgl. IK 12,409; 17,1,3019: *conventus c. R., qui in Asia negotiantur*; MAMA VI 177 (Apameia): ἡ βουλὴ καὶ ὁ δῆμ[ος] καὶ οἱ κατοικοῦν[τες] ῾Ρωμαῖοι.

[104] In Smyrna behauptete man später, damals hätten 400 Senatoren für Smyrna gestimmt – und nur sieben nicht, Aristeid. 19,13.

[105] Cass. Dio 59,28,1: Γάιος δὲ ἐν τῇ ᾿Ασίᾳ τῷ ἔθνει τέμενός τι ἑαυτῷ ἐν Μιλήτῳ τεμε̑νίσαι ἐκέλευσε· ταύτην γὰρ τὴν πόλιν ἐπελέξατο, λόγῳ μὲν εἰπών, ὅτι τὴν μὲν ῎Εφεσον ἡ ᾿Αρτέμις, τὴν δὲ Πέργαμον ὁ Αὔγουστος, τὴν δὲ Σμύρναν ὁ Τιβέριος προκατειλήφασι, τὸ δὲ ἀληθές, ὅτι τὸν νέων, ὃν οἱ Μιλήσιοι τῷ ᾿Απόλλωνι ... ἐποίουν, ἱδρύσασθαι ἐπεθύμησε (Gaius befahl, dass zu Milet in der Provinz Asia ein heiliger Bezirk für seinen Kult abgegrenzt werde.

4,55,2). Aber selbst dieser Befehl war Skandal genug, da Asia senatorische Provinz war.[106] Später hören wir erst unter Caracalla wieder von der Art, in der ein Kult eingerichtet wurde[107] – nach Beratung und Abstimmung präsentierte der Landtag seinen Beschluss beim Kaiser, hier allerdings bereits mit dem Vorschlag von Ephesos als Ort des Neokorie-Tempels.[108]

In den beiden ersten Fällen kann man den Grund für die Einrichtung des Kultes fassen – wir können noch die langwierigen Argumentationen lesen, mit denen der Kult für Augustus begründet wurde, und im Fall des Tiberius brachte der Landtag seinen Dank für den Erfolg in dem von ihm angestrengten Repetundenprozeß gegen L. Capito und C. Silanus zum Ausdruck (was, denken wir an Öffentlichkeitswirksamkeit, auch späteren Statthaltern zu denken geben sollte). Für Caligula ist kein Grund überliefert, vielleicht war aber inzwischen auch keiner mehr nötig. Wenn es stimmt, dass der Landtag auf die Konsekration der Drusilla und der Livia reagierte,[109] so wird man inzwischen dem Kaiser mit einer gewissen Regelmäßigkeit Ehren entgegengebracht haben. Dass wir keinen provinzialen Kult für Claudius und Nero kennen, mag dann auf einem Zufall der Überlieferung beruhen:[110] Claudius erlaubte zumindest andernorts einen Kult für sich, und der Kult für Nero wird seit langem für möglich gehalten.[111]

Darf man unter diesen Umständen tatsächlich annehmen, es habe keine weiteren provinzialen Kulte gegeben, bis der große Tempel Domitians in Ephesos gebaut wurde? Aber hier ist immer wieder plausibel vermutet worden, dass dieser Tempel bereits unter Vespasian beantragt und geplant

---

Diese Stadt wählte er nämlich aus, weil angeblich nach seiner Erklärung Diana Ephesos, Augustus Pergamon und Tiberius Smyrna vorweggenommen hätten. Die Wahrheit aber war, dass der Kaiser den ... Tempel, den die Einwohner von Milet Apollo zu Ehren […] errichteten, sich aneignen wollte; Übers. O. Veh). Die Passage ist bei Xiphilinos nicht überliefert, sondern geht auf die Excerpta Valesiana 213 zurück; vgl. aber Zonaras XI 7 D. Vgl. dazu C. HABICHT, Zeit 56; P. HERRMANN, Tempel 191–196.

[106] Munizipaler Kult des Caligula in Sagalassos: P. TALLOEN/M. WAELKENS, Apollo 181f., zu IGRR III 344.

[107] IK 12,212; ausführlich dazu L. ROBERT, Opera V 389–404; zum Text zuletzt C.P. JONES, Letters 39–44. In dem von Hadrian abgelehnten Antrag der Pergamener, eine dritte Neokorie zu erhalten, ist allerdings von dem Landtag nicht mehr die Rede, was H. MÜLLER, Hadrian 387f., gebührend hervorhebt: „Dem Koinon bleibt nur die Rolle eines [...] widerwilligen Erfüllungsgehilfen."

[108] Mit der wachsenden Zahl der Neokorien war vielleicht der Streit um diesen Titel etwas geringer geworden.

[109] P. HERZ, Asiarchen, passim (zum Status der *archiereia* und dem Grund für die Einführung des Amtes).

[110] P. HERZ, Caesar 639, der (nach anderen) auf die Möglichkeit verweist, einen ps.-dipteralen Tempel in Sardeis mit solchen Kulten zu verbinden, C. RATTÉ, Temple 45–68 (Hadramyttion ist am Bau beteiligt). Anders T. WITULSKI, Kaiserkult 46–51.

[111] Claudius: D. FISHWICK, Cult I/2, 195–218; Nero: F. TAEGER, Charisma II 307–313.

worden war.[112] Konnte es möglicherweise auch provinziale Kulte für einen Kaiser geben, die nicht sofort mit dem Bau eines Tempels verbunden waren, sondern an einem anderen Kultort stattfanden? Wir können ja auch an mehr Orten Provinzialspiele oder in ihnen amtierende Provinzialpriester nachweisen als wir Tempel kennen: De facto muss es auch in Milet, Philadelphia, Tralleis, Hierapolis, Laodikeia, Synnada irgendeine Art von Kultplatz für den Kult eines Kaisers gegeben haben.[113] In anderen Provinzen wurde ja rasch an allen wichtigen Orten ein Kultplatz für den Kaiser eingerichtet, die dann eben keine Tempel, sondern Sebasteia (Spiele, die nach dem Verehrungswürdigen benannt sind) waren.[114]

Ich will jetzt auf die weitere Organisation des Landtages nicht eingehen – noch nicht einmal auf die von Anfang an rotierenden Sitzungen, bei denen die Vertreter der verschiedenen Städte immer wieder auch Angelegenheiten des Kaiserkultes besprochen haben müssen.[115] Der Vorsitzende des Landtages wird entweder als Asiarch oder ἀρχιερεύς (Hoher Priester) oder als Agonothet der jeweiligen Spiele bezeichnet: Wenn es dem Verfasser der Inschriften nicht um eine möglichst kurze Darstellung geht, so spiegeln die verschiedenen Titel verschiedene Aspekte seines Amtes wider.[116] Dieser Vorsitzende war wohl auch der einzige, der Dekrete des Landtages beantragen konnte,[117] und dieser Einschätzung entspricht es sehr schön, wenn jetzt der Lykiarch als „Erzpriester des Kaiserhauses und als Sekretär des lykischen Bundes“ verstanden wird.[118] Für jeden der verschiedenen Tempel müssen wir einen jährlich amtierenden ἀρχιερεύς (Hohen Priester) annehmen;[119] nur für die Anfangszeit des Kultes in Asia besteht eine gewisse Unsicherheit: Wurde die Annuität vielleicht erst ab 6 v.Chr. eingeführt? Das dürfte dann mit einer gewissen Systematisierung in der Struktur des Landtages einhergegangen sein.[120]

Was hat das mit Öffentlichkeit zu tun? Erst einmal ist die Bekleidung des provinzialen Kaiserpriesteramtes eine eminent öffentliche Angelegenheit – die auch nach Generationen nicht vergessen wird. Die Ehrenin-

---

[112] Diese Vermutung wird noch wahrscheinlicher, wenn man bedenkt, dass unter Vespasian auch ein zentraler Kaiserkult in einer Reihe senatorischer Provinzen eingerichtet wurde, und zwar in Africa Proconsularis, Gallia Narbonensis und der Baetica.

[113] P. HERZ, Asiarchen 112.

[114] Zur architektonischen Ausgestaltung vgl. K. TUCHELT, Problem 167–186.

[115] Im Winter 29 wurde auf der Sitzung in Smyrna das Preisausschreiben zu Ehren des Augustus verabschiedet – sicher war das dieselbe Sitzung, in der auch die Einrichtung eines Kultes beschlossen worden war.

[116] Anders die Erklärung bei P. WEISS, Asiarchen 253f.

[117] T. DREW-BEAR, Décrets 447, Anm. 1.

[118] H. ENGELMANN, Asiarchs 185.

[119] J. DEININGER, Provinziallandtage 37–60.

[120] P. HERRMANN, Milet 226.

schriften der Amtsinhaber und ihre Statuen mit der Krone des Kaiserpriesters erinnern auch nach Generationen noch an den Ruhm, der mit diesem Amt verbunden war – und nicht nur in der Oberschicht, sondern in der ganzen Stadt und vielleicht sogar über diese hinaus. Wer einen Kaiserpriester zu seinen Vorfahren zählte, der sorgte dafür, dass dies auch klar und deutlich gesagt wurde.

## 4. Die Feste

Jetzt sind wir endgültig bei den Festen angelangt, die alle in der bekannten Form der Feste griechischer Götter abliefen – und wenigstens das erste, große und zentrale Fest des Kaisers war in Pergamon von Anfang an mit dem der Stadt genehmigten Agon der Rhomaia Sebasta verbunden, die später in die κοινὰ 'Ασίας, die vom Landtag der Provinz Asia veranstalteten Spiele, übergingen. Heute geht man wenigstens für die Zeit bis Tiberius von jährlichen Feiern aus, die unter Augustus um den 23.9. herum stattgefunden haben dürften.[121] Hinter das jährliche, festlich gestaltete Treffen konnte man natürlich nicht mehr zurückgehen, aber mit der wachsenden Zahl der provinzialen Kulte wurde die Abfolge komplizierter, zumal der Festkalender bei wechselnden Veranstaltungsorten immer stärker die Konkurrenz von städtischen und provinzialen Spielen zu berücksichtigen hatte.[122] Zur Zeit Hadrians wurden die κοινὰ 'Ασίας offenbar als penteterische Spiele veranstaltet, doch waren die vierzig Tage der Spiele in Smyrna im September 135, worauf die vierzig Tage in Pergamon im Oktober, die vierzig Tage von Ephesos im Dezember folgten.[123] Überall wird die Verbindung von provinzialen Spielen und dem Geburtstag des Kaisers schwieriger geworden sein, weshalb für Feiern am Geburtstag getrennt gesorgt werden musste.[124] Für die Zeit des Tiberius heißt es z.B., dass es nötig sei, jedes Jahr die fromme Haltung der *domus Augusta* gegenüber öffentlich unter Beweis zu stellen, weshalb die Hymnoden aus ganz Asia am Geburtstag des Tiberius in Pergamon zusammenkämen, dort

---

[121] C. HABICHT, Inschriften 165. Zum Datum vgl. P. HERZ, Herrscherverehrung 252. Die Lykier veranstalteten jährliche Spiele im Letoon, TAM II 2,495. Auch in Galatien werden die Spiele von Anfang an jährlich gewesen sein, vgl. die Liste OGIS 533 (Ankyra).

[122] S.R.F. PRICE, Rituals 103.

[123] G. PETZL/E. SCHWERTHEIM, Hadrian 83 (die pergamenischen Rhomaia Sebasta werden auch im Monumentum Ephesenum als Penteteris genannt, vgl. SEG 39,1180, § 57, Z. 128–133); vgl. ebd. 90f., zu den Terminen für die kleineren κοινὰ 'Ασίας.

[124] S.R.F. PRICE, Rituals 103, zitiert dafür I.v.Creta I 195, Nr. 23 (Lyttos); IK 17,1,3420 (Metropolis); 3801 (Hypaipa); für eigenes Land und einen eigenen Schatzmeister der kommunalen Kulte zitiert er IK 21,227 (Stratonikeia); IGRR III 714 (Surae).

einen Hymnus auf die *domus Augusta* singen und den θεοὶ Σεβαστοί Opfer darbringen sollten, um darauf ein Fest zu feiern.[125]

Zu dem großen Fest gehörte die Prozession der genau nach dem Rang der Städte geordneten Landtagsabgeordneten,[126] denen der Kaiserpriester in seinem eigenen, den kaiserlichen Glanz widerspiegelnden Ornat voranschritt,[127] begleitet von den unterschiedlichen Amtsdienern, die ihm bei Opfer und bei seinen Aufgaben als Agonothet zur Seite standen.[128] Einen zentralen Platz in der Prozession nahm das Kaiserbild – in welcher konkreten Form auch immer – ein.[129] In der Prozession haben wir die zentrale Selbstdarstellung der sozialen Ordnung der Provinz vor uns: Für die Städte war die Konkurrenz um einen hervorragenden Platz in dieser Ordnung ein immerwährendes Thema. Was für die Städte gilt, gilt auch für die menschlichen Teilnehmer, die „Landtagsabgeordneten“: Auch ihr sozialer Rang in der Provinz fand seinen Ausdruck in der Art ihrer Teilnahme an diesem Ereignis. Wichtig ist, dass diese Selbstdarstellung mit Blick auf den Kaiser vorgenommen wurde, und ohne ihn nicht stattgefunden hätte.

Das Opfer war natürlich das zentrale Ritual des Kultes, und zum Opfer gehört – wie symbolisch auch immer – eine Mahlzeit. In den Kontext des Opfers gehören wohl auch Hymnen und andere Darbietungen zum Lob des Kaisers – die bei musischen Festen in die Wettkämpfe einbezogen werden konnten.[130] Zum Fest gehörte dann ganz zentral der Agon,[131] wie eine Viel-

---

[125] IK 17,2,3801 II 10–20 (Hypaipa): ἐπεὶ δέ]ον πρὸς τὸν Σεβαστὸν οἶκον εὐσε[βείας κ]αὶ πάσης ἱεροπρεποῦς ἐπινοίας [δεῖξιν φαν]ερὰν κατ᾽ ἐνιαυτὸν παρέχεσ[θαι, οἱ ἀπὸ πά]σης ᾽Ασίας ὑμνῳδοὶ τῆι ἱερω[τάτηι τοῦ Σεβα]στοῦ Τιβερίου Καίσαρος [θεοῦ γενεθλίῳ ἡ]μέραι συνερχόμενοι εἰς [Πέργαμον μεγα]λοπρεπὲς ἔργον εἰς τὴν [τῆς συνόδου δόξ]αν ἐπιτελοῦσιν καθυ[μνοῦντες τὸν Σεβα]στὸν οἶκον καὶ το[ῖς Σεβαστοῖς θεοῖς θυσί]ας ἐπιτελοῦν[τες καὶ ἑορτὰς ἄγοντες καὶ ἑσ]τιάσεις [καί κτλ.

[126] Das kleine Magnesia mit seinem Stolz darauf, als siebte Stadt in der Prozession der Provinz gehen zu dürfen, gibt ein schönes Beispiel: L. ROBERT, Opera V 391–394. Vgl. auch E. COLLAS-HEDDELAND, Culte 410–429 (mit gewissen Einschränkungen zu benutzen).

[127] Purpur und Gold waren prominent in seiner Kleidung, er trug ein Szepter und eine Priesterkrone mit den Kaiserbildern; vgl. Literatur und Beispiele im Kommentar zu IK 27 (Prusias ad Hypium) 72,3.

[128] Mastigophoren, Rhabdouchoi etc., die wenigstens teilweise an die Aufgaben der Liktoren erinnert haben dürften.

[129] Protomai, gemalte Bilder, Tragealtäre etc. Während solche Bilder bei städtischen Prozessionen von Beamten oder den Mitgliedern wichtiger Korporationen getragen wurden, muss hier auch der Landtag zu seinem Recht gekommen sein.

[130] Vgl. die Siegerliste zu den Kaisareia vom Isthmos/Korinth, W.R. Biers/D.J. Geagan, in: Hesperia 39 (1970) 79f.: οἱ νεική[σαντε]ς τὰ Καισάρεια ... ἐνκωμιο[γράφου]ς εἰς ῾Αδριανὸν [Καί]σαρα Σεβαστόν ... εἰς θεὸ[ν Τραια]νὸν Σεβαστὸν καὶ εἰς θ[εὸν Νέ]ρουαν Σεβαστὸν καὶ εἰς τὸ[ν οἶκον] τῶν Σεβαστῶν ... π[οιητά]ς· εἰς ῾Αδρ[ιανὸν Κ]αίσαρα Σεβαστόν ....

[131] Vgl. S.J. FRIESEN, Neokoros 114–141, behandelt am Beispiel des flavierzeitlichen Ephesos die Spiele und Feiern des Kultes; immer noch interessant ist L. MORETTI, Epigrafia 141–154.

zahl von Münzen beweisen, auf denen die Kaisertempel zusammen mit Preiskronen dargestellt werden.

Die Beteiligung war – aus vielen Gründen – gut:[132] das Kaiserfest der Provinz versammelte noch weit mehr Menschen als die Tage, an denen die Statthalter einen *conventus* (eine Versammlung im Gerichtsbezirk) abhielten.[133] Viele dieser Feste waren von Steuern befreit,[134] so dass sie für die Besucher lukrativ waren – aber durch die große Zahl der Menschen, die dort zusammenkamen, eben auch für die Orte, in denen sie stattfanden. Dass die Steuerbefreiung gewährt wurde, weil man die Zahl der Teilnehmer an diesen Tagen vergrößern wollte, ist sicher richtig – aber daraus wird man nicht schließen, dass diese Zahl sonst gering gewesen wäre: Wer hat, dem wird gegeben werden. Und natürlich war die Beteiligung am Kult erst einmal freiwillig[135] – wieso hätte auch Zwang nötig sein sollen?

Neben den großen Festen gab es eine ganze Reihe kleinerer, ebenfalls häufig wiederkehrender Anlässe, zu denen die Provinz – zumindest durch herausragende Stellvertreter – feierlich des Kaisers gedachte: Neben den Feiern zum – asiatischen – Jahresbeginn und z.B. den Geburtstagen der Kaiser standen auch die Feiern des römischen Kalenders. Nach den Berichten des Plinius sind bei der *votorum nuncupatio* und *solutio* (feierliche Verkündigung und Erfüllung von Gelübden) zu Jahresanfang fast zwingend die Bewohner der Provinz beteiligt.[136] Die Häufigkeit, mit der z.B. Hymnoden auftraten, hat zu einer Reihe von Regelungen geführt, um die Belastun-

[132] Vgl. S.R.F. PRICE, Rituals 107–114; anders P. HERZ, Herrscherverehrung 255: „Obwohl die Feiern gerade auf Gemeindeebene den Anspruch erhoben, sie seien Feste der gesamten Bürgerschaft, gibt es erhebliche Zweifel an diesem Anspruch. Die agonistische Kultur ist identisch mit der Kultur der hellenisierten städtischen Schichten, die sich hier wieder fanden. Man musste nicht unbedingt aus religiösen Gründen [...] die Agone [...] ablehnen, sondern auch ein wesentlich wichtigerer Teil der Bevölkerung dürfte kaum partizipiert haben, nämlich die ländliche Bevölkerung, die in den meisten Regionen die Masse der Bevölkerung stellte."

[133] Dion Chrys. 35,15 (I 335f. v. Arnim), zur Menge, die jedes Mal bei der Anwesenheit eines Statthalters zusammenkommt.

[134] Vgl. jetzt den neuen Brief Hadrians an Pergamon, H. MÜLLER, Hadrian 369f., Z. 16f. (die Pergamener beantragen eine dritte Neokorie, die abgelehnt wird): ἔ]χετε κα[ὶ ἀγῶ]νας δύο καὶ ἀ[τελεία]ς δύο. Allgemein: H. MÜLLER, Hadrian 381f., zur Abgabenfreiheit in Pergamon, Ephesos und Smyrna (IK 24,697). Vgl. auch IGRR IV 144 (Kyzikos) mit S.R.F. PRICE, Rituals 107.

[135] Anders P. HERZ, Kaiser 120, mit Verweis auf F. VITTINGHOFF, Christianus 331–357, wo ich aber nichts dergleichen gefunden habe (anders mag es um die Pflicht der römischen Beamten, Soldaten etc. bestellt gewesen sein, am Kult der Staatsgötter teilzunehmen).

[136] Epist. 10,35f.; 100f. (3. Januar); 52f.; 102f. (28. Januar); zur Beteiligung der Provinzialen vgl. M. FALTNER, Ideale 34; K. SCHWARTE, Salus 236f.; vgl. auch schon A.N. SHERWIN-WHITE, Letters 630; W. WILLIAMS, Correspondance 99. Zur offiziellen Feier von Trajans Geburtstag vgl. nach Epist. 10,17 A, 2; 88f. W. ECK, Verwaltung 205.

gen für diese Körperschaft herabzusenken, zeigt aber auch das Interesse an diesen Auftritten, die oft vor großem Publikum stattfanden.[137]

Auch an den Tagen, an denen keine großen Feste stattfanden, waren die zentralen Heiligtümer der Kaiser belebte Orte. An ihnen wurde nicht nur das bekannte Kalenderdekret publiziert, das ja der Sache nach hierher gehörte; Augustus fügt z.B. einem Edikt, das sich gerade nicht mit dem Kaiserkult beschäftigt, folgende Publikationsbestimmung hinzu (Ant. 16,165; Datierung nicht völlig sicher[138]): καὶ τοῦτο τὸ διάταγμα κελεύω ἀνατεθῆναι ἐν ἐπισημοτάτῳ τόπῳ τῷ γενηθέντι μοι ὑπὸ τοῦ κοινοῦ τῆς ᾿Ασίας +ἐναρ̂γεῖ γραφῇ+[139] ... ἐστηλογραφήθη ἐν τῷ Καίσαρος ναῷ („I order that ... the present edict be set up in the most conspicous [part of the temple] assigned to me by the Koinon of Asia with plainly visible lettering ... This was inscribed upon a pillar in the temple of Caesar"; Übers. M. Pucci ben Zeev). Der Bezirk in Pergamon erfüllte also inzwischen die Forderungen an einen ἐπισημότατος τόπος (besonders sichtbaren Ort) und man mag sich fragen, ob der Tempel und der heilige Bezirk nicht auch zu städtischen und privaten Opfern für den Kaiser gebraucht wurden. Nicht umsonst gehörten zu vielen Heiligtümern ausgedehnte Platzanlagen[140] – die wohl nicht gebaut wurden, um einmal im Jahr benutzt zu werden, sondern einer breiten Öffentlichkeit zur Selbstdarstellung dienten.

Nun mag man sagen, dass sich die Heiligtümer und die Feiern des Kaiserkultes nicht sehr von anderen Heiligtümern und Festen für die Götter unterschieden haben werden, und dass die provinzialen Feiern sich nicht immer und notwendig von den lokalen unterschieden haben[141] □ jedenfalls was den strukturellen Aspekt betrifft. Gerade der letzte Punkt wird noch einmal dadurch betont, dass immer wieder ein provinzialer Kaiserpriester gleichzeitig auch das Amt in seiner Heimat bekleidete.[142] Opfer für den Kaiser waren auch bei Feiern üblich, die nicht direkt dem Kaiserkult galten,

---

137 Jede Stadt sollte Hymnoden entsenden: P. HERZ, Caesar 640, mit Verweis auf IK 24,697,39 (Smyrna). Allgemein: H. HALFMANN, Hymnoden 25f. Die Termine, an denen die Hymnoden nach I.v.Pergamon 374, auftraten, wurden zuletzt von P. HERZ, Herrscherverehrung 249, zusammengestellt: 23.9., 1.1. (die beiden Jahresanfänge), Rosalia vom 24.–26. Mai; Mysterien vom 23.–25. Juni, 21.9. (Geburtstag der Livia), 22.9. – letzter Tag des Jahres, dann die Geburtstage weiterer Kaiser. Schön ist IK 14,1145 (Ephesos): ὕμνησαν οἱ ἔφηβ[ο]ι ἐν τῷ θ[εάτρῳ εὐμενῶς ἀ]κούοντα τὸν αὐτοκράτορα.

138 M. PUCCI BEN ZEEV, Rights 238: *terminus post quem* ist der 6.3.12 v.Chr.; ins Jahr 3 n.Chr. datiert von M. PUCCI BEN ZEEV, Policy 16; C. EILERS, Date 86–95.

139 J. OLIVER, Constitutions 581, übernommen von M. PUCCI BEN ZEEV, Rights 237; die codd. haben αργυρῃ oder αργυρηι, was seit Scaliger in ᾿Αγκύρῃ oder ἐν ᾿Αγκύρῃ verbessert (?) wird.

140 J. SÜSS, Kaiserkult 175–196.

141 P. HERZ, Herrscherverehrung 244.

142 M. ROSSNER, Asiarchen 103, Anm. 10; zu Thyateira vgl. z.B. P. WEISS, Asiarchen 244; zu Stektorion ebd. 245f.

und es gab nicht nur die provinzialen, sondern auch die kommunalen und privaten Opfer an den Kaiser.[143]

Welche Konsequenz sollen wir aus dieser Ähnlichkeit der Feiern ziehen? Hier zeigt sich sicher nicht die Belanglosigkeit des Kaiserkultes, sondern eher ein Weg, seine Verankerung im Denken und Fühlen der Provinzialen besser zu verstehen. Dasselbe Ergebnis hat ja auch die ständige Wiederholung dieser Feste auf den ganz unterschiedlichen Ebenen: Sie führt letztlich dazu, dass der Kaiser und die Identität der Provinz, der Stadt, des Dorfes miteinander verbunden werden (und nicht nur die Identität, sondern auch die soziale Stellung einzelner Gruppen innerhalb der jeweiligen Einheit).

Einen Unterschied zwischen den Festen des Kaiserkultes und denen der anderen Götter gab es aber offenbar doch: Wenigstens im griechischen Osten waren der Kampf mit wilden Tieren und das Auftreten von Gladiatoren fast ausschließlich an den Kaiserkult und seine Feiern gebunden – seien es provinziale, seien es kommunale Feiern.[144] Wo wir also ein frühes Amphitheater finden,[145] müssen wir annehmen, dass auch der Kaiserkult bereits institutionalisiert war. Mommsen und Robert waren sogar der Ansicht, dass der provinziale Kaiserpriester zu Gladiatorenspielen verpflichtet war, während sie dem kommunalen Priester immerhin erlaubt waren[146] – allerdings mit der Einschränkung, dass er an Regeln der Stadt gebunden war[147] und dass er die kaiserliche Erlaubnis für die von ihm veranstalteten Kampfspiele, ihre Dauer und die Zahl der Gladiatoren brauchte – bis hin zu der Er-

---

[143] Beispiel M. WÖRRLE, Stadt 10–16, Z. 68–79: Für den Festtag werden Opfergemeinschaften gebildet, unter denen ganz selbstverständlich der städtische Kaiserpriester und die städtische Kaiserpriesterin mit einem Rind vertreten sind. P. HARLAND, Cults 97, verweist auf eine Reihe von Altären, die von Vereinen den Kaisern oder Mitgliedern der kaiserlichen Familie geweiht waren, also auf sie als Empfänger von Opfern hinweisen (nicht immer ganz einschlägig): IGRR IV 603; IK 15,1506 (Ephesos); SEG 33,1135 (Hierapolis); IK 34,403 (Mylasa); vgl. auch IK 13,719 (Ephesos), wo Ärzte dem Asklepios und den Sebastoi opfern.

[144] L. ROBERT, Gladiateurs 269f. mit Anm. 1; 272f. G. VILLE, Gladiature 209f.; R. MERKELBACH, Hestia 422.424f., weist auf das Konzept des *homo necans* hin, während er andererseits überlegt, ob eine „aufgeklärte Bürokratie“ in Rom den Umfang der Spiele in Grenzen gehalten haben könnte. T. WIEDEMANN, Kaiser 13. Die Notwendigkeit einer kaiserlichen Erlaubnis für den Kampf mit scharfen Waffen betrifft sicher nicht nur die hohen Kosten solcher *munera*, wie M. CARTER, Archiereis 50f., meint, sondern auch die Erlaubnis des Tötens.

[145] Schon in frühaugusteischer Zeit bezeugt Strabon ein Amphitheater in Nysa (14,1,43 p. 649); in Laodikeia am Lykos bis 79 n.Chr. ebenfalls, IK 49,15. Amphitheater in Pergamon (W. RADT, Pergamon 292–295.379), Kyzikos (F.W. HASLUCK, Cyzicus 15), Komana (H. GROTHE, Vorderasienexpedition I p. CCLI). Stadien werden seit domitianischer Zeit häufig für diesen Zweck benutzt oder umgebaut.

[146] T. MOMMSEN, Schriften VIII 516–521 (anders, gerade für den von Mommsen behandelten Westen, K. HOPKINS, Death 12f.); L. ROBERT, Gladiateurs 273–275. Zum Privileg des lokalen Priesters verweist Robert auf IGRR I 630f. (Tomis). Vgl. S. MITCHELL, Anatolia I 110.

[147] Kaiserliche Genehmigung: L. ROBERT, Gladiateurs 274; J. NOLLÉ, Privilegien 69–73. Zu kommunalen Regeln: L. ROBERT, Gladiateurs 281; z.B. I.v.Magnesia 163: ποιήσαντα μονομαχιῶν ἡμέρας τρεῖς ἀποτόμους, ἀρξάμενον πρῶτον παρὰ τὸ ψήφισμα τὴν τρίτην ἡμέραν.

laubnis, die Gladiatoren im Zweifelsfall mit scharfen Waffen kämpfen zu lassen.[148] Dass dies einer gesonderten Erlaubnis bedurfte, zeigt nur nebenbei, dass die Kaiserpriester in der Regel bestrebt waren, die von ihnen unterhaltenen *familiae* (Scharen von Fechtern) so weit wie möglich zu schonen, wenn nicht aus humanitären, so wenigstens aus finanziellen Erwägungen.[149] Und eine solche Erlaubnis hatte vom Kaiser selber auszugehen, konnte nicht vom Statthalter gegeben werden, wie eine Bemerkung aus dem Polykarp-Martyrium zeigt: ταῦτα λέγοντες ἐπεβόων καὶ ἠρώτων τὸν ἀσιάρχην Φίλιππον, ἵνα ἐπαφῇ τῷ Πολυκάρπῳ λέοντα. ὁ δὲ ἔφη μὴ εἶναι ἐξὸν αὐτῷ, ἐπειδὴ πεπληρώκει τὰ κυνηγέσια (Dieses schrien sie und forderten von dem Asiarchen Philippos, einen Löwen auf Polykarp loszulassen. Der aber sagte, das sei ihm nicht gestattet, weil die Tierhetzen beendet seien; Übers. G. Buschmann).[150]

Die Liste der Kaiserpriester aus Ankyra zeigt deutlich,[151] wie wichtig diese Form der Vergnügung war: Die 19 Priester der Jahre 20/21–36/37 (und zweier unbekannter Jahre) veranstalteten insgesamt acht Mal Gladiatorenkämpfe, vier Mal *venationes* (im Circus inszenierte Jagden) und Stierkämpfe – die beiden letzten Gattungen allerdings nur in Jahren, in denen es auch Gladiatorenkämpfe gab. Eine Verpflichtung scheint es hier noch nicht gegeben zu haben, aber deutlich ist, wie viel prominenter Gladiatoren waren als die Athleten und ihre Wettkämpfe.[152]

---

148 TAM V 3,1490 (Philadelphia): ἐν ᾧ ζυγὸν ἀπότομον ἐκ θείας φιλοδωρίας; TAM V 2,950 (Thyateira), gesetzt für den Ritter M. Aurelius Diadochos: τὸν ἀρχιερέα τῆς ᾿Ασίας ναῶν τῶν ἐν Περγάμωι καὶ ἀρχιερέα κατὰ τὸν αὐτὸν καιρὸν τῆς πατρίδος ... τιμηθέντα ὑπὸ τοῦ θειοτάτου Αὐτοκράτορος Μ. Αὐρ. Σεουήρου ᾿Αλεξάνδρου Σεβαστοῦ συνάψαι τὰς ἀρχιερεωσύνας τοῖς ὀξέσιν ἐν ἑκατέραις ταῖς πόλεσιν. Milet VI 3,1141: ἐκ θείας φ[ιλοδωρίας ... τῶν δὲ φιλοτειμιῶ[ν τοῖς ὀξέ]σιν ἀνὰ ζυγ[όν ([Das Volk ehrt M. Aur. Diadochus] den Erzpriester der [Provinz] Asia an den Tempeln in Pergamon und Erzpriester seiner Vaterstadt zur selben Zeit..., dem der göttliche Imperator M. Aur. Severus die Gnade erwies, das Priesteramt in beiden Städten [mit einem Gladiatorenkampf] mit scharfen [Waffen] zu verbinden; Übers. H. Engelmann); I.v.Creta IV 305 (Gortyn); L. GOUNAROPOULOU/M.B. HATZOPOULOS, Epigraphes I 69 (Beroia). Vgl. H. ENGELMANN, Asiarchs 174: „Nur der Kampf mit blanker Waffe, ein verlustreiches und kostspieliges Unterfangen, musste also genehmigt werden." Gladiatorenspiele ohne scharfe Waffen waren offenbar generell mit den Spielen zum Kaiserkult genehmigt.

149 L. ROBERT, Gladiateurs 284, Nr. 53 (Thasos), sechs Paare, aber kein Toter; allerdings zeigt das *senatus consultum* von 177 eine andere Möglichkeit: Man konnte die *familia* von seinem Amtsvorgänger kaufen – wie das wohl auch bei der *familia* der Fall war, für die Galen unter fünf verschiedenen Kaiserpriestern gearbeitet hatte, 19,599f. (Kühn). Vgl. Epikt. 2,24,23: καὶ χείρων γίνῃ κομψοῦ ἀρχιερέως ὃς τοὺς καλοὺς μονομάχους διὰ πάσης ἐπιμελείας ἔχει.

150 MartPol 12. Die Stelle ist etwas problematisch, weil der Statthalter dem Polykarp in c. 11 mit den Tieren gedroht hatte.

151 OGIS 533; S. MITCHELL, Anatolia I 108f.

152 S. MITCHELL, Anatolia I 111f. Er verweist auf die späteren Zeugnisse für Gladiatoren in Ankyra (L. ROBERT, Hellenica VIII 40; E. BOSCH, Quellen 117f., Nr. 101; 188–194, Nr. 149–152), erklärt aber auch, dass ab dem 2./3.Jh. die Spiele wichtiger werden.

Dass der Auftritt von Gladiatoren gerade im Zusammenhang mit dem Kult des Kaisers seine besondere Bedeutung hatte,[153] wurde längst gesehen. *venationes* symbolisieren die Kontrolle über die natürliche Welt, die zur Sicherheit einer der Natur ausgesetzten Gesellschaft nötig ist. Die Bestrafung von Verbrechern in der Arena schützt die soziale Ordnung – was öffentlich vorgeführt werden muss. Die Verurteilung zum Kampf in der Arena hat dieselbe Konsequenz: Gerechtigkeit und Schutz vor Gefahren werden hier gleichermaßen geboten.[154] Dass dies im Kontext des Kaiserkultes geschah, erklärt den Schutz zum Ergebnis des Handelns eines göttlichen Kaisers. Man kann sogar noch weitergehen. Die Spiele geben zwar ein Ventil für die Aggressivität, indem sie das so genannte Böse vorführen, aber dieses Ventil ist auch genau kontrolliert. Die Beschränkung der gewalttätigen Spiele auf den Kaiserkult zeigt, dass Macht und Recht vom Kaiser ausgingen, dass man nur im Dienst des Rechtes Gewalt anwenden oder gar töten darf – und dass der Kaiser es ist, der dem Recht zum Sieg verhilft.[155] Hier wird die Öffentlichkeit, die der Kult erfährt, genutzt, um die soziale Ordnung, die schon in der Prozession zu sehen war, noch einmal auf andere Art vorzustellen.

## 5. Öffentlichkeit

Wie bei einem Ritual nicht anders zu erwarten, ist der Kaiserkult in allen seinen Aspekten auf Öffentlichkeit ausgerichtet. Selbst der private Kult ist im Vollzug des Rituals etwas, was wahrgenommen werden soll, um seine ganze Wirkung zu entfalten, und bei Prozessionen fanden seine Handlungen ja oft genug sogar im Zusammenklang mit dem öffentlichen Kult statt. Die Öffentlichkeiten, vor denen der Kult ausgeführt wurde, waren ganz unterschiedlich und durchdrangen sich gegenseitig. Wir wollen einmal den Kaiser und Senat als Adressaten ausschließen, auch wenn diese immer mitgedacht waren, sowohl bei den diplomatischen Aktionen, die dem Kult vorangingen, wie auch im Ritual selbst, das man nicht gut vollziehen konnte, ohne an den Gott zu denken, der das Opfer empfangen sollte.

Die Öffentlichkeit in Kleinasien bestand aus politischen und sozialen Gruppen, war also keine Ansammlung von religiösen Individuen, sondern von Senatoren, Rittern, Bürgern der Städte, Mitgliedern in Vereinen und Korporationen, Menschen ohne Bürgerrecht an ihrem Wohnort etc. Gerade

---

[153] Die Überlegungen von E. FLAIG, Games 83–92, gelten mehr der politischen Semantik des Gladiatorenwesens in Italien, besonders in Rom.

[154] T. WIEDEMANN, Kaiser 73f; 80.

[155] R. MERKELBACH, Hestia 424f.

weil die Öffentlichkeit aus so unterschiedlichen Gruppen bestand, kann der Kult gleichermaßen der Konstituierung der Gruppen, also der Diversifizierung der Öffentlichkeit, wie ihrer Vereinheitlichung dienen.

Teilnahme auf allen Ebenen scheint also gegeben, doch können wir diese Teilnahme kaum quantifizieren. Dass sich die Oberschicht, mit oder ohne römisches Bürgerrecht, dem Kult aussetzte, ist klar und braucht nicht weiter erörtert zu werden. Sie stellte das Personal – bis hin zu den Sängern – nutzte den Kult also am stärksten und identifizierte sich am stärksten mit ihm. Dass kaum ein Bewohner einer Stadt den optischen Signalen, die von der Präsenz des göttlichen Kaisers in der Welt kündeten, entgehen konnte, ist ebenso klar – und wir hatten gesehen, dass diese Signale in manchen Fällen auch in den kultischen Bereich hinüber griffen. Dass die Beteiligung an den Festen hoch war, scheint auch nicht unwahrscheinlich: Vom Fleisch einmal abgesehen, ist die gemeinsame Mahlzeit doch von jeher als wichtig angesehen worden, und die kostenlose Unterhaltung werden die meisten auch gerne angenommen haben. Die Steuerbefreiung der Feste dürfte sich auch nur bei regem Zuspruch gelohnt haben, und dasselbe gilt für den Bau von Amphitheatern und den Umbau von Theatern für Gladiatorenkämpfe und *venationes* (im Circus inszenierten Jagden): Man stellt sich dergleichen Gebäude nicht gerne leer vor, wüsste auch nicht, weshalb man später anfing, auch noch Stadien für diese Zwecke umzubauen.

Über die Teilnahme der Landbevölkerung an diesen Veranstaltungen ist damit noch nichts gesagt. Natürlich ist der Kult nach einer Verbreitungskarte Sache der Städte, oder sagen wir: der griechischen Kultur, so dass die Landbevölkerung der weniger graecisierten Bereiche,[156] z.B. Kappadoker ohne das Bürgerrecht irgendeiner Polis, weniger beeinflusst gewesen sein mögen.[157] Andererseits gab es in Kleinasien auch einen Kult auf der Ebene der Dörfer, und die Selbstdarstellung der Polis in ihren Prozessionen schloss auch die Bewohner der Dörfer ein – die ohnehin oft das Bürgerrecht der Städte besaßen. Dass Menschen mit minderem Rechtsstatus vielleicht nicht teilnahmen, sagt etwas über die Ordnung der Welt aus – und erfüllt so wieder seinen Zweck.

Dass die Tempel des Kaiserkultes auf den Münzen des *commune Asiae* (Landtag der Provinz Asia) auftauchen, ist ein weiterer Faktor der Verbrei-

---

[156] Zur Verteilung, allerdings ohne chronologische Differenzierung, S.R.F. PRICE, Rituals 78–81; zur ganz ähnlichen Verteilung der Zeugnisse für Gladiatoren, allerdings auch ohne chronologische Differenzierung, vgl. L. ROBERT, Gladiateurs 242. Wir dürfen allerdings nicht vergessen, dass wir hier auch eine Funktion der Verbreitung griechischer Inschriften vor uns haben – Kaiserkult war, wie das oben zitierte Beispiel Paphlagonien zeigt, wesentlich weiter verbreitet als es uns die gesetzten Inschriften zeigen.

[157] Wieder ist das eine sehr allgemeine Aussage, die wenigstens teilweise durch den unterschiedlichen *epigraphic habit* der verschiedenen Gebiete relativiert wird.

tung des Faktums an eine nicht teilnehmende Öffentlichkeit. Wichtiger ist aber, dass auch die Städte, in denen provinziale Kaisertempel eingerichtet wurden, sehr rasch diese Tempel auf ihre Münzen setzten.[158] Der Kaiserkult trägt so zur Bildung städtischer Identität bei, wie es auch für andere Münztypen immer wieder beobachtet wurde. Selbst wenn die Darstellungen auf den Rückseiten der Prägungen von der städtischen Elite ausgesucht wurden,[159] so ist damit immer noch nicht gesagt, dass diese Eliten die Botschaften der Münzen nur mit Blick auf sich selbst ausgesucht hatten: Wie bei einer Vielzahl anderer Münztypen (denken wir nur an die Agone), so sind auch hier alle Nutzer der lokalen Bronzeprägungen angesprochen worden.

Insgesamt rechne ich also mit einer eher hohen Teilnahme an den verschiedenen Ritualen des Kaiserkultes und den sie begleitenden Veranstaltungen. Selbst wenn einzelne Rituale nicht mehrmals jährlich wiederholt wurden, wie die Feierlichkeiten des provinzialen Kults, so war das Bewusstsein von ihrer Existenz und Bedeutung doch das Wichtige – und wurde diese Bedeutung im Bewusstsein der Öffentlichkeit noch einmal dadurch verstärkt, dass es eine ganze Reihe ähnlicher Feste auf verschiedenen lokalen Ebenen gab. Die Ähnlichkeit der Feste dürfte den Effekt noch einmal verstärkt haben – wobei es zwar Unterschiede zwischen dem Hauskult mit privatem Opfer und der großen Prozession mit anschließenden Spielen gab: Diese Unterschiede waren aber meist gradueller, nicht prinzipieller Natur.

Dauerhaft präsent an den Schwerpunkten städtischen Lebens waren auch die Installationen des Kultes: Wir finden sie auf der Agora und den Hauptstrassen, der Akropolis, in den Häfen und Theatern, Thermen, Gymnasien, Stadien und Amphitheatern.[160]

Die Intensität des Kaiserkultes im Osten ist also überhaupt nicht zu leugnen, und seine vielfältige Präsenz in und Wirkung auf die Öffentlichkeit ist zweifellos von den Christen wahrgenommen worden. Ob und wie sie darauf reagierten, oder ob sie darauf reagieren mussten, ist freilich eine andere Frage.

## 6. Kaiserkult und Götterkulte

Der Kaiserkult war eine neue Erscheinung in der griechischen Welt – wenn er auch seine Vorläufer im hellenistischen Herrscherkult, im Kult der Dea Roma (Rom als Gottheit), des Senats oder einzelner römischer Statthalter

---

[158] Am Beispiel von Pergamon wird das für die uns interessierende Zeit betont von B. WEISSER, Pergamum 135f.140, der über die Darstellung der beiden Neokorie-Tempel auf den Münzen handelt.

[159] Das Problem wird von K. BUTCHER, Information 145, angesprochen.

[160] J. SÜSS, Kaiserkult 250.

hatte. Die enorme Blüte des Kaiserkultes, seine gar nicht zu leugnende gesellschaftliche Bedeutung wurde immer wieder mit einem anderen Phänomen verknüpft: dem Niedergang der „alten“ oder „echten“ Religion – weshalb auch der Kaiserkult (noch dazu mit seinem seltsamen Gegenstand der Verehrung) bestenfalls eine Loyalitätsreligion ohne eigentlichen religiösen Inhalt sein konnte. In einer solchen Welt war der Aufstieg des Christentums fast zwangsläufig, wurde der Kaiserkult leicht zum einzigen Konkurrenten des Christentums, wurde der Kaiser als Heilsbringer missverstanden, der ein Konkurrent des christlichen Retters hätte sein können.[161]

Diese Einschätzung kaiserzeitlicher Religion und kaiserzeitlicher Religiosität ist aber in den letzten Jahrzehnten immer stärker in Frage gestellt worden. Zumindest die materiellen Spuren der Verehrung heidnischer Götter, d.h. die Zahl der Weihungen, die Zahl der Tempelbauten und -renovierungen, haben in der Zeit, in der die Apokalypse geschrieben wurde, zugenommen.[162] Zum Teil mag dies eine Frage der Überlieferung sein – der Bereitschaft, Inschriften zu setzen, aber selbst wenn wir die Launen des wandelnden *epigraphic habit* in Rechnung stellen, so würde dies doch nur bedeuten, dass die „heidnischen“ Kulte sogar im späten Hellenismus und der frühen Kaiserzeit deutlich lebendiger waren, als es oft angenommen wird. Wir beobachten eine „world full of gods“ (Keith Hopkins),[163] die letztlich den notwendigen Hintergrund für den Kaiserkult bildet, der die Formensprache mit den anderen Kulten teilt. Der Kaiserkult ist ein sicher wichtiges, aber eben auch nur ein Element einer blühenden kaiserzeitlichen Religiosität.

Auch für den Kaiserkult gilt, dass seine Intensität nicht leicht zu messen ist. Es ist allzu leicht, den Blick u.a. auf den provinzialen Kaiserkult zu richten, und auf Grund der Neokorie-Tempel anzunehmen, dass der Kaiserkult unter Augustus, Domitian und Hadrian – jeweils aus ganz eigenen Gründen – einen Höhepunkt erreicht habe. Eine solche Argumentation übersieht die verschiedenen Ebenen des Kultes, die einander ergänzten:[164]

---

[161] Natürlich konnten Kaiserportraits als Götterbilder verstanden werden, wie sehr schön die Augustus- und Livia Portraits belegen, die im Ephesos der Spätantike mit Kreuzen auf der Stirn versehen wurden. Die Parallele zur Desakralisierung anderer Götterbilder liegt auf der Hand.

[162] Diese Bemerkung ist unabhängig vom Datum der Offb; vgl. R.L. FOX, Pagans z.B. 75: „By a neat irony, the lifetime of Jesus appears to have coincided with a temporary low point in the shrines and externals of much pagan worship. No sooner was he dead than they began to spring back to life in a resurrection which nobody could deny. In the second century, new buildings improved or created many of Christianity's greatest enemies, not just the cult of Emperors [...] but other lasting seats of pagan cult [...] There were always some local exceptions [...] On major sites, however, the town plans are clear enough. In the second century flamboyant building for the gods succeeded an age of relative quiescence; it then slowed to a virtual halt in the mid-third century.“

[163] Vgl. auch R. MACMULLEN, Paganism 62–72: „The vitality of paganism“.

[164] Und gab es z.B. weitere, nicht überlieferte provinziale Kulte (vgl. oben zu Claudius und Nero), so relativiert sich dieses Argument noch einmal. Für eine domitianische Datierung der Offb

Wenn wir den kommunalen und privaten Kult in seinen Verschränkungen mit dem provinzialen Kult in Rechnung stellen, so ergibt sich ein ganz anderes Bild von der Verehrung des Kaisers, rückt die Kontinuität des Kultes stärker in den Vordergrund.

Beide Beobachtungen, nämlich die Bedeutung der traditionellen paganen Kulte und der fehlende Nachweis besonderer Intensität des Kaiserkultes zu bestimmten Zeiten, können Einfluss auf die Interpretation der Apokalypse haben: Weder ist ihre Datierung auf diesem Wege zu sichern noch ist auf den ersten Blick deutlich, warum der Kaiserkult und nicht ein anderer paganer Kult als großer Gegner des Christentums empfunden worden sein soll.

## 7. Kaiserkult und Apokalypse

Die Vorstellung, dass der Kaiserkult eine besondere Gefährdung der christlichen Gemeinden gewesen sei, erwächst in erster Linie aus den Märtyrerakten und Geschichten aus Verfolgungen, die in aller Regel im 3. oder frühen 4.Jh. angesiedelt sind. Sie geht einher mit der Vorstellung einer oktroyierten Kultpraxis, für die es – trotz oder vielleicht gerade wegen der Allgegenwärtigkeit des sakralisierten Kaisers – kein wirkliches Anzeichen gibt: Ein Octroi des Kultes hätte dem Gefühl der Menschen widersprochen, wäre kaum nötig gewesen. Die Verweigerung des Opfers vor dem Kaiserbild ist in unserer Zeit noch kein wirkliches Kriterium für die Verurteilung von Christen: Der Kaiserkult spielt hier insgesamt eine geringe Rolle.[165] Wir werden also wohl auch nicht den einzigen Märtyrer der Apokalypse, Antipas (Offb 2,13), zu jemandem machen können, der das Opfer vor einem Kaiserbild verweigerte[166] (und es gibt keinen Grund, das von Plinius offenbar eingeführte, von Trajan aber nicht verpflichtend gemachte Verfahren nach Pergamon zu versetzen). Gehen wir zudem mit der inzwischen etablierten Mehrheitsmeinung davon aus, dass es unter Domitian keine Christenverfolgung gab,[167] so ist es noch schwieriger, das Bedrohungsszenario der Apokalypse mit der zeitgenössischen Realität zu verbinden – ganz abgesehen davon, dass es eine provinzübergreifende Bedrohung, wie sie manchmal aus den sieben Sendschreiben erschlossen wird, ohnehin nicht gab.

---

wäre auch die Beantragung der ephesischen Neokorie unter Vespasian ein gewisses, wenn auch wohl kein unüberwindbares Problem.

[165] F. MILLAR, Rome II 298–312.

[166] Z.B. H.-J. KLAUCK, Sendschreiben 163.

[167] B.W. JONES, Emperor 114–117; J. MOLTHAGEN, Lage 422–458; J. ULRICH, Euseb 269–289; U. RIEMER, Tier 27f.

Gefahr für die Christen, oder besser: Gelegenheit zum Abfall vom christlichen Glauben, gab es überall, ging von der Vielzahl der lebendigen Kulte und ihren Feiern aus. Dass Christen sich aus der städtischen Gemeinschaft ausschlossen, war in vielen Fällen nicht in erster Linie der Verweigerung des Kaiserkultes geschuldet,[168] sondern der allgemeinen Verweigerung der Teilnahme an heidnischen Zeremonien.

Für die Interpretation der Apokalypse scheinen sich mir unter diesen Umständen nur zwei Möglichkeiten zu bieten: a) eine erneute Untersuchung der Verweise auf den Kaiser und seinen Kult. Tragen die entsprechenden Stellen die Last der Interpretation, die ihnen aufgebürdet wird? Oder wird hier (wie andernorts[169]) der Kaiserkult als Interpretament zu stark betont? Es gab schon immer Interpretationen der Apokalypse, die auf den zeithistorischen Hintergrund verzichteten.[170] b) Sollte man diesem Ansatz eine Absage erteilen, so steht man vor der Frage, ob der Apokalyptiker die Lage der christlichen Gemeinden richtig einschätzt. Wie man daran gezweifelt hat, dass das Gemeindebild der Offb repräsentativ für die kleinasiatischen Gemeinden ist,[171] so mag man auch daran zweifeln, dass die religiöse Wirklichkeit in der Offb der Umwelt der Gemeinden entspricht.[172] In diesem Fall würden wir die Perspektive des Apokalyptikers vor uns haben – und natürlich Gefahr laufen, jegliche Schwierigkeit der Interpretation mit dem Hinweis auf die ganz eigene Sichtweise dieses Autors zu erklären.

Ein Punkt bleibt noch zu erwähnen, der möglicherweise Apokalypse und Kaiserkult verbindet. Die Gewaltbilder der apokalyptischen Visionen können durchaus vor der Folie der Gladiatorenkämpfe gesehen werden – was ja

---

168 So aber A. SATAKE, Offenbarung 55.

169 Nur ein weiteres Beispiel: B.W. WINTER, Cult 69f., findet in den Göttern auf der Erde, die Paulus erwähnt (1 Kor 8,4–6: καὶ γὰρ εἴπερ εἰσὶν λεγόμενοι θεοὶ εἴτε ἐν οὐρανῷ εἴτε ἐπὶ γῆς, ὥσπερ εἰσὶν θεοὶ πολλοὶ καὶ κύριοι πολλοί) einen Hinweis auf den Kaiserkult. Götter auf der Erde konnte es natürlich in großer Zahl geben – wie schon Paulus und Barnabas in Lystra erfahren hatten.

170 Gunkel und Lohmeyer seien nur aus der älteren Forschung genannt. Auch wenn dieser Ansatz nicht mehr verfolgt wird, ist seine prinzipielle Möglichkeit doch schon interessant genug.

171 U.B. MÜLLER, Theologiegeschichte 31: Die Vorstellung von Gemeinde, die wir in Offb vor uns haben, gibt „die eigene Anschauung, nicht aber den wirklichen Zustand der Gemeinden“ wieder; Widerspruch zu dieser Position zuletzt bei A. SATAKE, Offenbarung 48f., der allerdings davon ausgehen muss, dass es neben den Gemeinden mit einer paulinischen Ordnung in den großen Städten Kleinasiens auch weitere Gemeinden gegeben habe, die dann eben der stärker prophetischen Ausrichtung des Apokalyptikers entsprochen hätten.

172 J.N. KRAYBILL, Cult 61, zitiert zustimmend L.L. THOMPSON, Book 64: „the imperial cult was rejected as a correlate to the rejection of traditional cults. The forms of traditional Greek religion were central, the imperial cult was secondary to that“ – doch dann meint J.N. KRAYBILL, Cult, dass dieser technische Unterschied für die Apokalypse unbedeutend gewesen sein müsse, da der Kaiserkult häufig in paganen Tempeln stattgefunden habe, die der Apokalyptiker ohnehin als Einrichtungen des Götzendienstes verstanden habe.

wieder auf den Kaiserkult führen würde.[173] Tatsächlich waren die blutigen Wettkämpfe überaus beliebt, und die Griechen hatten sich schon im 2. Jh.v.Chr. (wenn auch wohl kurzfristig) für Gladiatorenkämpfe begeistern können[174] – und diese Begeisterung war auch in der Kaiserzeit nicht geringer. Trotzdem scheinen sie mir nicht direkt mit den Gewaltvisionen der Apokalypse zusammenzuhängen. Beides scheint mir eher vor denselben Hintergrund zu gehören – die generelle Gewalt-Unterdrückungsbereitschaft der antiken Gesellschaft. Christen, u.a. Neuchristen, waren ja fast alle in dieser Welt- und Werteordnung aufgewachsen, hatten sie verinnerlicht, und dürften daher nicht viel anders gedacht und gefühlt haben als ihre Mitbürger.[175] Erklärungsbedürftig und selber Erklärungsmuster liefernd ist also weniger der Kampf der Gladiatoren im Rahmen des provinzialen oder kommunalen Kaiserkultes, sondern die Tatsache, dass dieser so rasch Anhänger und Liebhaber fand.

---

[173] Einen bewussten Zusammenhang würde ich hier allerdings nur ungern sehen: Dies würde doch voraussetzen, dass Autor wie Leser sich der oben vorgetragenen Interpretationen der Gladiatorenkämpfe im Zusammenhang mit dem Kaiserkult bewusst gewesen wären.

[174] Liv. 41,20,11, über Antiochos IV., der diese Form der Spiele in Rom kennengelernt hatte: *gladiatorum munus Romanae consuetudinis primo maiore cum terrore hominum, insuetorum ad tale spectaculum, quam voluptate dedit; deinde saepius dando et modo volneribus tenus, modo sine missione, etiam familiare oculis gratumque id spectaculum fecit, et armorum studium plerisque iuvenum accendit. itaque qui primo ab Roma magnis pretiis paratos gladiatores arcessere solitus erat, iam suo ...* (Er gab auch ein Gladiatorenspiel nach römischem Brauch, das zuerst mehr Entsetzen als Vergnügen unter den Menschen hervorrief, die ein solches Schauspiel nicht gewohnt waren; dadurch, daß er solche Spiele öfter gab und bald bis zur Verwundung, bald bis zum Tod kämpfen ließ, machte er dann aber auch diese Art des Schauspiels ihren Augen vertraut und lieb und weckte in den meisten jungen Männern Freude an den Waffen. Daher konnte er, der anfangs von Rom für viel Geld ausgebildete Gladiatoren zu holen pflegte, bald schon in seinem eigenen Reich; Übers. H.J. Hillen). Dieses Zeugnis ist auch dann nicht notwendig unhistorisch, wenn wir die von Athen. V 194c–195f (Pol. 30,25f.) überlieferten Gladiatorenkämpfe im Zusammenhang mit der πομπή von Daphne 166, für unhistorisch halten, wie dies L. M. GÜNTHER, Gladiatoren 250–252, tut. T. WIEDEMANN, Kaiser 58, zur Rolle der römischen Kolonien bei der Einführung, unter Verweis auch auf Philostrat, Ap. 4,22.

[175] Diese Bemerkung soll nun kein Präjudiz über die Herkunft des Apokalyptikers einschließen, denn auch die Juden gehörten zur *mediterranean society*, die sich so darstellte (zu den Juden als Teil der *mediterranean society*, wenn auch vor einem anderen Hintergrund, vgl. S. SCHWARTZ, God 3–35).

## Literatur

A.S. BENJAMIN, The Altars of Hadrian in Athens and Hadrian's Panhellenic Program, in: Hesp. 32 (1963) 57–86.
E. BICKERMAN, Consecratio, in: Entretiens Hardt 19 (1972) 1–25.
W. BOUSSET, Die Offenbarung Johannis (KEK), Göttingen [6]1906.
E. BOSCH, Quellen zur Geschichte der Stadt Ankara im Altertum (Türk Tarih Kurumu yayinlarindan, Seri 7/46), Ankara 1967.
G.W. BOWERSOCK, Les Euemerioi et les confréreries joyeuses, CRAI (1999) 1241–1256.
E.L. BOWIE, The „Temple of Hadrian" at Ephesus, in: ZPE 8 (1971) 137–141.
O. BÖCHER, Die Johannesapokalypse (EdF 41), Darmstadt [4]1998.
I. BROER, Einleitung in das Neue Testament II: Die Briefliteratur, die Offenbarung des Johannes und die Bildung des Kanons (NEB Ergbd. 2/II), Würzburg 2001.
A. BURNETT, Buildings and Monuments on Roman Coins, in: G.M. Paul/M. Ierardi (Hg.), Roman Coins and Public Life under the Empire, Ann Arbor (MI) 1999, 137–164.
–, The Roman West and the Roman East, in: C. Howgego/V. Heuchert/A. Burnett (Hg.), Coinage and Identity in the Roman Provinces, Oxford 2005, 171–181.
K. BUTCHER, Information, Legitimation, or Self-Legitimation? Popular and Elite Designs on the Coin Types of Syria, in: C. Howgego/V. Heuchert/A. Burnett (Hg.), Coinage and Identity in the Roman Provinces, Oxford 2005, 143–156.
M. CARTER, Archiereis and Asiarchs: A Gladiatorial Perspective, in: GRBS 44 (2004) 41–68.
A. CHANIOTIS, Der Kaiserkult im Osten des Römischen Reiches im Kontext der zeitgenössischen Ritualpraxis, in: H. Cancik/K. Hitzl (Hg.), Die Praxis der Herrscherverehrung in Rom und seinen Provinzen, Tübingen 2003, 3–28.
R.H. CHARLES, A Critical and Exegetical Commentary on the Revelation of St. John (ICC), Bd. 1–2, Edinburgh 1920.
M. CHRISTOL/T. DREW-BEAR/M. TASLIALAN, L'empereur Claude, le chevalier C. Caristanius Fronto Caesianus Iullus et le culte imperial à Antioche de Pisidie, in: Tyche 16 (2001) 1–20.
M. CLAUSS, Kaiser und Gott, Darmstadt 2001.
E. COLLAS-HEDDELAND, Le culte impérial dans la compétition des titres sous le haut-empire: une lettre. D'Antonin aux Ephésiens, in: REG 108 (1995) 410–429.
F. CUMONT, Catalogue des sculptures et inscriptions antiques, Brüssel [2]1913.
J. DEININGER, Die Provinziallandtage der römischen Kaiserzeit, München 1965.
H. DEVIJVER, Local Elite, Equestrians and Senators: A Social History of Roman Sagalassos, in: AncSoc 27 (1996) 106–112.
T. DREW-BEAR, Deux décrets hellénistiques d'Asie Mineure, in: BCH 96 (1972) 435–471.
B. DREYER/H. ENGELMANN, Augustus und Germanicus im ionischen Metropolis, in: ZPE 158 (2006) 173–182.
W. ECK, Die Verwaltung des römischen Reiches in der hohen Kaiserzeit (Arbeiten zur römischen Epigraphik und Altertumskunde 1/3), Bd. 1–2, Basel 1995/1997.
N. EHRHARDT, Ein milesischer Festkalender aus severischer Zeit, in: IM 34 (1984) 371–404.
C. EILERS, The Date of Augustus' Edict on the Jews (Jos. *AJ* 16.162–165) and the Career of C. Marcius Censorinus, in: Phoenix 58 (2004), 86–95.
H. ENGELMANN, Asiarchs, in: ZPE 132 (2000) 173–175.
–, Zur Lykiarchie, in: ZPE 158 (2006) 183–186.
M. FALTNER, Ideale der römischen Provinzialverwaltung nach Cicero und Plinius dem Jüngeren, Diss. masch., München 1955.
D. FISHWICK, The Imperial Cult in the Latin West: Studies of the Ruler Cult of the Western Provinces of the Roman Empire, Bd. I/2 (EPRO 108), Leiden 1993.

E. FLAIG, Gladiatorial Games: Ritual and Political Consensus, in: R. Roth/J. Keller (Hg.), Roman by Integration (Journal of Roman Archaeology Suppl. 66), Portsmouth 2007, 83–92.
R.L. FOX, Pagans and Christians, New York 1987.
S.J. FRIESEN, Imperial Cults and the Apocalypse of John, Oxford 2008.
–, Twice Neokoros Ephesus, Asia and the Cult of the Flavian Imperial Family. (Religions in the Graeco-Roman World 16), Leiden 1993.
R. GAMAUF, *Ad statuas confugere* in der frühen Kaiserzeit, in: M. Dreher (Hg.), Das antike Asyl. Kultische Grundlagen, rechtliche Ausgestaltung und politische Funktion, Köln 2003, 177–202.
F. GEIGER, De sacerdotibus Augustorum municipalibus, Halle 1913.
J. GONZÁLEZ, The lex Irnitana: A New Copy of the Flavian Municipal Law, in: JRS 76 (1986) 147–243.
L. GOUNAROPOULOU/M.B. HATZOPOULOS, Epigraphes kato Makedonias I: Epigraphes Beroias, Athen 1998.
I. GRADEL, Emperor Worship and Roman Religion, Oxford 2002.
H. GROTHE, Meine Vorderasienexpedition 1906 und 1907, Leipzig 1911.
L.M. GÜNTHER, Gladiatoren beim Fest Antiochos IV. zu Daphne (166 v. Chr.)?, in: Hermes 117 (1989) 25–252.
C. HABICHT, Die Inschriften des Asklepieions, Berlin 1969.
–, Iulia Kalliteknos, in: MH 53 (1996) 156–159.
–, Die Augusteische Zeit, in: Entretiens Hardt 19 (1972) 39–88.
H. HALFMANN, Hymnoden von Asia in Kyzikos, in: E. Schwertheim (Hg.), Mysische Studien (Asia Minor Studien 1), Bonn 1990, 21–26.
H. HÄNLEIN-SCHÄFER, Veneratio Augusti: Eine Studie zu den Tempeln des ersten römischen Kaisers (Archaeologica 38), Rom 1985.
P.A. HARLAND, Imperial Cults within Local Cultural Life: Associations in Roman Asia, in: Ancient History Bulletin 17 (2003) 85–107.
F. W. HASLUCK, Cyzicus, Cambridge 1910.
P. HERRMANN, Ein Tempel für Caligula in Milet?, in: IM 39 (1989) 191–196.
–, Milet unter Augustus, in: IM 44 (1994) 203–236.
–, Das κοινὸν τῶν Ἰώνων unter römischer Herrschaft, in: N. Erhardt/L.M. Günther (Hg.) Widerstand, Anpassung, Integration: Die griechische Staatenwelt und Rom (FS J. Deininger), Stuttgart 2002, 223–240.
P. HERZ, Asiarchen und Archiereiai. Zum Provinzialkult der Provinz Asia, in: Tyche 7 (1992) 93–115.
–, Caesar and God: Recent Publications on Roman Imperial Cult, in: Journal of Roman Archaeology 18 (2005) 638–648.
–, Der römische Kaiser und der Kaiserkult. Gott oder primus inter pares?, in: D. Zeller (Hg.), Menschwerdung Gottes – Vergöttlichung des Menschen (NTOA 7), Göttingen 1988, 115–140.
–, Fest und Gemeinde. Feiern des Kaiserkultes und die Gemeinschaft der Bürger, in: Die alte Stadt 22 (1995) 65–81.
–, Gedanken zu den Spielen der Provinz Asia in Kyzikos, in: Nikephoros 11 (1998) 171–182.
–, Herrscherverehrung und lokale Festkultur im Osten des römischen Reiches (Kaiser/Agone), in: H. Cancik/J. Rüpke (Hg.), Römische Reichsreligion und Provinzialreligion, Tübingen 1997, 239–264.
–, Neue Forschungen zum Festkalender der römischen Kaiserzeit, in: H. Cancik/K. Hitzl (Hg.), Die Praxis der Herrscherverehrung in Rom und seinen Provinzen, Tübingen 2003, 47–68.
–, Zur Geschichte des römischen Kaiserkultes in Kleinasien. Das Ende der Kultorganisation für die cives Romani, in: G. Heedemann/E. Winter (Hg.), Neue Forschungen zur Religionsgeschichte Kleinasiens (Asia Minor Studien 49), Bonn 2003, 133–148.
V. HEUCHERT, The Chronological Development of Roman Provincial Coin Iconography, in: C. Howgego/V. Heuchert/A. Burnett (Hg.), Coinage and Identity in the Roman Provinces, Oxford 2005, 29–57.

K. HITZL, Kultstätten und Praxis des Kaiserkults anhand von Fallbeispielen, in: H. Cancik/K. Hitzl, Die Praxis der Herrscherverehrung in Rom und seinen Provinzen, Tübingen 2003, 97–130.
K. HOPKINS, Death and Renewal (Sociological Studies in Roman History 2), Cambridge 1983.
K. JES, Die neue Stadt: Aizanoi in der frühen Kaiserzeit, in: C. Berns/L. Vandeput (Hg.), Patris und Imperium (Bulletin antieke beschaving. Suppl. 8), Leuven 2002, 49–62.
B.W. JONES, The Emperor Domitian, London 1992.
C.P. JONES, Augustus and Panhellenes on Samos, in: Chiron 38 (2008) 107–110.
–, Imperial Letters at Ephesos, in: Epigraphica Anatolica 33 (2001) 39–44.
A. JÖRDENS, Griechische Papyri aus Soknopaiu Nesos (PTA 43), Bonn 1998.
J KEIL/A. V. PREMERSTEIN, Bericht über eine dritte Reise in Lydien und den angrenzenden Gebieten Ioniens, ausgeführt 1911 im Auftrage der Kaiserlichen Akademie der Wissenschaften (Denkschriften der Kaiserlichen Akademie der Wissenschaften in Wien, Philosophisch-Historische Klasse 57, Abh. 1), Wien 1914.
H.-J. KLAUCK, Das Sendschreiben nach Pergamon und der Kaiserkult in der Johannesoffenbarung, in: Biblica 73 (1992) 153–182.
D.O.A. KLOSE, Festivals and Games in the Cities of the East During the Roman Empire, in: C. Howgego/V. Heuchert/A. Burnett (Hg.), Coinage and the Identity in the Roman Provinces, Oxford 2005, 125–135.
J.N. KRAYBILL, Imperial Cult and Commerce in John's Apocalypse (JSNT.S 132), Sheffield 1996.
U. LAFFI, Le iscrizioni relative all'introduzione nel 9 a. C. del nuovo calendario della provincia d'Asia, in: SCO 16 (1967) 5–98.
M. LE GLAY, Hadrien et l'Asclépieion de Pergame, in: BCH 100 (1976) 347–372.
W. LESCHHORN, Antike Ären: Zeitrechung, Politik und Geschichte im Schwarzmeerraum und in Kleinasien nördlich des Tauros (Historia Einzelschriften 81), Stuttgart 1993.
B. LEVICK, Aspects of Social Life at Aezani, in: E. Frezouls (Hg.), Sociétés urbaines, sociétés rurales dans l'Asie mineure (Contributions et travaux de l'Institut d'Histoire Romaine 4), Straßburg 1987, 259–270.
P. LE BAS/W.H. WADDINGTON (Hg.), Inscriptions Grecques et Latines, recueillies en Asie Mineure I: Textes en Majuscules, Paris 1870.
W. LIEBENAM, Städteverwaltung im römischen Kaiserreiche, Leipzig 1900.
F. LOZANO, La Religión del Poder. El culto imperial en Atenas en época de Augusto y los emperadores Julio-Claudios (British Archaeological Reports, International Series 1087), Oxford 2002.
R. MACMULLEN, Paganism in the Roman Empire, New Haven 1981.
D. MAGIE, Roman Rule in Asia Minor to the End of the Third Century after Christ, Bd. 1–2, Princeton 1950.
J. MARSHALL, Parables of War: Reading John's Jewish Apocalypse (SCJud 10), Waterloo 2001.
R. MELLOR, The Local Character of Roman Imperial Religion, in: At. 80 (1992) 385–400.
R. MERKELBACH, Hestia und Erigone, Stuttgart 1986.
–, Die ephesischen Monate in der Kaiserzeit, in: ZPE 36 (1979) 157–162.
F. MILLAR, Rome, the Greek World and the East, Bd. 1–3 (Studies in the History of Greece and Rome), Chapel Hill 2002/2004/2006.
S. MITCHELL, Anatolia: Land, Men, and Gods in Asia Minor I: The Celts and Impact of Roman Rule, Oxford 1993.
J. MOLTHAGEN, Die Lage der Christen im römischen Reich nach dem 1. Petrusbrief, in: Historia 44 (1995) 422–458.
T. MOMMSEN, Gesammelte Schriften VIII, Berlin 1913.
L. MORETTI, Tra Epigrafia e Storia (Vetera 5), Rom 1990.
H. MÜLLER, Hadrian an die Pergamener. Eine Fallstudie. in: R. Haensch (Hg.), Selbstdarstellung und Kommunikation (Vestigia 61), München 2009, 367–403.
U.B. MÜLLER, Zur frühchristlichen Theologiegeschichte, Gütersloh 1976.
M.P. NILLSON, Pagan Divine Service in Late Antiquity, in: HThR 38 (1945) 63–69.

–, Geschichte der griechischen Religion (Handbuch der Altertumswissenschaft V/2), Bd. 1–2, München ³1967/1974.

J. NOLLÉ, Kaiserliche Privilegien für Gladiatorenmunera und Tierhetzen: Unbekannte und ungedeutete Zeugnisse auf städtischen Münzen des griechischen Ostens, in: JNG 42/43 (1992/1993) 49–82.

A. D. NOCK, Essays on Religion and the Ancient World, Oxford 1972.

J. H. OLIVER, Julia Domna as Athena Polias, Harvard Studies in Classical Philology, Suppl. 1 (1940) 521–530.

–, Greek Constitutions of Early Roman Emperors from Inscriptions and Papyri (Memoirs of the American Philosophical Society 178), Philadelphia 1989.

U. OUTSCHAR, Zur Deutung des Hadrianstempels an der Kuretenstraße, in: H. Friesinger/F. Krinzinger (Hg.), 100 Jahre österreichische Forschungen in Ephesos (Archäologische Forschungen), Wien 1999, 443–448.

–/G. WIPLINGER, Hanghaus 2, in: P. Scherrer (Hg.), Ephesos. Der neue Führer, Wien 1995, 108□114.

T. PEKÁRY, Das römische Kaiserbildnis in Staat, Kult und Gesellschaft, Berlin 1985.

G. PETZL/E. SCHWERTHEIM, Hadrian und die dionysischen Künstler (Asia Minor Studien 58), Bonn 2006.

H. PLEKET, An Aspect of Emperor Cult: Imperial Mysteries, in: HThR 58 (1965) 331–347.

J. POUILLOUX, Recherches sur l'histoire et les cultes de Thasos, Paris 1954.

S.R.F. PRICE, Rituals and Power: The Roman Imperial Cult in Asia Minor, Cambridge 1984.

–, Gods and Emperors: The Greek Language of the Roman Imperial Cult, in: JHS 104 (1984) 79–95.

M. PUCCI BEN ZEEV, Jewish Rights in the Roman World: The Greek and Roman Documents quoted by Josephus Flavius (TSAJ 74), Tübingen 1998.

–, Augustus' Policy and the Asian Jews, in: M. Mor u.a. (Hg.), Jews and Gentiles in the Holy Land, Jerusalem 2003, 15–26.

W.M. RAMSAY, The Letters to the Seven Churches, of Asia, London 1904.

W. RADT, Pergamon, Köln 1988.

C. RATTÉ, An Early Imperial Pseudo-Dipteral Temple at Sardis, in: AJA 90 (1986) 45–68.

J. REYNOLDS, Aphrodisias and Rome (JRS Monographs 1), London 1982.

–, Ruler-Cult at Aphrodisias in the Late Republic and Under the Julio-Claudian Emperors, in: A. Small (Hg.), Subject and Ruler: The Cult of the Ruling Power in Classical Antiquity (FS D. Fishwick) (Journal of Roman Archaeology Suppl. 17), Ann Arbor (MI) 1996, 41–50.

F. RICHARD, Les souverains en „theoi epibaterioi“. Sur un aspect particulier du culte imperial, in: Navires et commerces de la mediteranée antique. Hommage à J. Rouge (CH 33, 3/4), Lyon 1989, 441–452.

U. RIEMER, Das Tier auf dem Kaiserthron? (Beiträge zur Altertumskunde 114), Stuttgart/Leipzig 1998.

P. RIEWALD, De imperatorum Romanorum cum certis dis et comparatione et aequatione (Diss. phil. Hall. XX 3), Halle 1912.

L. ROBERT, A travers l'Asie mineure. Poètes et prosateurs, monnaies grecques, voyageurs et géographie (BEFAR 239/2), Paris 1980.

–, Études Anatoliennes (Études orientales 5), Paris 1937.

–, Hellenica I–XIII, Paris 1940–1965.

–, Documents d'Asie mineure (BEFAR 239), Paris 1987.

–, Les inscriptions, in: J. des Gagniers u.a. (Hg.), Laodicée du Lycos. Le Nymphée, campagnes 1961–1963, Paris 1969, 247–389.

–, Les gladiateurs dans l'Orient Grec, Paris 1940.

–, Opera Minora Selecta V–VII, Amsterdam 1989/90.

M. ROSSNER, Asiarchen und Archiereis Asias, in: Studii Clasice 16 (1974) 101–142.

F. RUMSCHEID, Den Anschluß verpasst: Priene in der (frühen) Kaiserzeit, in: C. Berns/H. v. Hesberg/L. Vandeput/M. Vaelkens (Hg.), Patris und Imperium (Bulletin antieke beschaving. Suppl. 8), Köln 2002, 77–87.

–, Der Tempel des Augustus und der Roma in Mylasa, in: Jahrbuch des Deutschen Archäologischen Instituts 119 (2004) 131–178.

A.E. SAMUEL, Greek and Roman Chronology: Calendars and Years in Classical Antiquity (Handbuch der Altertumswissenschaft I/7), München 1972.

A. SATAKE, Die Offenbarung des Johannes (KEK 16), Göttingen 2008.

G. SCHÖLLGEN, Ecclesia sordida? (JAC.E 12), Münster 1984.

S. SCHORNDORFER, Öffentliche Bauten hadrianischer Zeit in Kleinasien (Carybdis 14), Münster 1997.

K. SCHWARTE, Salus Augusta Publica. Domitian und Trajan als Heilbringer des Staates, in: A. Lippold/N. Himmelmann (Hg.), Bonner Festgabe Johannes Straub (BoJ.B 39), Bonn 1977, 233–237.

S. SCHWARTZ, A God of Reciprocity: Torah and Social Relations in an Ancient Mediterranean Society, in: J.J. Aubert/Z. Várhelyi (Hg.), A Tall Order (Beiträge zur Altertumskunde 216), Leipzig 2005, 3–37.

K. SCOTT, Greek and Roman Honorific Months, in: YCS 2 (1931) 201–278.

R. K. SHERK, Roman Documents from the Greek East. Senatus Consulta and Epistulae to the Age of Augustus, Baltimore 1969.

A.N. SHERWIN-WHITE, The Letters of Pliny: a Historical and Social Commentary, Oxford 1966.

R.R.R. SMITH, The Imperial Reliefs from the Sebasteion at Aphrodisias, in: JRS 77 (1987) 88–138.

J.H.M. STRUBBE, The Imperial Cult in Pessinous, in: L. de Blois/P. Funke/J. Hahn (Hg.), The Impact of Imperial Rome on religions, ritual and religious life in the Roman empire, Amsterdam 2006, 106–121.

J. SÜSS, Kaiserkult und Stadt, München 1999.

F. TAEGER, Charisma: Studien zur Geschichte des antiken Herrscherkultes, Bd. 1–2, Stuttgart 1957.

P. TALLOEN/M. WAELKENS, Apollo and the Emperors (I). The Material Evidence for the Imperial Cult at Sagalassos, in: AncSoc 34 (2004) 171–216.

L. L. THOMPSON, The Book of Revelation: Apocalypse and Empire, Oxford 1997.

K. TUCHELT, Zum Problem „Kaisareion-Sebasteion“. Eine Frage zu den Anfängen des römischen Kaiserkultes, in: IM 31 (1981) 167–186.

J. ULRICH, Euseb, HistEccl III, 14–20 und die Frage nach der Christenverfolgung unter Domitian, in: ZNW 87 (1996) 269–89.

H. VERSNEL, Faith, Hope and Worship (SGRR 2), Leiden 1981.

G. VILLE, La gladiature en occident des origines à la mort de Domitien (BEFAR 245), Rom 1981.

F. VITTINGHOFF, „Christianus sum“ – Das „Verbrechen“ von Aussenseitern der römischen Gesellschaft, in: Historia 33 (1984) 331–357.

M. WAELKENS, The Transformation of the Public and Sacred Landscapes in Early Imperial Sagalassos, in: C. Berns u.a. (Hg.) Patris und Imperium (Bulletin antieke beschaving. Suppl. 8), Leuven 2002, 63–76.

P. WEISS, Asiarchen sind Archiereis Asias: Eine Antwort auf S.J. Friesen, in: N. Ehrhardt/L. M. Günther (Hg.), Wiederstand – Anpassung – Integration: Die griechische Staatenwelt in Rom (FS J. Deininger), Stuttgart 2002, 241–254.

B. WEISSER, Pergamum as Paradigm in: C. Howgego/V. Heuchert/A. Burnett (Hg.), Coinage and Identity in the Roman Provinces, Oxford 2005, 135–142.

T. WIEDEMANN, Kaiser und Gladiatoren, Darmstadt 2001.

W. WILLIAMS, Pliny: Correspondence with Trajan from Bithynia, London 2007.

B.W. WINTER, The Imperial Cult and the Early Christians in Pisidian Antioch (Acts 13 and Galatians 6), in: T. Drew-Bear/M. Tashalan/C.M. Thomas (Hg.), Actes du Ier congr. intern. sur Antioche de Pisidie, Lyon 2002, 67–77.

T. WITULSKI, Die Johannesoffenbarung und Kaiser Hadrian (FRLANT 21), Göttingen 2007.
–, Kaiserkult in Kleinasien (NTOA 63), Göttingen 2007.
M. WÖRRLE, Stadt und Fest im kaiserzeitlichen Kleinasien (Vestigia 39), München 1988.

Peter Herz

# Der Kaiserkult und die Wirtschaft

## Ein gewinnbringendes Wechselspiel

Da die eher religiösen und kultischen Aspekte des Kaiserkultes in meinem Beitrag nicht zu Debatte stehen, möchte ich wie ein moderner Analytiker von wirtschaftlichen Prozessen ganz systematisch vorgehen und zunächst zwischen langfristigen Investitionen (1) und den laufenden Kosten (2) unterscheiden, die der Kultbetrieb des Kaiserkultes erforderte.[1] Dabei werde ich mich besonders auf die Ausgaben bei den überregionalen Kultformen konzentrieren, d.h. auf die, die vom *koinon tes Asias* organisiert wurden.[2] Dabei berühren sich meine Ergebnisse partiell mit den Resultaten, die Jörg Rüpke vor einiger Zeit erarbeitet hat.[3] Da diese Resultate für ein stadtrömisches Priesterkollegium Gültigkeit haben, zeigen sich allerdings deutliche Unterschiede sowohl bei der Aufgabenstellung als auch der Finanzierung, auf die noch einzugehen ist.

### 1. Kultgebäude und Spielstätten

In die Gruppe der langfristigen Investitionen gehören sicherlich die notwendigen Aufwendungen für die Kultgebäude und Spielstätten. Dabei ist zu beachten, dass wir bisher von den ersten Kaiserkulttempeln, die in der Verantwortung des asianischen Landtages errichtet wurden, keinerlei archäologisch verwertbare Zeugnisse besitzen.

Dies waren der Tempel der Dea Roma und des Augustus in Pergamon, der bereits in frühaugusteischer Zeit entstand,[4] und der Tempel in Smyrna aus der Zeit des Tiberius.[5] Für den pergamenischen Tempel haben wir eini-

[1] Einen interessanten Einstieg in die Materie bietet H.-W. DREXHAGE, Wirtschaftspolitik, 52–62.

[2] Zum *koinon* von Asia vgl. den Beitrag von B. EDELMANN in diesem Band.

[3] J. RÜPKE, Ökonomie.

[4] H. HÄNLEIN-SCHÄFER, Veneratio 166–168, mit den literarischen Zeugnissen. Immerhin muss der Tempel der Dea Roma und des Augustus in Pergamon so kostbar ausgestattet gewesen sein, dass der Autor Telephos von Pergamon (FGH 505 T 1) diesem Bauwerk eine zweibändige Monographie widmen konnte.

[5] S.J. FRIESEN, Neokoros 18–21.

ge Münzabbildungen ohne besondere Aussagekraft.[6] Wir können aber bis heute nicht einmal sagen, wo genau im Innenstadtbereich von Pergamon sich dieses Kaiserkultzentrum befand.[7]

Der für Caligula (37–41) gedachte Tempel von Milet kam aus verständlichen Gründen nicht besonders weit über die Planungsphase hinaus.[8] Tempel für die beiden folgenden Kaiser Claudius (41–54) und Nero (54–68) sind zwar sehr wahrscheinlich, aber bisher weder in der literarischen Tradition noch als archäologisch fassbare Baulichkeit mit der wünschenswerten Sicherheit gesichert.[9] Somit ist das ephesische Kultzentrum, von dem lediglich die monumentale Tempelterrasse die Zeiten überdauert hat, das älteste heute noch zumindest in Ansätzen greifbare Kaiserkultzentrum, das von der Provinz Asia initiiert wurde.[10] Von den übrigen Zentren bis weit ins 3. Jh. wissen wir in der Regel nicht mehr als dass es sie gegeben hat.[11]

Die Kosten für die Errichtung solcher Gebäude und Kultbezirke trug der Landtag der Provinz Asia, d.h. die Gesamtheit seiner rund 300 Mitgliedsgemeinden, wobei die Möglichkeit natürlich nicht ausgeschlossen werden kann, dass sich auch einzelne reiche Personen aus der Provinz durch private Leistungen an den Kosten beteiligten.

Möglicherweise kann eine in den 70er Jahren gefundene fragmentierte Inschrift aus Ephesos im Kontext einer solchen Finanzierungsaktion gesehen werden.[12] Demnach hat es den Anschein, dass die einzelnen Mitgliedsgemeinden aus ihren laufenden Einnahmen regelmäßig Anteile für den Bau des flavischen Kultzentrums abzweigten.[13] Der Bau und auch die Bauabnahme wurde von einer eigens dazu eingesetzten Kommission des Landtages, den *neopoioi*, überwacht.[14]

Bei den Errichtungskosten dürften damals die Arbeitskosten im Gegensatz zu heute vergleichsweise gering gewesen sein, da die Masse der Arbeitskräfte durch einfache Handlanger repräsentiert wurde, die man im

---

6 Vgl. S.R.F. PRICE, Rituals 133; H. HÄNLEIN-SCHÄFER, Veneratio Taf. 32.

7 Es ist schon bezeichnend, dass dieses Kultzentrum bei W. RADT, Development, nicht erwähnt wird.

8 L. ROBERT, culte.

9 Für einen möglichen Tempel in Sardeis für Nero vgl. C. RATTÉ/T. HOWE/C. FOSS, Temple 45–68. Da es auch gleichzeitig Indizien für Provinzialspiele in Sardeis gibt, vgl. L. MORETTI, Iscrizioni 174–179, Nr. 65, für Ti. Claudius Patrobios, der einen Sieg in Sardeis registriert, wäre dies eine mögliche Option. Interessant für die Möglichkeiten des Kaiserkultes ist ein Brief, den Kaiser Claudius an die Alexandriner richtete, vgl. P.Lond. 1912 = Select Papyri II (LCL) Nr. 212.

10 S.J. FRIESEN, Neokoros.

11 S.R.F. PRICE, Rituals.

12 Erstpublikation durch C. HABICHT, Evidence.

13 Zum Umfeld vgl. P. HERZ, Herrscherverehrung.

14 Vgl. L. ROBERT, culte, zu den *neopoioi*, die für den geplanten Tempel des Caligula in Milet ausgewählt worden waren.

Tageslohn beschäftigen konnte. Der Bedarf an teuren Fachkräften hing weitgehend von den Modalitäten des eigentlichen Bauwerkes ab.

Da die kostengünstige römische Bauweise mit *opus caementicium* und Ziegeln in Kleinasien erst im Verlauf des 2. Jh. allmählich eingeführt wurde,[15] wurden bei den frühen Bauwerken des Kaiserkultes wahrscheinlich behauene Steine verwendet, die man teilweise erst über eine größere Distanz heranbringen musste. Die meisten Kosten verursachte wahrscheinlich, dies dürfte fast ein Analogon zur heutigen Zeit sein, nicht die Errichtung des eigentlichen Rohbaus, sondern der Ausbau des Tempels, da hierbei sowohl teure Materialien als auch besonders aufwendige Handwerkerleistungen anfielen. Um nur zwei von vielen möglichen Beispielen zu nennen:

1. Die Gestaltung der Dächer. Wenn man für den Haupttempel eine große Konstruktion mit freitragenden Dachbalken ohne Zwischenstützen verwendete, benötigte man auch entsprechend dimensionierte Baumstämme, die teilweise erst über sehr große Entfernungen herangeschafft werden mussten.[16] Auch bei der Eindeckung der Dächer konnte man zwischen einer billigen Variante mit gebrannten Dachziegeln aus möglicherweise glasiertem Ton oder teuren Bronzeziegeln wählen, von denen wir in einigen Fällen sogar wissen, dass sie vergoldet waren.

2. Die Errichtung der Außenwände. Auch hier gab es unterschiedlich kostengünstige Varianten. Man konnte die Mauern aus einfachen behauenen Steinen errichten, die man anschließend mit weißem Kalk verputzen und eventuell auch noch bemalen konnte. Daneben gab es aber auch die Möglichkeit, als Baustoff Marmor einzusetzen, wobei man die Alternative zwischen lokal anstehenden Marmorbeständen oder teuren Importmarmorsorten hatte.[17] Selbst bei der Verwendung von Marmor konnte man sich zwischen teuren und durchaus kostengünstigen Varianten entscheiden, da man die Wahl zwischen der Verwendung von massiven Marmorblöcken oder einer Verblendung des eigentlichen Mauerwerkes mit dünnen Marmorplatten hatte (Inkrustation).

Dabei ist bei der Kostenfrage zu beachten, dass die hochwertigen Marmorvorkommen allesamt im Privateigentum der Kaiser standen. Man musste also die entsprechenden Marmorsorten entweder gegen teures Geld ankaufen oder sie, dies war offensichtlich ein gern gewählter Weg, durch seine guten Beziehungen zum Kaiserhof beschaffen. Dies wird durch eine Inschrift aus Smyrna angedeutet, in der gemeldet wird, dass man dank der

---

15 Zu dieser Technik vgl. zuletzt J. WEISS (Hg.), Opus. Zur römischen Bautechnik im Allgemeinen vgl. J.P. ADAM, Building.

16 Die längsten bekannten Dachbalken aus der klassischen Antike waren die des *Diribitorium* auf dem Marsfeld mit einer Länge von 30 Meter und einer Kantenlänge von 45 Zentimeter. Plin. nat. 16,201.

17 Für die Marmorvorkommen der frühen Kaiserzeit: M. MAISCHBERGER, Marmor.

Vermittlung des Sophisten Antonius Polemon insgesamt 92 Säulen aus den kaiserlichen Marmorbrüchen von Synnada in Kleinasien und Chemtou in Nordafrika (*marmor Numidicum*) erhalten habe.[18] Wie in solchen Fällen allerdings die Transportkosten abgedeckt wurden, ist noch nicht geklärt. Vermutlich dürfte dies das Problem des Empfängers, also des Landtages, gewesen sein.

Wie groß die Zahl der für solche Großbauten benötigten Arbeitskräfte war, ist bisher noch nicht berechnet worden.[19] Doch dürfte bei den großen Kaiserkulttempeln eine Zahl von mehreren tausend Arbeitskräften, die über mehrere Jahre in der Materialgewinnung, beim Transport der Baumaterialien und dem eigentlichen Bauvorhaben beschäftigt wurden, durchaus realistisch sein.[20] Dabei müssen wir davon ausgehen, dass vor allem die Facharbeiter nicht aus der Region stammten, sondern auch aus dem gesamten östlichen Mittelmeergebiet auf solchen Baustellen zusammenströmten.[21]

Die anschließend anfallenden Unterhaltungskosten mussten ebenfalls vom Landtag aus dem Mitgliedsbeiträgen getragen werden, da der Landtag auch wahrscheinlich Eigentümer des Landes war, auf dem sich der Tempelbezirk befand. Dabei muss man zwischen den Kosten für den eigentlichen Bauerhalt und den Personalkosten für den laufenden Betrieb unterscheiden. Denn man darf vermuten, dass eine größere Gruppe von Personen ständig beschäftigt war, die z.B. den Tempel und das Tempelgelände sauber halten mussten, kleinere Reparaturen ausführten oder eine Art von Wachdienst versah, um Diebstähle zu verhindern oder auch nur Personen fernzuhalten, die auf dem Gelände des Tempels widerrechtlich Asyl suchen wollten.[22] Bei

---

[18] CIG 3148 = IGRR IV 1431: „... und dieses erlangten wir von dem Herren Caesar Hadrianus durch (die Hilfe des) Antonius Polemon: einen zweiten Beschluss des Senates, durch den wir zweifacher Tempelhüter [Sitz eines Tempels des Kaiserkultes der Provinz Asia] wurden, einen heiligen Agon, Steuerfreiheit, Prediger, Sänger, 1,5 Millionen Sesterzen, 72 Säulen aus Synnada für das Aleipterion [Platz zum Einölen oder Schwitzbad], 20 numidische Säulen, 6 aus Porphyr". Porphyr stammt aus den kaiserlichen Steinbrüchen z.B. vom Mons Porphyrites in der ägyptischen Wüste.

[19] Die einzigen verlässlichen Kapazitätsberechnungen gibt es durch J. DeLaine für die Caracalla-Thermen in Rom (J. DELAINE, Baths 175–194) und einige Appartementhäuser in Ostia (DERS., Insula), die allerdings eine völlig andere Bautechnik voraussetzen.

[20] Für den Bau der Caracalla-Thermen in Rom, die innerhalb von vier bis fünf Jahren vollendet wurden, berechnete J. DELAINE, Baths, eine Zahl von bis zu 13 000 Arbeitern, die dort in Spitzenzeiten beschäftigt waren. Da dieser Bau auf Kosten des Kaisers durchgeführt wurde, sollten zumindest finanzierungsbedingte Unterbrechungen nicht eingetreten sein.

[21] Die Kapazitätsberechnungen von M.K. THORNTON/R.L. THORNTON, Building, sind methodisch wenig vertrauenserweckend. Vgl. die Besprechung von P. HERZ, in: Gnomon 63 (1991), 131–135.

[22] Im eigentlichen Tempel, aber auch auf dem vorgelagerten Gelände befanden sich in der Regel größere Mengen an Weihegaben, die z.B. aus Edelmetall bestehen konnten.

diesem Personal kann man an freie Personen denken, aber auch an Sklaven, die dann im Eigentum des Landtages standen.[23]

## 2. Der laufende Opferbetrieb und seine Kosten

Selbst wenn es in einem Kalenderjahr keine größeren Feierlichkeiten des Kaiserkultes, d.h. Agone, gegeben haben sollte, darf man trotzdem davon ausgehen, dass eine gewisse kultische Routine existierte, die eine permanente Anwesenheit von Kultpersonal im Kultzentrum erforderte.

Unter den laufenden Kosten des Kultbetriebes standen sicherlich die Aufwendungen für die Opfertiere, d.h. in der Regel Rinder, an erster Stelle. Welche Mengen an Opfertieren im Laufe eines normalen Jahres benötigt wurden, d.h. in Jahren *ohne* die Feier von großen Agonen des Kaiserkultes, können wir bestenfalls in Ansätzen ermitteln.[24] So können wir dank einer großen Inschrift, die in der Regierungszeit des Hadrian von den Hymnoden der Göttin Roma und des vergöttlichten Augustus in Pergamon errichtet wurde, eine Mindestzahl von Tagen ermitteln, an denen diese Sänger aktiv werden mussten, um den amtierenden Priester bei seiner Arbeit zu unterstützen.[25] Die meisten dieser Festtermine dürften mit der Opferung von mindestens einem Rind verbunden gewesen sein.

Um ein kleinasiatisches Beispiel zu zitieren: Wir wissen, dass bei den lokalen und aus privaten Geldern finanzierten Feierlichkeiten der Demostheneia im lykischen Oinoanda mindestens 27 Rinder für die Opfer bereitgestellt werden sollten.[26] Dies dürfte keine ungewöhnliche Zahl gewesen sein, sondern sie bewegt sich sicherlich im Rahmen der üblichen Mengen an Opfertieren, wie sich auch aus zwei wesentlich besser belegte Kontexten sichern lässt.

---

[23] Unter rein rechtlichen Gesichtspunkten konstituierte der Landtag eine vom römischen Staat anerkannte Korporation (*collegium licitum*), die damit auch über ein eigenes Vermögen verfügte und auch Stiftungen und Erbschaften empfangen durfte. Nach welchem Recht die Freilassungen von Sklaven des asianischen Landtages erfolgten, ist noch völlig unklar. Dies ist ein für die westlichen Landtage geklärtes Problem, da dort die *manumissio* offensichtlich nach den Regeln des quiritischen Rechtes erfolgte, vgl. P. HERZ, Claudius.

[24] Die Zahl von 160 000 Opfertieren, die in den ersten drei Monaten von Caligulas Regierung ihm zu Ehren geschlachtet wurden, lässt sich nur schwer in ihrer Richtigkeit beurteilen (Suet. Cal. 14,1: ..., *ut tribus proximis mensibus ac ne totis quidem supra centum sexaginta milia victimarum caesa traduntur*). Aber es scheint, dass wir generell mit einem sehr hohen Verbrauch an Opfertieren rechnen müssen. Eine Studie, die versuchen würde, zumindest die Dimensionen des Verbrauchs an Opfertieren zu klären, steht noch aus.

[25] I.v.Pergamon 374.

[26] M. WÖRRLE, Stadt 254–256.

So verbrauchten in der Regierungszeit des Nero die *fratres Arvales* in Rom nur bei der *nuncupatio votorum* am 3. Januar zwölf Stiere und Kühe.[27] Anfang des 3. Jh. benötigte eine römische Auxiliarkohorte in Mesopotamien rund sechzig Rinder im Jahr, um nur die regelmäßig von der Truppe darzubringenden Opfer durchzuführen.[28]

Einen gewissen Überblick zu den regelmäßig anfallenden Festterminen liefert die Vereinsinschrift der Hymnoden der Göttin Roma und des *divus Augustus* von Pergamon, die in die Regierungszeit Kaiser Hadrians zu datieren ist.[29]

| | |
|---|---|
| 23. September | Geburtstag des Augustus (γενεσίῳ Σεβαστοῦ) und zugleich Neujahrstag des asianischen Jahres.[30] Dieser Geburtstag wurde auch an den entsprechenden Anfangstagen der übrigen elf Monate (ἐνμήνῳ γενεσίῳ) gefeiert, d.h. 24. Oktober, 23. November, 24. Dezember, 24. Januar, 21. Februar, 24. März, 23. April, 24. Mai, 23. Juni, 24. Juli, 23. August. |
| 1. Januar | Anfangstag des julianischen Kalenders [καλ(άνδαις) Ἰανουᾶ ρίαις].[31] |
| 24.–26. Mai | Rosenfest (ῥοδισμός) |
| 23.–25. Juni | Mysterien (1.–3.Loos) |
| 21. September | Geburtstag der divinisierten Livia (γενεσίῳ Σεβαστῆς).[32] |
| 22. September | Letzter Tag des asianischen Jahres, der von den Hymnoden mit einer Zeremonie am Altar der Roma und des Augustus (παραβωμίον) gefeiert wurde. Hinzu kommen die Geburtstage der in hadrianischer Zeit anerkannten *divi et divae* bzw. des jeweiligen Kaiserpaares. |
| 24. Januar | Hadrian |
| 2./5. Juli | Matidia[33] |
| 1. August | Claudius |
| 15./30. August | Marciana[34] |

27 J. SCHEID, Recherches Nr. 26 a–l, Zeile 18f.

28 P. HERZ, Sacrifice, kommt auf eine Mindestzahl von fünfzig bis sechzig Opfertieren (in der Regel Rinder), die laut *Feriale Duranum* alljährlich geopfert werden mussten.

29 I.v.Pergamon 374.

30 Zum asianischen Jahr vgl. A.E. SAMUEL, Chronology 174–178.

31 Zur möglichen Relevanz dieses Datums für das Amtsjahr der amtierenden *archiereus* von Asien vgl. M. WÖRRLE, Stadt 103f.

32 Dieses Fest ist vom Datum des 30. Januar verschoben worden. Vgl. zu diesen Datenmanipulationen P. HERZ, Forschungen.

33 Feriale Duranum II 19.

34 Feriale Duranum II 28.

| | |
|---|---|
| 18. September | Trajan[35] |
| 8. November | Nerva |
| 17. November | Vespasian |
| 30. Dezember | Titus |
| | Plotina[36] |
| | Sabina[37] |

Selbst wenn wir die religiös nur schwer zu bewertenden Feste Rosenfest und Mysterien unbeachtet lassen und auch davon ausgehen, dass sich keine ungewöhnliche Ereignisse ergaben, die gesonderte Opfer erforderten,[38] so kommen wir auf mindestens 24 regelmäßige Festtermine (ein Monatsanfang fällt mit dem Geburtstag Hadrians am 24. Januar zusammen).

Ein ebenfalls sicherlich sehr bedeutender Kostenfaktor wurde durch die Aufwendungen für Weihrauch und Wein repräsentiert, die regelmäßig bei den Voropfern vor den eigentlichen blutigen Opfern benötigt wurden. Während der Wein wahrscheinlich vergleichsweise kostengünstig beschafft werden konnte – zumindest wissen wir nicht, ob für den verwendeten Opferwein eine bestimmte Qualität erforderlich war –,[39] sah dies beim Weihrauch völlig anders aus. Weihrauch musste eigens aus Südarabien importiert werden, was sehr kostspielig war. So wird durchaus glaubwürdig berichtet, dass man Weihrauch fast mit Gold aufwog. Hinzu kamen die Aufwendungen für die Opferkuchen, die Kränze, die man üblicherweise bei den Opfern tragen musste, für Kerzen und Fackeln.[40]

Selbst ein so prosaischer Kostenfaktor wie Brennholz wäre hier noch zu berücksichtigen, denn um das Opferfleisch für die Götter auf einem Brandopferalter zu verbrennen, benötigte man natürlich die entsprechenden Mengen an Brennholz bzw. bei dem Weihrauchopfer Holzkohle. In beiden Fällen konnte deren Beschaffung sich im Mittelmeergebiet durchaus kompliziert gestalten. Dies galt selbst unter der stillschweigenden Bedingung, dass

---

[35] Ob auch der *divus Traianus pater* geehrt wurde, also der Vater des Kaisers, der bereits beim Regierungsantritt seines Sohnes verstorben war, lässt sich nicht mehr sagen.

[36] Wir können zwar davon ausgehen, dass die *diva Plotina*, die Ehefrau des *divus Traianus*, ebenfalls kultisch verehrt wurde, können aber bis heute kein konkretes Datum für ihren *dies natalis* nennen. Vermutlich dürfte dieser Tag im stark beschädigten Teil des *Feriale Duranum*, also zwischen Ende September und Ende Dezember verzeichnet gewesen sein.

[37] Auch für die Ehefrau Hadrians fehlen alle Hinweise für den Termin ihres Geburtstages.

[38] Dazu gehörten etwa Opfer für *euangelia* u.ä., die *extra ordinem* angeordnet wurden.

[39] Im Judentum musste z.B. Wein den Vorschriften der jüdischen Reinheitsvorschriften entsprechen.

[40] Zum Weihrauch vgl. U. HEIMBERG, Gewürze; D. MARTINEZ/K. LOHS/J. JANZEN, Weihrauch; W.M. MÜLLER, Weihrauch.

beim Kaiserkult keine hinderlichen kultischen Vorschriften existierten, die etwa wie beim Brandopfer für den olympischen Zeus in Olympia lediglich das Holz der Weißpappel (λευκή) zuließen.[41]

Daneben stehen die Personalkosten für den Opferbetrieb. Neben den Hilfskräften, die die Opfertiere heranführen und vorbereiten mussten, stehen die Kosten für den eigentlichen Opferdiener, den *mageiros*, der das Tier töten und anschließend die für die Götter bestimmten Teile herauslösen musste. Hinzu kamen die Aufwendungen für den musikalischen Betrieb, denn die Opfer wurden regelmäßig durch das Absingen von Hymnen zu Ehren des gerade an diesem Tag gefeierten Kaisers begleitet.[42]

Die Kostenstruktur vor allem dieses Teils wird etwas durch einen Brief des *proconsul Asiae* Paullus Fabius Persicus an die Ephesier verdeutlicht.[43] In dieser inschriftlich überlieferten Anordnung ordnete der *proconsul* an, für die Musikbegleitung nicht mehr auf teure Berufssänger zurückzugreifen, sondern dafür in Zukunft die ephesischen Epheben heranzuziehen, die diese Arbeit kostenfrei übernehmen könnten.[44]

Hinzu kommen die laufenden Personalkosten für die Amtsdiener des *archiereus* und seine Verwaltung, die den Briefwechsel, die Pflege des Archivs und vor allem die Kassenverwaltung des Landtages zu übernehmen hatten. Soweit der jeweils amtierende *archiereus* dafür nicht seine eigenen Sklaven und Freigelassenen kostenfrei zur Verfügung stellte, musste das entsprechende Personal vom Landtag gestellt und bezahlt werden. Wenn der amtierende *archiereus* in der Öffentlichkeit erschien, wurde er, um so seinen Rang und auch seine Amtsgewalt zu unterstreichen, natürlich von einem Herold und Amtsdienern, den sogenannten *rhabdophoroi* oder Stabträgern, begleitet, die ebenfalls bezahlt werden mussten. Die in spätantiken Gesetzestexten auch *munus personale* genannte und daher kostenfreie *rhabdophoria* scheint kein Amt des Provinzialkultes, sondern ein Amt auf Gemeindeebene gewesen zu sein.[45]

Ein weiterer und sehr großer Kostenfaktor wurde durch die Anschaffung von neuen Kaiserbildern geliefert, wobei die ganze Spannbreite von mindestens lebensgroßen Standbildern aus Metall (in der Regel wohl Bronze) bis hin zu kleinen Tragebilder, die auch als *imago* oder protomé bezeichnet

---

41 H.-G. BUCHHOLZ, Werkstoff 28, nach Paus. 5,14,2.

42 Unsere Kenntnis zum Einsatz der Musik im Kaiserkult ist sehr limitiert. Vgl. zum Einstieg: A. BÉLIS, musiciens.

43 I.v.Ephesos 17–19.

44 Vgl. auch die immer noch lesenswerte Studie von K.F. DÖRNER, Erlaß.

45 Dig. 50,18,17.

werden, möglich war, die man etwa bei Prozessionen verwenden konnte.[46] Diese Protomen konnten aus Edelmetall bestehen, aber auch eine billigere Variante ist bekannt.[47] Dabei verwendete man ein stuckiertes Holzbrett, auf das man das Abbild des Kaisers in Alfresco-Technik aufmalen konnte.[48]

Da neben dem jeweils regierenden Kaiser und seiner Ehefrau und den vergöttlichten Kaisern auch die übrigen lebenden Mitglieder der jeweiligen Kaiserfamilie mit solchen Bildern geehrt wurden, müssen wir generell mit einer hohen Zahl solcher Bilder rechnen. Die Zusammensetzung der jeweiligen Bildgruppen war natürlich von den jeweiligen politischen Konstellationen abhängig und musste dann entsprechend angepasst werden.

Wie man ihre Finanzierung sicherstellen konnte, wird durch einige ägyptische Zeugnisse angedeutet, die eine eigene lokale Sondersteuer sichern, die zur Anfertigung solcher Kaiserbilder verwendet wurde.[49] Dabei wurde regelmäßig zwischen einer Bronzestatue und Tragebildern für Prozessionen unterschieden.

Das Preisniveau solcher Kaiserbilder lässt sich am ehesten durch gelegentliche inschriftliche Preisangaben ermitteln. Demnach schwankten die Preise für Standbilder zwischen 4 000 und 25 000 Sesterzen.[50] Bei den Prozessionsbildern wird ein gewisser Durchschnittswert durch eine Inschrift aus Termessos geliefert, die registriert, dass eine Summe von 12 500 Sesterzen verwendet wurde, um eine Prozessionsstatue (ἄγαλμα πομπικόν) der Göttin Eleuthera anzufertigen: „εἰς κατασκευήν ἀγάλματος πομπικοῦ ἀργυρέου Θεᾶς Ἐλευθέρας... ...“.[51] Das Preisniveau und auch die Verwendung des Begriffs ἄγαλμα sprechen für eine wohl lebensgroße Statue.[52]

## 3. Die Feste des Kaiserkultes

Dabei haben wir neben den üblichen Festen, die nur einen Tag dauerten, mit größeren Feierlichkeiten zu rechnen, die mit Spielen verbunden waren, die sich ohne weiteres über mehrere Wochen ausdehnen konnten. Diese Agone fanden in unterschiedlichen Rhythmen statt, wobei die Frequenz vom jährlich stattfindenden Agon über den zweijährigen Agon bis zum alle

46 Das übliche Material dürfte Bronze gewesen sein, die wohl des öfteren vergoldet wurde. T. PEKÁRY, Kaiserbildnis. J. ENGEMANN, Art. Herrscherbild, in: RAC XIV (1988) 966–1047. N. HANNESTAD, Art. P. ZANKER, Augustus.

47 D. FISHWICK, Cult 273–282, mit eher westlichem Material.

48 Vgl. H. HEINEN, Herrscherkult.

49 Zur Statuensteuer vgl. D. FISHWICK, Statues.

50 R. DUNCAN-JONES, Economy 162–163.

51 TAM III 136 Z. 2–4 u. 7–14 nach A. BRENT, Ignatius 154f.: „für die Herstellung eines silbernen Prozessionsbildes der Göttin Eleuthera“.

52 Vgl. auch L. ROBERT, serpent.

vier Jahre gefeierten Agon führte. Das Kalendarium dieser Feiern ist trotz der Erkenntnisfortschritte, die die kürzlich publizierten Kaiserbriefe aus Alexandreia Troas geliefert haben, immer noch höchst unübersichtlich.[53]

Wir haben zunächst die typische Form griechischer Agone in ihrer Aufteilung in gymnische und musische Agone. Da die großen Feierlichkeiten des Kaiserkultes in die Kategorie der Kranzspiele (stephanitischer Agon) oder der heiligen Agone gehörten, bei denen man lediglich einen Ehrenpreis in Gestalt eines Kranzes erhielt, konnte damit ein bedeutender Kostenfaktor eliminiert werden. Welche Kosten bei den sogenannten Geldspielen anfallen konnten, wissen wir durch einige Inschriften aus Aphrodisias, die uns mit privaten Stiftungen bekannt machen, aus deren Zinserträgen solche Preisgelder gezahlt wurden.[54]

Unter dem Einfluss der Römer etablierten sich wohl seit der späten Republik auch die Tierhetzen (*venationes*) und die Gladiatorenspiele (*ludi gladiatorii*) im griechischen Teil des Reiches.[55] Diese Veranstaltungen erfreuten sich in der Öffentlichkeit ebenfalls größter Beliebtheit, waren allerdings im Vergleich zu den klassischen Agonen ausgesprochen teuer.[56]

So wissen wir aus dem Leben des großen Mediziners Galenos von Pergamon, dass er seine Karriere als Arzt in seiner Heimatstadt begann, wo er die Gladiatorengruppe (*familia gladiatoria*) des *archiereus*, der für die beiden lokalen Kaiserkultzentren zuständig war, medizinisch betreute.[57] Dabei gab der *archiereus* diese Gladiatorengruppe am Ende seiner Amtszeit an seinen Nachfolger weiter, d.h. er musste während seiner ein Jahr dauernden Amtszeit die Kosten für den Unterhalt und das Training dieser Kämpfer tragen und gegebenenfalls auch dafür sorgen, dass Lücken wieder aufgefüllt wurden. Die unter juristischen Gesichtspunkten wichtige Frage, wer der Eigentümer der Truppe war, der jeweilige *archiereus* oder der Landtag als Korporation, wird durch ein inschriftlich tradiertes Zeugnis gefördert, das einen entsprechenden kaiserlichen Beschluss meldet, der nach einer ausführlichen Senatsdebatte erlassen wurde. Dieses Zeugnis stammt zwar aus Italica in der Baetica, war aber sicherlich von reichsweiter Bedeutung:

> Auch die Priester der Provinzen, die keinen Vertrag mit Gladiatorenmeistern abschließen, übernehmen die Gladiatoren, die von den früheren Priestern gekauft oder verpflichtet wurden, oder übernehmen solche, die sich als freie Leute verdingt haben. Aber nach dem Spiel übergeben sie diese zu einem höheren Preis an ihre Nachfolger.

---

53 Vgl. dazu G. PETZL/E. SCHWERTHEIM, Hadrian. Zu beachten ist auch die ausführliche und weiterführende Besprechung von W.J. SLATER, in: Journal of Roman Archaeology 21 (2008), 610–620.

54 C. ROUECHÉ, Performers 164–174, Nr. 50–53.

55 L. ROBERT, gladiateurs.

56 L. ROBERT, vision.

57 H. SCHLANGE-SCHÖNINGEN, Gesellschaft 101–120.

Niemand soll jemand aus der Gruppe einzeln für Gladiatorenkämpfe verkaufen zu einem höheren Preis, als er für Gladiatorenmeister festgelegt ist (Zeile 59–61).[58]

Demnach dürfte der übliche Fall die Anwerbung der Gladiatoren durch die Einschaltung eines professionellen Gladiatorenmeisters (*lanista*) gewesen sein, der seine Truppe dafür bereitstellte. Daneben scheinen aber auch einige Provinzpriester sich eine eigene *familia* zugelegt zu haben, die sie am Ende ihres Amtsjahres, möglicherweise sogar mit Gewinn, an ihren Nachfolger weiterverkauften.

Die bereits erwähnte Inschrift sichert, dass die Kosten für die eingesetzten Gladiatoren beachtliche Dimensionen erreicht haben dürften. Dafür spricht ein Antrag zur Kostendämpfung, den ein unbekannter Senator einbrachte und der sicherlich in dieser Form angenommen wurde, da er sonst wohl nicht schriftlich fixiert worden wäre. Da diese Anordnung zur Kostendämpfung in die Notzeit der Markomannenkriege unter Kaiser Marcus Aurelius gehört, darf man vermuten, dass in finanziell besseren Zeiten wesentlich größere Geldmengen umgesetzt wurden.

Ich stelle daher den Antrag: „Die Spiele, die man *assiforana* nennt, sollen in ihrer gegenwärtigen Form bestehen bleiben und sollen 30 000 Sesterzen Kosten nicht übersteigen. Die Personen aber, die Schauspiele veranstalten, die zwischen 30 000 und 50 000 Sesterzen kosten, sollen Gladiatoren dreifach gestaffelt mit gleicher Anzahl gestattet sein: für die Gladiatoren der höchsten Stufe soll der höchste Preis 5 000 Sesterzen betragen, für die der zweiten Stufe 4 000, für die der dritten 3 000. Ein Gladiatorenkampf, der zwischen 60 000 und 10 000 Sesterzen kostet, soll dreifach aufgeteilt sein: der höchste Preis für erstklassige Gladiatoren soll 8 000, für die mittlere Klasse 6 000 und schließlich 5 000 betragen. Ferner soll es für Spiele zwischen 100 000 und 150 000 Sesterzen fünf Abstufungen geben. Dabei soll der Preis für die erste Stufe 12 000, für die zweite 10 000, für die dritte 7 000, für die vierte 6 000, für den Rest 5 000 Sesterzen betragen. Ferner soll von da ab für Spiele zwischen 150 000 und 200 000 Sesterzen und für solche, die darüber gehen, der Preis für die unterste Gladiatorenklasse 6 000 betragen, darüber 7 000, für die dritte dagegen 8 000, für die vierte 12 000 bis 15 000 Sesterzen. Und dies soll als das Gehalt für einen sehr guten und bekannten Gladiator festgesetzt sein.“ (Zeile 29–35)

Obwohl es leider an keiner Stelle ausdrücklich gesagt wird, vermute ich, dass die *ludi gladiatorii*, die im Kontext des provinzialen Kaiserkultes dargeboten wurden, in die höheren Preiskategorien gehörten. Vergleichsweise kostengünstig war es, wenn bei dieser Gelegenheit zum Tode verurteilte Personen öffentlich hingerichtet werden konnten, was sicherlich nicht nur die Christen betraf, sondern ein durchaus üblicher Teil der damaligen

[58] CIL II 6278 = ILS 5163 = FIRA I 49. Übers. nach H. FREIS, Inschriften Nr. 109.

Strafjustiz war, die vor allem Hinrichtungen von Personen niederen Ranges als öffentliches Schauspiel inszenierte.[59]

Aus den vorbereitenden Arbeiten für die Spielstätten möchte ich nur einen Punkt herausgreifen, die Beschaffung des Sandes für die Arena, was damals ebenso kompliziert und aufwendig war wie heute die Anlage eines Rasens in einem großen Fußballstadion. Man konnte natürlich lokale, d.h. billigere, Sandvorkommen nutzen, während der beste Sand eigens aus Ägypten importiert werden musste.[60] Für die dabei anfallenden Kosten habe ich lediglich ein verwertbares Zeugnis aus Italien zur Hand.[61] Demnach sollte ein Lieferant acht Sesterzen erhalten, um einen relativ kleinen Platz für Ringer mit neuem Sand auszustatten. Für eine komplette Arena, in der man Gladiatoren kämpfen ließ, dürfte demnach ein deutlich höherer Betrag angefallen sein. Dabei kann ich nicht sagen, wie oft der Sand während mehrtägiger Spiele ersetzt werden musste, weil er durch Blut oder Exkremente verschmutzt war.

Ein regelmäßiger Bestandteil der Feierlichkeiten war eine große Prozession, bei der man die Bilder der Kaiser oder der Gottheiten, denen der Agon oder auch die *ludi* gewidmet waren, von ihrem üblichen Aufbewahrungsort zur Spielstätte (Theater, Stadion) transportiert wurden. Wie man die Bilder dabei transportierte, kann man nicht schlüssig sagen. Es wäre allerdings denkbar, dass man die lebensgroßen Bilder auf einer Trage oder einem *ferculum* trug, während kleinere bzw. leichtere Bilder (Protomen und auch Holzbilder) von Komasten oder Sebastophoren getragen wurden.[62]

Die Kosten der *venationes* waren unterschiedlich hoch, da dies vor allem von der Herkunft der verwendeten Tiere abhing. Solange man sich auf wilde Tiere wie Bären, Wildschweine oder Löwen beschränkte, die man in den regionalen Wäldern Kleinasiens fangen konnte, oder lediglich wilde Stiere aus den lokalen Viehherden einsetzte, war dies ein vergleichsweise billiges Vergnügen. Die Einbeziehung des überregionalen Handels mit wilden Tieren, vor allem wenn diese Tiere dazu über die Außengrenzen des Imperium Romanum importiert werden mussten, dürfte die Kosten hingegen erheblich gesteigert haben. In einem solchen Fall fielen z.B. 25 Prozent

---

[59] Vgl. das Material bei R.C. BEACHEM, Spectacle; K.M. COLEMAN, Charades. Wertvoll wegen der Details ist der Kommentar von L. Robert zur Passio der Perpetua, vgl. L. ROBERT, vision.

[60] Plut. Alexander 40,1: Leonnatos lässt den Sand für seinen Trainingsplatz mit einer Kamelkarawane aus Ägypten bringen. Suet. Nero 45,1: *nam et forte accidit, ut in publica fame Alexandrina navis nuntiaretur pulverem luctatoribus aulicis advexisse.* „Es trug sich durch Zufall zu, dass während einer allgemeinen Hungersnot ein Schiff aus Alexandria gemeldet wurde, das Sand für die Ringer im kaiserlichen Palast gebracht haben sollte."

[61] J. D'ARMS, Memory.

[62] D. FISHWICK, Cult 268–273.

Außenhandelszoll an, die auf die eigentlichen Anschaffungskosten aufgeschlagen wurden.[63]

Auch hier gab es Möglichkeiten, zu hohe Beschaffungskosten zu reduzieren. Da das römische Militär in der Lage war, durch eigene Jagdkommandos Tiere für *venationes* zu beschaffen, konnte man sich durch besonders gute Kontakte zum Kaiserhof Möglichkeiten der Kosteneinsparung eröffnen, wenn man Tiere verwenden durfte, die von den Kaisern aus ihren Beständen abgegeben wurden.

Ein zumindest für das damalige Publikum wichtiger Faktor, den wir vor allem aus den pompeianischen Wandinschriften kennen, war die Bereitstellung von großen Sonnensegeln, die man an Schiffsmasten aufspannen konnte und dann dem Zuschauerraum entsprechenden Schatten spenden konnte.[64] Abgesehen von den einmalig anfallenden Anschaffungskosten für die aus Leinen bestehenden Segel und die große Holzkonstruktion mussten hier auch noch die Personalkosten für die Bedienungsmannschaften getragen werden.

In der Hauptstadt Rom, die in dieser Hinsicht wie so oft privilegiert war, wurde diese Bedienung kostenfrei durch Matrosen der *classis praetoria* aus Misenum übernommen, die man dazu eigens nach Rom abkommandiert hatte.[65] An den übrigen Spielorten musste dies wohl der Veranstalter übernehmen.

Und ganz zuletzt ein Bereich, dem wir einen großen Teil unserer Kenntnisse von den Agonen verdanken: die vielen Ehrenstatuen und -inschriften, die für Sieger bei Agonen errichtet wurden. Hier scheint der spielleitende Beamte, also der *archiereus*, in der Regel die Kosten für die Anfertigung und die Aufstellung übernommen zu haben.

## 4. Laufende Finanzierung der Kaiserkultbezirke und Agone

Die Grundfinanzierung für den laufenden Betrieb der jeweiligen Kultzentren wurde durch regelmäßige Beiträge der Mitgliedsgemeinden gewährleistet, was in den wirtschaftlich guten Zeiten zu Beginn der römischen Kaiser-

63 Vgl. dazu F. BERTRANDY, Remarques. Besonders wichtig für den Import von Tieren aus dem nordafrikanischen Raum, wobei die Frage des Transsaharahandels bis in den Bereich des Tschad noch genauer zu prüfen wäre. Dig. 39,4,16,7 nennt mehrere Arten von wilden Tieren (*leones, leaenae, pardi, leopardi, pantherae*), die ins Imperium importiert wurden.

64 R. GRAEFE, Vela.

65 Außerdem kennen wir aus Rom eine eigene staatliche Verwaltung der Theaterausstattungen (CIL XIII 1807 = ILS 1330: *logistes thymelae*), deren genaue Aufgaben immer noch nicht befriedigend geklärt sind.

zeit wohl relativ unproblematisch war.[66] In der Krisenzeit des 3. Jh. hat sich dieses Bild schon deutlich geändert, da wir von einer Vielzahl an provinzialen Kaiserkultzentren ausgehen müssen, während sich gleichzeitig die wirtschaftlichen Rahmenbedingungen deutlich verschlechtert hatten. Dies wird durch ein Schreiben Kaiser Valerians an die Gemeinde Philadelphia vom 18. Januar 253 bestätigt:[67]

[... nachdem Euer] Gesandter, seine Exzellenz und ... unser [Freund] ... über den Beschluß (des Landtages der Provinz Asia) gesprochen hatte, verlangte er, ... daß wir die Stadt von den Beitragszahlungen für die [Erz]priesterstellen und die Panegyrarchenämter befreien, da es der Stadt früher vergönnt war, zu den Metropolen selbst gezählt zu werden ...

Was hier allerdings völlig unklar bleibt, ist der Eigenanteil, den die *archiereis* aus ihrem eigenen Vermögen für die Spiele zusteuern mussten. Da uns aus der Provinz Asia leider die entsprechenden Zeugnisse fehlen, muss man in diesem Fall auf einen Leistungskatalog aus Ankyra, der Hauptstadt der Provinz Galatia, zurückgreifen, der in die Regierungszeit von Kaiser Tiberius gehört.[68]

Die galatischen Priester des vergöttlichten Augustus und der Göttin Roma.

(Unter ...)

1.) ...

2.) [Kas]tor, der Sohn des Königs Brigatos. Er gab eine Volksspeisung, stiftete vier Monate lang Öl, gab Schauspiele und Gladiatorenkämpfe von 30 Paaren und veranstaltete Schaujagden auf Stiere und wilde Bestien.

3.) Rufius. Er gab eine Volksspeisung, Schauspiele und eine Schaujagd.

Unter Metilius

4.) Pylaimenes, der Sohn des Königs Amyntas. Er gab zwei Volksspeisungen und zweimal Schauspiele; er veranstaltete einen gymnischen Agon und ein Rennen von Wagen und Pferden, gleicherweise einen Stierkampf und eine Schaujagd, er spendete der Stadt Salböl und schenkte Grundstücke, wo das Augusteum ist, und wo die Festversammlung stattfindet und das Wagenrennen.

5.) Albiorix, der Sohn des Ateporix. Er gab eine Volksspeisung und stiftete die Standbilder des Kaesar und der Iulia Augusta.

6.) Amyntas, der Sohn des Gaizatodiastos. Er gab zweimal Volksspeisungen, opferte

66 Vgl. P. HERZ, Herrscherverehrung. Das Finanzierungssystem der Landtage ist weithin unerforscht, obwohl die Inschrift OGIS 544 = E. BOSCH, Quellen Nr. 105 für den galatischen Landtag interessante Einblicke liefert.

67 AE 1957, 19 = H. FREIS, Inschriften Nr. 147.

68 E. BOSCH, Quellen Nr. 51.

eine Hekatombe, er gab Schauspiele und eine Getreidespende von 5 modii pro Kopf [ca. 35–40 kg].

7.) [...]eias, der Sohn des Diognetos.

8.) Albiorix, der Sohn des Ateporix, zum zweiten Mal. Er gab eine Volksspeisung.

Unter Fronto

9.) Metrodoros, der Sohn des Menemachos, der geborene Sohn des Dorylaos. Er gab eine Volksspeisung und stiftete vier Monate hindurch Salböl.

10.) Musanos, der Sohn des Artiknos. Er gab eine Volksspeisung.

11.) [...], der Sohn des Seleukos. Er gab eine Volksspeisung und spendete vier Monate lang Salböl.

12.) Pylaimenes, der Sohn des Königs Amyntas. Er gab eine Volksspeisung für die drei Völker, dem (Volk) in Ankara opferte er eine Hekatombe, er gab Schauspiele und eine Pompe, sowie einen Stierkampf, Stierfänge und Gladiatorenkämpfe von 50 Paaren. Während des ganzen Jahres spendierte er den drei Völkern Salböl. Er gab einen Tierkampf.

Unter Silvanus

13.) [Ga]llios. Er gab eine Volksspeisung in Pessinus, Gladiatorenkämpfe von 25 Paaren und in Pessinus von 10 (Paaren), er spendete den beiden Völkern Salböl das ganze Jahr hindurch und stiftete ein Kultbild in Pessinus.

14.) Seleukos, der Sohn des Philodamos. Er gab den beiden Städten zweimal Volksspeisungen, spendete den beiden Völkern Salböl während des ganzen Jahres und gab Schauspiele.

15.) Iulius Pontikus. Er gab eine Volksspeisung, opferte eine Hekatombe und spendete Salböl während des ganzen Jahres.

16.) Aristokles, der Sohn des Albiorix. Er gab eine Volksspeisung und spendete Salböl während des ganzen Jahres.

Unter Basila

17.) Quintus Gallius Pulcher. Er gab zweimal Volksspeisungen und opferte in Pessinus eine Hekatombe, er spendete den beiden Völkern Salböl während des ganzen Jahres.

18.) Philonides, Sohn des Philonides. Er gab eine Volksspeisungen, opferte eine Hekatombe und spendete Öl während des ganzen Jahres.

19.) ...

20.) ...

21.) ...

22.) [...] stiftete den Altar für die Opfer.

23.) Pylaimenes, der Sohn des Menas. Er gab eine Volksspeisung für beide Völker, opferte eine Hekatombe, gab Gladiatorenkämpfe von 30 Paaren und spendete Salböl während des ganzen Jahres.

Daneben dürfte ein wichtiger Teil der laufenden Finanzierung des Kultbetriebes über Stiftungskapitalien abgewickelt worden sein, die man der Verwaltung der Gemeinde oder des Landtages anvertraut hatte. Dies konnten Geldbeträge sein, die der Landtag dann gegen einen festgelegten Zins langfristig auslieh. In der zweiten Variante dürfte man dem Landtag Immobilien (Gebäude oder im Ertrag stehendes Acker- oder Rebland) übereignet haben, deren Erträge anschließend zweckgebunden verwendet werden konnten.[69] Für beide Varianten haben wir aus Kleinasien Beispiele, wobei die entsprechenden Inschriften aus Aphrodisias besonders aufschlussreich sind.[70]

Eine weitere Einnahmemöglichkeit, die sich vor allem bei einer archäologischen Analyse des flavischen Kaiserkultzentrum von Ephesos fast aufdrängt, ist die Verpachtung von Teilen des Tempelgeländes. Die heute noch nachweisbaren Räumlichkeiten in den Substruktionen des Tempels konnten z.B. an Handwerker oder Händler verpachtet werden, deren Zahlungen dann an den Landtag gingen, in dessen Verantwortung der Tempel stand. Am ehesten wären hier Händler denkbar, deren Waren in einem engeren Zusammenhang mit dem Kultbetrieb standen, also Verkäufer von Weihrauch, Kränzen oder Opferkuchen. In ähnlicher Manier könnten auch durchaus die Portiken auf der eigentlichen Tempelterrasse genutzt worden sein. Dies bedeutet, dass man durchaus das bekannte Beispiel der Händler vom Jahwe-Tempel in Jerusalem als Analogon heranziehen könnte. Daher repräsentierten Händler in einem Tempelbezirk sicherlich keine schändliche Ausnahme, sondern dürften für die großen Tempel eher die Regel gewesen sein.

## 5. Wer konnte finanziell vom Kaiserkult profitieren?

Welchen konkreten finanziellen Nutzen konnten die Gemeinden für sich reklamieren, die für sich das Privileg erkämpft hatten, Sitz eines Kultzentrums für den provinzialen Kaiserkult zu sein. Um dies zu verstehen, muss man etwas ausholen. Das Monumentum Ephesenum, eine große Inschrift aus neronischer Zeit mit dem Zollgesetz der *provincia Asia*, registriert für die Stadt Pergamon eine Steuerbefreiung (*ateleia*) von der Zahlung des Provinzialzolls, weil die Stadt Austragungsort des großen Agons

69 Immer noch grundlegend: B. LAUM, Stiftungen.

70 C. ROUECHÉ, Performers.

der Rhomaia Sebasta war.[71] Dieser Agon ist mit dem allerersten Kultzentrum in Pergamon verbunden, das noch zu Lebzeiten des Augustus eingerichtet wurde.[72]

Dieselben (Konsuln) fügten (folgenden Zusatz) an: Was der Imperator Caesar Augustus entschied, als [Gesandte] im gemeinsamen Namen von Asia von ihm [Steuerfreiheit für die Rhomaia Sebasta] erbaten, (was er) gewährte und (wozu) er schriftlich Bescheid gab, damit [zu Pergamon während der Pent]teteris [der Rhomaia Sebasta] Abgabenfreiheit für dreißig Tage herrsche, [und was er (ferner) entschied und den Gesandten gewährte und (wozu) er schriftlich Bescheid gab, [daß ... Elai]a mit Abgabenfreiheit seines Hafens ausgenommen sei, (so) soll niemand für Sachen, die importiert und eingeführt wurden, Zoll zahlen müssen sei es unter dem Namen ‚Zollabgabe' [oder unter sonstigem Titel, noch soll j]ener, der nach dem Zollgesetz die Vollmacht hat, [Zoll] eintreiben auf Sachen, welche in jenen Tagen importiert [oder hereingebracht ... wurden;] das Übrige (regelt sich) nach dem Gesetz, Jahr für Jahr (vgl. Anm. 71).

Mit einer solchen befristeten Konzession sollten die Mitwirkenden und Besucher, die bei ihrer Anreise die Grenzen eines Binnenzollbezirks, in diesem Fall des asianischen Zolles, überschreiten mussten, gefördert werden, denn die dadurch entstehenden Ausfälle trug der römische Staat.[73]

Dies bedeutete aber nicht, dass im Gegenzug zwingend auch die organisierende Gemeinde ersatzlos auf die Erhebung ihrer entsprechenden lokalen Gebühren verzichten musste. Mit anderen Worten, sie konnte auch in der Zeit des Festes weiterhin die lokalen Torzölle, Markt- und Verkaufsgebühren erheben, die von der großen Zahl der Mitwirkenden an die Gemeindekasse abgeführt werden mussten. Dass solche Steuerbefreiungen des Zentralstaates auch noch für andere Veranstaltungen des Kaiserkultes galten, wird durch eine große Inschrift für den Sophisten und Rhetor Antonios Polemo von Smyrna aus hadrianischer Zeit[74] und einen Brief Caracallas an die Stadt Ephesos bestätigt.[75]

In beiden Fällen wird ausdrücklich die Gewährung einer *ateleia* vermerkt. Man kann daher fast vermuten, dass dies eine regelmäßig zugestandene Konzession des römischen Staates für alle großen Festlichkeiten des Kaiserkultes war. Dabei kann man allerdings nicht sagen, ob dies eine automatische Konzession war oder ob man jeweils eine Gesandtschaft an den Kaiser schicken musste, um eine solche Befreiung zu erhalten.

---

[71] H. ENGELMANN/D. KNIBBE, Zollgesetz 125–129, § 57. Die neue kommentierte Gesamtausgabe von Oxford 2008 lag mir bei der Abfassung des Manuskriptes leider noch nicht vor.

[72] P. HERZ, Geschichte.

[73] Zu den römischen Binnenzöllen vgl. zuletzt J. FRANCE, Galliarum.

[74] IGRR IV 1431 = CIG 3148. Zur Person des Antonius Polemon: S. FEIN, Beziehungen 236–241. Für den sozialen Hintergrund vgl. G. ANDERSON, Sophistic.

[75] L. ROBERT, inscriptions.

Sicherlich lieferte das Streben der großen Städte oder *metropoleis*, durch möglichst viele Veranstaltungen des Kaiserkultes die *Nummer Eins* in ihrer Provinz zu werden, einen wichtigen Grund für die enorme Konkurrenz zwischen den Städten, die sich um die Ausrichtung eines Agons des Kaiserkultes bemühten.[76] Daneben gab es aber auch andere und wesentlich prosaischere Gründe. Denn es konnte sich durchaus lohnen, Heimat eines überregional attraktiven Agons zu sein. Diese finanziellen Vorteile für die *metropoleis* deuten sich z.B. in dem bereits erwähnten und inschriftlich tradierten Brief Kaiser Valerians an die Stadt Philadelphia an, wo es um u.a. um die von dieser Stadt zu zahlenden Beiträge für die *archiereis* und die Panegyriarchen geht.[77]

Dabei muss man feststellen, dass bei der Genehmigung eines neuen Kaiserkultzentrums, das in der Verantwortung einer Provinziallandtages stehen sollte, gerade die größeren Gemeinden dieser Provinz eindeutig bevorzugt waren. Dies wird durch eine durch Tacitus überlieferte Diskussion im Senat deutlich, die sich dort an der Frage entzündete, welche Gemeinde in tiberischer Zeit den zweiten Kaiserkultbezirk der Provinz Asia erhalten sollte.[78] Dabei wurden einige der miteinander konkurrierenden Städte wie Hypaipa, Tralleis, Laodikeia am Lykos und Magnesia am Maiandros fast sofort aus dem Rennen genommen. Denn diese Gemeinden waren nach Ansicht der Senatoren viel zu klein bzw. sie besaßen keine ausreichende Wirtschaftskraft, um die notwendige Infrastruktur für ein solches Zentrum und die dort zu organisierenden Feierlichkeiten bereitzustellen (*simul tramissi ut parum validi*).

Doch auch für die aktiv Mitwirkenden an den Agonen, seien es jetzt dionysische Techniten oder Athleten, gab es nicht zu verachtende rechtliche Privilegien, die uns vor allem aus Papyri bekannt sind. Demnach waren Künstler und Athleten in zwei großen Vereinigungen organisiert, die nach außen als Kultorganisationen des Gottes Dionysos bzw. des Gottes Herakles auftraten. Schirmherr war in beiden Fällen der römische Kaiser höchstpersönlich, der auch regelmäßig die beträchtlichen juristischen Privilegien dieser Organisationen erneuerte.[79]

---

[76] Für den Kampf um die πρωτεία: vgl. L. ROBERT, titulature, zur Konkurrenz der beiden führenden Städte Nikaia und Nikomedeia in Bithynien.

[77] Brief Valerians: AE 1957, 19 = H. FREIS, Inschriften Nr. 147: „...daß wir die Stadt von der Beitragszahlung für die [Erz]priesterstellen und die Panegyrarchenämter befreien, da es der Stadt früher vergönnt war, zu den Metropolen selbst gezählt zu werden."

[78] Tac. ann. 4,55–56. Die ausführliche Behandlung dieser Episode durch Tacitus wird verständlicher, wenn man bedenkt, dass er in dem Amtsjahr 112/113 als *proconsul Asiae* amtierte. Vgl. zu diesen Gesandtschaften auch G. ZIETHEN, Gesandte.

[79] P. FRISCH, Papyri 1–13.

Hinzu kommt eine weitere Gruppe von Vorteilen, in diesem Fall finanzieller Art. Besonders illustrativ ist dabei ein Fall, den wir aus den Papyri kennen. Die ägyptische Stadt Hermopolis hatte für diejenigen unter ihren Mitbürgern, die in mindestens einem heiligen Agon einen Sieg errungen hatten, die Zahlung einer lebenslangen Pension in Aussicht gestellt, wobei die Zahlung mit dem Datum einsetzte, an dem dieser Sieg errungen worden war.[80] Dies ist keine Entwicklung der Kaiserzeit, sondern offensichtlich fester Bestandteil des Festbetriebs, denn bereits Solon hatte attischen Bürgern für einen Olympia-Sieg geldwerte Privilegien in Aussicht gestellt.[81] Die spätere Bezeichnung dieser Ehrensoldzahlungen als *opsonion* oder *Frühstück* scheint zumindest terminologisch an die attische Ehre anzuknüpfen, Olympiasieger zu den Speisungen im Prytaneion einzuladen.

In vielen griechischen Gemeinden brachte der Sieg in einem lokalen Agon für den Gewinner auch fast automatisch das Bürgerrecht oder sogar die Aufnahme in den lokalen Ratsherrenstand mit sich.[82] Wenn man sich daran erinnert, wie hartnäckig griechische Städte selbst in der römischen Kaiserzeit immer noch ihr lokales Bürgerrecht verteidigten oder vor allem den Zugang zu ihren Rat zu kontrollieren versuchten, dann war dies schon eine enorme Konzession, die natürlich auch wirtschaftliche Konsequenzen hatte.[83] Denn in vielen griechischen Gemeinden scheint das Recht des Immobilienerwerbs an den Besitz des Bürgerrechtes geknüpft gewesen zu sein.[84]

Wie sahen die Impulse für die lokale Wirtschaft aus? Nach den bereits vorgestellten Überlegungen zur Zahl der benötigten Opfertiere ist davon auszugehen, dass die regionale Viehzucht, ebenso wie der Viehhandel in großem Umfang von solchen Festen profitieren konnte. Ob es spezialisierte Züchter gab, die nur Opfertiere züchteten, vermag ich nicht zu entscheiden, doch dürfte generell ein großer Teil der Rinder, die in den Handel kamen, als Opfertier verkauft worden sein.

Daneben dürfte auch das Gast- und Hotelgewerbe mit seinen verschiedenen Abstufungen sehr profitiert haben. Wenn man die Zeiträume für einige der großen Agone nimmt, die die neuen hadrianischen Kaiserbriefe aus

---

[80] Select Papyri II (LCL) Nr. 306 = Corpus Papyrorum Hermopolitanorum I, 52–56 col. IV. Weitere Aufschlüsse sind durch die noch nicht publizierte Trierer Habilitationsschrift „Der römische Kaiser und das Land am Nil. Kaiserverehrung und Kaiserkult in Alexandria und Ägypten von Augustus bis Caracalla (30 v.Chr.–217 n.Chr.)“ von S. Pfeiffer zu erwarten.

[81] Plut. Solon 23,3.

[82] Vgl. etwa L. MORETTI, Inscrizioni Nr. 79 = IG XIV 1102 = IGRR I 153: „Ratsherr von Alexandria, Hermopolis, Puteoli, Neapolis und Elis und Athen und Bürger und Ratsherr von vielen anderen Städten“.

[83] Dazu vgl. G.E.M. DE STE.CROIX, Class 455, zu Dion Chrys. 34,21–23, daneben auch die Materialien G.E.M. DE STE.CROIX, Class 523–533.

[84] Wie so oft sind wir in diesem Punkt am besten über die Verhältnisse in Athen informiert.

Alexandreia Troas nennen, die z.B. für die Hadrianeia in Smyrna eine Spieldauer von vierzig Tagen ansetzen, dann dürften in der fraglichen Zeit alle nur erdenklichen Unterkünfte in der Gemeinde überfüllt gewesen sein.[85] Dies betraf vor allem die einfacheren Teile der potentiellen Gäste, denn die wohlhabenderen Besucher dürften dank ihrer guten sozialen Verbindungen kaum ein gewöhnliches Gasthaus frequentiert haben, sondern dürften eher bei Freunden mit den entsprechend ausgestatteten Stadthäusern untergekommen sein.

Welche weiteren Bereiche der lokalen Wirtschaft konnten aber neben der Hotelerie, dem Gaststättengewerbe, dem Lebensmittelhandel und sicherlich auch der Prostitution von solchen Festivitäten profitieren? Um mit einem gern übersehenen Bereich zu beginnen: der Blumenhandel bzw. der Handel mit Kränzen. Es war üblich, sich zu solchen Feierlichkeiten zu bekränzen, was fast ein vorgeschriebener Teil des festlichen *outfits* war.[86] Deswegen konnte auch ein Rigorist wie Tertullian die Christen unter den Blumenhändlern tadeln, denen er wegen ihres Geschäftes Beihilfe zum Götzendienst, also zur Idololatrie, vorwarf.

Ein anderer Wirtschaftsbereich ist für einen modernen Beobachter weniger überraschend, die Herstellung und der Verkauf von Devotionalien und Andenken. Welche Bedeutung dieser Teil haben konnte, ist hinreichend durch den Aufstand der ephesischen Silberschmiede bekannt, die durch die christliche Mission den Absatz ihrer silbernen Tempelchen gefährdet sahen (Apg 19,23–40). Silberne Devotionalien dürften allerdings den oberen Bereich der Möglichkeiten in der Materialwahl repräsentieren. Die Masse der Andenken dürfte wahrscheinlich aus einfacher Keramik gefertigt worden sein, dafür spricht zumindest das Bild der Archäologie. Dabei kann man an kleine Statuetten, möglicherweise aber auch Öllämpchen mit einschlägigen Motiven denken.

Je nachdem, an welchem Ort die Provinzialspiele abgehalten wurden, konnten auch ausgewählte Teile des Transportwesens profitieren. Im Falle von Ephesos dürften viele Einzelbesucher, aber auch viele Delegationen den Seeweg gewählt haben, um die Stadt zu erreichen. Wie viele Repräsentanten der Mitgliedsgemeinden sich jeweils auf den Weg machten, muss völlig spekulativ bleiben.

Ein ganz besonderer Punkt, der auch in der Fachliteratur bisher noch nicht recht behandelt wurde, betrifft die anschließende Weiterverwertung der Opfertiere, nachdem die für die Götter bestimmten Teile ausgesondert und auf einem Brandopferalter verbrannt worden waren.[87] Sicherlich wur-

---

85 G. PETZL/E. SCHWERTHEIM, Hadrian.

86 M. BLECH, Studien.

87 Für die Möglichkeiten bei der Aufteilung des Opferfleisches vgl. I.v.Ephesos 10.

den Teile des Fleisches im Anschluss an das Opfer von den anwesenden Gläubigen in einem gemeinsamen Kultmahl verzehrt.[88] Andere Partien, die man am ehesten mit dem Fleischanteil der Priester identifizieren kann, konnten anschließend auf dem lokalen Fleischmarkt verkauft werden.[89] Was aber geschah mit den restlichen Teilen der Opfertiere, also vor allem dem Fell und den Knochen, die keine Abfälle darstellten, sondern wertvolle Rohstoffe für die lokale Wirtschaft liefern konnten?

In diesem Zusammenhang darf man zunächst einmal vermuten, dass bei den großen Festen des Kaiserkultes, die vom *koinon* von Asia organisiert wurden, im Verlauf von zwei oder drei Wochen mehrere hundert Stiere oder Kühe geopfert wurden. Diese Tiere wurden wahrscheinlich von den meisten der anreisenden Delegationen nicht aus ihrer Heimat mitgebracht, sondern mussten erst vor Ort auf dem Viehmarkt angekauft werden. Also ein gesicherter und planbarer Teil des regionalen Viehhandels.

Die wahrscheinlichste Lösung für die Entsorgung wäre, dass nach dem Opfer und der Zerlegung der Tiere auch die Felle und Knochen in die Verfügungsgewalt der amtierenden Priester übergingen, der sie an daran interessierte Handwerker oder Händler verkaufen konnte. Dies wären Vertreter der Lederherstellung, aber auch der weiterverarbeitenden Berufe.[90] Aus den anfallenden Knochen konnte man nicht nur Knochenleim herstellen, sondern auch Rohstoffe für Berufe wie den Knochen- oder Beindreher gewinnen.[91]

Selbst für den einfachen Zuschauer solcher Schauspiele gab es, wenn man einmal von dem ästhetischen oder emotionalen Gewinn absieht, auch sehr konkret fassbare Vorteile. Die Möglichkeit bei dieser Gelegenheit kostenfrei eine größere Fleischportion zu erhalten, haben wir bereits angesprochen. Doch diese Feierlichkeiten boten auch für die vermögenderen Schichten einer Gemeinde eine ausgezeichnete Gelegenheit, sich der Öffentlichkeit als vorbildliche Mitbürger zu präsentieren und das zu demonstrieren, was in der damals gültigen Terminologie als *Wohltätigkeit* (*euergesia*) oder *Menschenfreundlichkeit* (*philanthropia*) bezeichnet wurde.[92] Unter diese Stichworte fällt auch das, was in vielen Inschriften aus dem lateinischen Westen unter dem summarischen Stichwort „Verteilung

---

88 Dieses Fleisch wurde wahrscheinlich in großen Kesseln gekocht. Küchenanlagen in Tempeln werden noch gelegentlich erwähnt.

89 Zu den Problemen, die sich durch den Verkauf von Opferfleisch auf dem offenen Markt für Christen ergeben konnten, vgl. G. SCHÖLLGEN, Ecclesia 89–98.

90 Liste bei H. V. PETRIKOVITS, Spezialisierung, bes. 123 f., wobei unsicher ist, was die einzelnen Berufsbezeichnungen im Detail bedeuten. Jetzt auch K. RUFFING, Spezialisierung, mit weiterem Material.

91 Vgl. E. SCHMID, Beindrechsler.

92 P. HERZ, Art. Philanthropie (Philanthropinismus), in: RGG$^4$ VI (2003) 1266–1267. Vgl. in diesem Sinne auch die Leistungen der Provinzialpriester aus Ankyra (vgl. Anm. 68).

von *crustulum et mulsum*" auftaucht, also die kostenlose Verteilung von Kuchen und süßem Wein.[93]

Welche Mengen von kostenlosem Wein bei solchen Gelegenheiten zur Verteilung kommen konnten, kann man bestenfalls in den Dimensionen abschätzen, da die Zahlen zum antiken Weinkonsum relativ spekulativ sind. Wenn man allerdings die Verbrauchszahlen heranzieht, die wir aus der Vereinsordnung des *collegium* der *cultores Dianae et Antinoi* aus Lanuvium bei Rom kennen, dann kommen wir auf einen Betrag von ca. sieben bis zehn Liter pro Kopf, die bei solchen Gelegenheiten bereitgestellt wurden.[94]

Aufschlussreich sind in diesem Fall die Nachrichten zu den Feierlichkeiten für den Regierungsantritt Hadrians.[95]

... (Demos) Χαίροντες
τοιγαροῦν θύοντες τάς ἑστίας
ἀπάντωμεν, γέλωσι καὶ μέ-
θαις ταῖς ἀπὸ κρήνης ...

(Lasst uns fröhlich sein, lasst uns unsere Herde für das Opfer entzünden, ergeben wir uns dem Gelächter und dem Wein aus dem Brunnen ...)[96]

Der zur Verteilung kommende Kuchen wurde wahrscheinlich in speziellen Modeln gebacken, die wir aus einigen archäologischen Kontexten kennen.[97] Daher können wir vermuten, dass es sich um Kuchen handelte, die mit Bildern geschmückt waren und die in ihrer Motivauswahl durchaus auf den Zweck der gefeierten Festen Bezug nehmen konnten. Dafür sprechen Modeln mit Abbildungen mit palmentragenden Viktorien oder Niken, Wagen aus dem Bereich des Circus oder auch Szenen aus Gladiatorenkämpfen.[98]

Wie sich reiche Mitbürger bei solchen öffentlichkeitswirksamen Gelegenheiten ins Zeug werfen konnten und was dabei alles an Leistungen mög-

---

[93] Nützliche, aber sicherlich nicht erschöpfende Zusammenstellung von Material bei S. MROZEK, distributions.

[94] CIL XIV 2112 = ILS 7212; vgl. dazu auch E. EBEL, Attraktivität 12–75. Jedes Mitglied hatte bei seinem Eintritt eine *vini boni amphora* zu spenden, d.h. etwa 30–35 Liter. Bei den Festen des Vereins hatten die *magistri cenarum* für jeweils vier Mitglieder eine Amphore mit Wein bereitzustellen, also pro Person zwischen 7,5 und fast 9 Liter Wein. Da man aber bei der antiken Weingewinnung eher auf die Menge und weniger auf die Qualität des Weines achtete (es werden in der antiken Literatur immerhin Hektarerträge von 40 000 Liter überliefert), dürfte der Alkoholanteil deutlich niedriger als heute gewesen sein.

[95] G.D. DUNDAS, Pharaoh 225–227, nach P.Oxy. Nr. 3782, und vor allem dem von W.D. GRAY, Light, bes. 22, vorgelegte Papyrus aus Apollinopolis Heptanomias. Vgl. auch P. ARZT-GRABNER/R.E. KRITZER/A. PAPATHOMAS/F. WINTER, 1 Kor 317–327, zu 1 Kor 8,1–11,34 mit reichem Material zu den Festgewohnheiten in Ägypten.

[96] Engl. Übers. bei G.D. DUNDAS, Pharao 227, nach P. PESTMANN, Primer, 141.

[97] P. HERZ, Brotstempel.

[98] Vgl. auch Art. Gebildebrote, in: Handwörterbuch des deutschen Aberglaubens III (1927) 373–405.

lich war, verdeutlicht sehr anschaulich eine Inschrift des 1. Jh. aus der Gemeinde Akraphiai in Boiotien, die unlängst von A. Chaniotis ausführlich kommentiert wurde.[99]

Und nachdem er den Göttern und den Augusti einen Stier geopfert hatte, veranstaltete er ununterbrochen Verteilungen von Opferfleisch und Mittagessen und Proben von süßem Wein und Abendessen gruppenweise (? κατὰ τάξεις) vom zwanzigsten bis zum dreißigsten Tag; und seine Frau Noti[.]a lud an allen Mittagessen auch die Kinder der Bürger und die erwachsenen Sklaven, auch die Frauen der Bürger und die Mädchen und die erwachsenen Sklavinnen. Er vernachlässigte auch nicht jene, die Zelte (σκηνῖται) eingerichtet und durch ihre Teilnahme dem Fest Glanz gegeben haben; denn er lud sie privat aufgrund schriftlicher Vorankündigung zum Mittagessen ein, was kein Mensch in der Vergangenheit getan hatte, weil er wollte, dass kein Mensch von der Teilhabe an seiner Großzügigkeit ausgeschlossen wird. Während der Aufführungen des thymelischen Wettkampfes [des dramatischen Wettkampfs im Theater] spendete er süßen Wein an alle Zuschauer, auch an jene, die aus den Städten gekommen waren; er ließ ferner große und aufwendige Geschenke auswerfen, so dass man von seinen Ausgaben auch in den Nachbarstädten redete.

Meine Ausführungen können natürlich nicht eine auf statistischen Materialien basierende Untersuchung eines modernen Wirtschaftshistorikers ersetzen. Doch sie sollten ausreichend gewesen sein, zumindest eine Vorstellung erstens von der Komplexität des antiken Festbetriebs und zweitens dem Umfang der dabei ein- und umgesetzten Geldmengen zu geben.

---

99 A. CHANIOTIS, Konkurrenz 73, zu der Inschrift SEG 30, 1073.

## Literatur

J.P. ADAM, Roman Building. Materials and Techniques, London 1994.

G. ANDERSON, The Second Sophistic. A Cultural Phenomenon in the Roman Empire, London 1993.

P. ARZT-GRABNER/R.E. KRITZER/A. PAPATHOMAS/F. WINTER, 1. Korinther (Papyrologische Kommentare zum Neuen Testament 2) Göttingen 2006.

R.C. BEACHAM, Spectacle Entertainments of Early Imperial Rome, New Haven 1999.

A. BÉLIS, Les musiciens dans l'antiquité, Paris 1999.

F. BERTRANDY, Remarques sur le commerce des bêtes sauvages entre l'Afrique du Nord et l'Italie (IIe s.av.J.-C. – IVe s.ap.J.-C.), in: MAH 99 (1987), 211–241.

M. BLECH, Studien zum Kranz bei den Griechen (RVV 34), Berlin 1982.

E. BOSCH, Quellen zur Geschichte der Stadt Ankara im Altertum (Türk Tarih Kurumu yayinlarindan, Seri 7/46), Ankara 1967.

A. BRENT, Ignatius of Antioch and the Second Sophistic (Studien und Texte zu Antike und Christentum 36), Tübingen 2006.

H.-G. BUCHHOLZ, Der Werkstoff Holz und seine Nutzung im ostmediterranen Altertum, Weilheim/Obb. 2004.

A. CHANIOTIS, Konkurrenz und Profilierung von Kultgemeinden im Fest, in: J. Rüpke (Hg.), Festrituale. Diffusion und Wandel im römischen Reich (Studien und Texte zu Antike und Christentum 48), Tübingen 2008, 67–87.

K.M. COLEMAN, Fatal Charades. Roman Executions Staged as Mythological Enactments, in: JRS 80 (1990) 44–73.

J. D'ARMS, Memory, Money, and Status at Misenum. Three New Inscriptions from the Collegium of the Augustales, in: JRS 90 (2000) 126–144.

G.E.M. DE STE.CROIX, The Class Struggle in the Ancient Greek World from the Archaic Age to the Arab Conquests, London 1981, Repr. London 1983.

J. DELAINE, The Insula of the Paintings. A Model for the Economics of Construction in Hadrianic Ostia, in: A. Gallina Zevi/A. Claridge (Hg.), ‚Roman Ostia' Revisited. Archaelological and Historical Papers in Memory of Russell Meiggs, Rom 1996, 165–184.

–, The Baths of Caracalla. A Study in the Design, Construction, and Economics of Large-Scale Building Projects in Imperial Rome (Journal of Roman Archaeology Suppl. 25), Portsmouth (RI) 1997.

K.F. DÖRNER, Der Erlaß des Statthalters von Asia Paullus Fabius Persicus, Greifswald 1935.

H.-W. DREXHAGE, Wirtschaftspolitik und Wirtschaft in der römischen Provinz Asia von der Zeit von Augustus bis zum Regierungsantritt Diokletians (Asia Minor Studien 59), Bonn 2007.

R. DUNCAN-JONES, The Economy of the Roman Empire. Quantitative Studies, Cambridge ²1982.

G.D. DUNDAS, Pharaoh, Basileus and Imperator. The Roman Imperial Cult in Egypt, Ph.D. Thesis, Los Angeles 1993.

E. EBEL, Die Attraktivität früher christlicher Gemeinden. Die Gemeinde von Korinth im Spiegel griechisch-römischer Vereine (WUNT 178), Tübingen 2004.

H. ENGELMANN/D. KNIBBE, Das Zollgesetz der Provinz Asia. Eine neue Inschrift aus Ephesos, in: Epigraphica Anatolica 14 (1989) 1–206.

S. FEIN, Die Beziehungen der Kaiser Trajan und Hadrian zu den litterati, Stuttgart/Leipzig 1994.

D. FISHWICK, Statues Taxes in Roman Egypt, in: Historia 38 (1989) 335–347.

–, The Imperial Cult in the Latin West. Studies in the Ruler Cult of the Western Provinces of the Roman Empire III/3 (Religions in the Graeco-Roman World 147), Leiden 2004.

J. FRANCE, Quadragesima Galliarum. L'organisation douanière des provinces alpestres, gauloises et germaniques de l'empire romain (Ier s.av.J.-C. – IIIe s.ap.J.-C.), Rom 2001.

H. FREIS, Historische Inschriften zur römischen Kaiserzeit (TzF 49), Darmstadt 1984.

S.J. FRIESEN, Twice Neokoros. Ephesus, Asia and the Cult of the Flavian Imperial Family (Religions in the Greco-Roman World 116), Leiden 1993.

P. FRISCH, Zehn agonistische Papyri (PapyCol 13), Opladen 1986.

R. GRAEFE, Vela erunt. Die Zeltdächer der römischen Theater und ähnliche Konstruktionen, Mainz 1979.

W.D. GRAY, New Light from Egypt on the Early Reign of Hadrian, in: AJSL 40 (1923) 14–29.

C. HABICHT, New Evidence on the Province of Asia, in: JRS 65 (1975) 64–91.

H. HÄNLEIN-SCHÄFER, Veneratio Augusti. Eine Studie zu den Tempeln des ersten römischen Kaisers, Rom 1985.

N. HANNESTAD, Roman Art and Imperial Policy, Aarhus 1986.

U. HEIMBERG, Gewürze, Weihrauch, Seide. Welthandel in der Antike, (Kleine Schriften zur Kenntnis der römischen Besetzungsgeschichte Südwestdeutschlands 27), Stuttgart 1981.

H. HEINEN, Herrscherkult im römischen Ägypten und damnatio memoriae Getas. Überlegungen zum Berliner Severertondo und zu Papyrus Oxyrhynchus XII 1449, in: MDAI.R 98 (1991) 263–298.

P. HERZ, Der Brotstempel von Eisenberg, in: Donnersberg Jahrbuch 2 (1979) 83–86.

–, Claudius Abascantus aus Ostia. Die Nomenklatur eines libertus und sein sozialer Aufstieg, in: ZPE 76 (1989) 167–174.

–, Herrscherverehrung und lokale Festkultur im Osten des römischen Reiches (Kaiser/Agone), in: H. Cancik/J. Rüpke (Hg.), Römische Reichsreligion und Provinzialreligion, Tübingen 1997, 239–264.

–, Sacrifice and Sacrificial Ceremonies in the Roman Army of the Imperial Period, in: A.I. Baumgarten (Hg.), Sacrifice in Religious Experience (Numen 93), Leiden 2002, 81–100.

–, Neuere Forschungen zum Festkalender der römischen Kaiserzeit, in: H. Cancik/K. Hitzl (Hg.), Die Praxis der Herrscherverehrung in Rom und seinen Provinzen, Tübingen 2003, 47–67.

–, Zur Geschichte des römischen Kaiserkultes in Kleinasien. Das Ende der Kultorganisation für die cives Romani, in: G. Heedemann/E. Winter (Hg.), Neue Forschungen zur Religionsgeschichte Kleinasiens (Asia Minor-Studien 49), Bonn 2003, 133–148.

B. LAUM, Stiftungen in der griechischen und römischen Antike. Ein Beitrag zur antiken Kulturgeschichte. Bd.1–2, Leipzig 1914, Repr. Aalen 1964.

M. MAISCHBERGER, Marmor in Rom. Anlieferung, Lager- und Werkplätze in der Kaiserzeit (Palilia 1), Wiesbaden 1997.

D. MARTINEZ/K. LOHS/J. JANZEN, Weihrauch und Myrrhe. Kulturgeschichte und wirtschaftliche Bedeutung. Botanik – Chemie – Medizin, Stuttgart 1989.

L. MORETTI, Iscrizioni agonistiche greche, Rom 1953.

S. MROZEK, Les distributions d'argent et de nouriture dans les villes italiennes du Haut-Empire romain (CollLat 198), Brüssel 1987.

W.M. MÜLLER, Weihrauch. Ein arabisches Produkt und seine Bedeutung in der Antike, München 1978.

T. PEKÁRY, Das römische Kaiserbildnis in Staat, Kult und Gesellschaft dargestellt anhand der Schriftquellen, Berlin 1985.

P. PESTMANN, The New Papyrological Primer, Leiden 1990.

H. V. PETRIKOVITS, Die Spezialisierung des römischen Handwerks, in: H. Jankuhn/W. Janssen/R. Schmidt-Wiegand/H.Tiefenbach (Hg.), Das Handwerk in vor- und frühgeschichtlicher Zeit, Bd. 1: Historische Beiträge und Untersuchungen zur Frühgeschichte der Gilde (AAWG.PH 122), Göttingen 1981, 63–132.

G. PETZL/E. SCHWERTHEIM, Hadrian und die dionysischen Künstler. Drei in Alexandria Troas neugefundene Briefe des Kaisers an die Künstlervereinigung (Asia Minor Studien 58), Bonn 2006.

S. PRICE, Rituals and Power. The Roman Imperial Cult in Asia Minor, Cambridge 1984.

W. RADT, The Urban Development of Pergamon, in: D. Parrish (Hg.), Urbanism in Western Asia Minor. New Studies on Aphrodisias, Ephesos, Hierapolis, Pergamon, Perge and Xanthos, (Journal of Roman Archaeology Suppl. 45), Portsmouth (RI) 2001, 43–56.

C. RATTÉ/T. HOWE/C. FOSS, An Early Imperial Pseudo-Dipteral Temple at Sardis, in: AJA 90 (1986) 45–68.

L. ROBERT, Les gladiateurs dans l'Orient grec, Paris 1940, Repr. Amsterdam 1971.

–, Le culte de Caligula à Milet et la province d'Asie, in: Hell(P) 7 (1949) 206–238.

–, Sur des inscriptions d'Ephèse. Fêtes, athlètes, empereur, épigramme, in: Revue Philologique 41 (1967) 7–84 = Ders., Opera Minora Selecta V. Épigraphie et antiquités grecques, Amsterdam 1989, 347–424.

–, La titulature de Nicée et de Nicomédie: la gloire et la haine, in: HSCP 81 (1977) 1–39 = Ders., Opera Minora Selecta VI. Épigraphie et antiquités grecques, Amsterdam 1989, 211–249.

–, Le serpent Glycon d'Abônouteichos à Athènes et Artémis d'Ephèse à Rome, in: CRAI 125 (1981), 513–535 = Ders., Opera Minora Selecta V. Épigraphie et antiquités grecques, Amsterdam 1989, 747–769.

–, Une vision de Perpétue martyre à Carthage en 203, in: CRAI 126 (1982) 229–276 = Ders., Opera Minora Selecta V. Épigraphie et antiquités grecques, Amsterdam 1989, 791–839.

C. ROUECHÉ, Performers and Partisans at Aphrodisias (JRS Monographs 6), London 1992.

K. RUFFING, Die berufliche Spezialisierung in Handel und Handwerk. Untersuchungen zu ihrer Entwicklung und zu ihren Bedingungen in der römischen Kaiserzeit im östlichen Mittelmeerraum auf der Grundlage griechischer Inschriften und Papyri, Bd. 1, (Pharos 24), Rahden, Westf. 2008.

J. RÜPKE, Zur Ökonomie römischer Priesterschaften, in: Ders., Fasti sacerdotum. Die Mitglieder der Priesterschaften und das sakrale Funktionspersonal römischer, griechischer, orientalischer und jüdisch-christlicher Kulte in der Stadt Rom von 300 v.Chr. bis 499 n.Chr. (Potsdamer Altertumswissenschaftliche Beiträge XII/3), Stuttgart 2005, 1457–1471.

A.E. SAMUEL, Greek and Roman Chronology. Calendars and Years in Classical Antiquity, München 1972.

J. SCHEID, Recherches archéologique à la Magliana. Commentarii fratrum arvalium qui supersunt. Les copies épigraphiques des protocolles annuels de la confrérie arvale (21 av.J.-C. – 304 ap.J.-C.), Paris 1998.

H. SCHLANGE-SCHÖNINGEN, Die römische Gesellschaft bei Galen, Berlin 2003.

E. SCHMID, Beindrechsler, Hornschnitzer und Leimsieder im römischen Augst, in: E. Schmid/L. Berger/P. Bürgin (Hg.), Provincialia. (FS R. Laur-Belart), Basel 1968, 185–197.

G. SCHÖLLGEN, Ecclesia sordida? Zur Frage der sozialen Schichtung frühchristlicher Gemeinden am Beispiel Karthagos zur Zeit Tertullians (JAC.E 12), Münster 1984.

M.K. THORNTON/R.L. THORNTON, Julio-Claudian Building Programs. A Quantitative Study in Political Management, Waucanda (IL) 1989.

J. WEISS (Hg.), Opus caementitium. Neue Bautechnik der Römer, o.O. 2003.

M. WÖRRLE, Stadt und Fest im kaiserzeitlichen Kleinasien. Studien zu einer agonistischen Stiftung aus Oinoanda, München 1988 (Vestigia 39).

P. ZANKER, Augustus und die Macht der Bilder, München 1987.

G. ZIETHEN, Gesandte vor Kaiser und Senat. Studien zum römischen Gesandtschaftswesen zwischen 30 v.Chr. und 117 n.Chr., St. Katharinen 1994 (Pharos 2).

Babett Edelmann-Singer

# Die Provinzen und der Kaiserkult

## Zur Entstehung und Organisation des Provinziallandtages von Asia

### 1. Einleitung

Das politische und gesellschaftliche Umfeld der Offenbarung stand im Mittelpunkt jenes Workshops, der Ausgangspunkt des vorliegenden Sammelbandes war. Ein Schwerpunktthema bildete dabei der Kaiserkult der Provinz Asia, seine Organisation und Öffentlichkeitswirksamkeit. Die Autorin hat es sich zur Aufgabe gemacht, ebenfalls einen historischen Zugang zum Verständnis des Phänomens Kaiserkult zu liefern, der sich von der organisatorischen Seite nähert. Im Mittelpunkt steht jene Institution, die den provinzialen, also überregionalen Kaiserkult organisierte, der so genannte Landtag der Provinz Asia, *koinon tes Asias*. Vor allem geht es dabei um die Frage nach dem Ursprung und der Entstehungsgeschichte dieser Institution, also zwei Punkte, die Rückschlüsse auf die Intention ergeben, welche die römische Administration mit der Einrichtung des Provinziallandtages hatte. Gleichzeitig lässt sich aber auch zeigen, wie sich die Provinzbewohner der Institution des *koinon tes Asias* bedienten, um ihre Interessen gegenüber der römischen Macht zu formulieren und durchzusetzen. Wir haben es hier also mit einem Spannungsfeld aus Politik und Religion zu tun, das sich über mindestens ein Jahrhundert formiert, bevor es in einen Konflikt mit dem Christentum gerät.

### 2. Zum Begriff des Provinziallandtages

Der deutsche Begriff des Provinziallandtages, mit dem wiedergegeben wird, was im Griechischen *koinon*, im Lateinischen *concilium* heißt, impliziert für den modernen Betrachter zwei Dinge: erstens, dass es sich dabei um eine gewählte Vertretung aller Provinzbewohner handelt; zweitens, dass hier die politischen Interessen dieser Provinzbewohner eine administrative Umsetzung erfahren, dass der Landtag von Asia also ein nach innen gerichtetes parlamentarisches Organ der Provinz ist. Beides trifft nicht zu. Vielmehr ist der Provinziallandtag reichsweit gesehen einmal politisches Instrument der herrschenden Macht Rom, eine Mittlerinstanz und ein Multiplikator, der die rudimentäre römische Administration ergänzt. Er ist aber hauptsächlich das Instrument der Provinzbewohner, um als administrative Untereinheit des Reiches mit Rom und seinen Bevollmächtigten in Verbindung zu treten. Nun findet diese Verbindungsaufnahme in erster Linie – zumindest bei den regelmäßig stattfindenden Terminen der Provinziallandtage und abgesehen von den selten belegten Gesandtschaften – in einem religiösen Rahmen statt. Man kann also von einem „religiösen Grundcharakter der ganzen Institution" sprechen.[1] Mit der Übernahme des Kaiserkultes ist der Provinziallandtag ein religiöser Verein. Wir haben es hier mit einer Kult-Gemeinschaft zu tun, an deren Spitze ein Priester steht, die sich regelmäßig, meist jährlich, zu Opfern und Spielen trifft und deren Mitglieder derselben geographischen Verwaltungseinheit des römischen Reiches angehören. Das Besondere an diesem Verein ist, dass seine Mitglieder keine Personen, sondern Städte sind, die abgeordnete Vertreter entsenden. Das ist die Theorie.

In der Praxis war der Provinziallandtag selbstverständlich eine enorm politische Größe, die ein beachtliches wirtschaftliches und fiskalisches Potential hatte. Er war das einzige Organ, durch das die Provinzbewohner als Ganzes auftreten und sprechen konnten. Gerade in einer neu entstandenen Provinz wie Asia hatte das *koinon* natürlich auch einen ganz starken identitätsstiftenden Bezug. Vor Einrichtung der Provinz besaß dieses heterogene Territorium lediglich in der Person des attalidischen Herrschers ein verbindendes Moment. Sein Wegfall 133 v.Chr. hinterließ eine Lücke, die gefüllt werden musste. Dies dürfte in Asia relativ schnell geschehen sein, denn bereits in einer der frühesten Inschriften nach der Gründung der Provinz aus dem Jahr 125/121 v.Chr. wird von einheimischer Seite mit der geographisch-administrativen Bezeichnung Asia gearbeitet, also die römische Terminologie übernommen.[2]

Spricht man von der Vertretung der Provinzbewohner, muss man sich natürlich vor Augen halten, dass wir es bei *koina* wie *concilia* mit Vertreterversammlungen der Eliten zu tun haben. Die Prosopographie zeigt sehr deutlich, dass an der für uns meist nur fassbaren Spitze der Landtage genau jene Personen zu finden sind, die einerseits in ihren Herkunftsstädten die lokale Elite stellten – und das nicht selten schon über Generationen –, die aber andererseits auch über Klientel- und Patronatsverbindungen vielfältig mit der römischen Staatsspitze verbunden sind. Insofern ist die Einrichtung eines Provinziallandtages nichts anderes als die Institutionalisierung und

---

1 So bereits E. KORNEMANN, Art. Concilium, in: PRE IV/1 (1900) 801–830.

2 Vgl. die Menodoros-Inschrift bei M. WÖRRLE, Pergamon 544, Z. 18: ὄντος ἐν τῆι ᾿Ασίαι Μανίου τε ᾿Ακυλλίου στρατ[η][γοῦ] ῾Ρωμαίων καὶ δέκα πρεσβευτῶν (als der römische Konsul Manius Aquilius und die zehn Legaten in Asia waren).

Kanalisierung bestehender Beziehungen, die aber gewiss einen Mehrwert für Rom auf der einen und die Provinzialen auf der anderen Seite hatte.

## 3. Vorbilder und Modelle

Das *koinon tes Asias* hat seine Wurzel – darin ist sich die Forschung einig – in den Städtebünden des griechischen Ostens der klassischen und hellenistischen Zeit.[3] Von einem Prototyp kann man allerdings bei den *koina* des griechischen Mutterlandes nicht sprechen. In keinem Fall kann man in einem einzelnen vorrömischen Städtebund all jene typischen Merkmale der kaiserzeitlichen Provinziallandtage finden oder einen von den Römern als Vorbild definierten und übernommenen Bund ausmachen. Viel eher weist die strukturelle Gestaltung vorrömischer und römischer *koina* Gemeinsamkeiten auf.[4] Offensichtlich boten die vorrömischen *koina* jene Anknüpfungspunkte, die für eine Herrschaftsübernahme und territoriale Neustrukturierung wichtig und nützlich waren. Vor allem als Träger des hellenistischen Herrscherkultes scheinen die griechischen Städtebünde eine Integrationskraft entwickelt zu haben, die in römischer Zeit fortgeführt bzw. wieder aufgegriffen wurde. Neuere Untersuchungen zum hellenistischen Königskult und seiner Festkultur haben die Kontinuitäten zwischen dem hellenistischen Herrscherkult und dem römischen Kaiserkult deutlich herausgearbeitet.[5]

Es ist also eine begründete Schlussfolgerung, die Kontinuitäten auch in der Trägerstruktur, also bei den Verantwortlichen zu vermuten. Eine chronologische Beschreibung der historischen Entwicklung in den ersten beiden vorchristlichen Jahrhunderten vom hellenistischen Städtebund zum Provinziallandtag von Asia, wie wir ihn dann in der Kaiserzeit finden, ist aufgrund der dürftigen Quellenlage sehr schwierig. Die Quellen lassen es allerdings zu, mögliche und denkbare Szenarien der Entstehung bzw. Übernahme von Landtagen zu beschreiben. Im Folgenden soll gezeigt werden, wie die we-

---

[3] Vgl. P. GUIRAUD, assemblées 37–50. Guiraud unterscheidet für die Ursprünge der kaiserzeitlichen Institution zwischen den „assemblées antérieures à la conquête romaine“, also den griechischen Städtebünden der klassischen und hellenistischen Zeit, den „assemblées anciennes, modifiées par les Romains“ und den „assemblées créées par les Romains“. Vgl. dazu auch die relativ knappen Anmerkungen bei J. DEININGER, Provinziallandtage 7–12.

[4] Vgl. auch dazu J. DEININGER, Provinziallandtage 10f. Die Analyse der vorkaiserzeitlichen Ursprünge bleibt hier sehr knapp.

[5] Vgl. C. MILETA, Arme; DERS., Kulte. Mileta setzt sich intensiv mit der Zwischenstufe der „proromischen Kultfeste der Republik“ auseinander. Er definiert dabei den Begriff der „proromischen Kulte“ als „alle Kulte und Spiele, welche die Städte sowie der so genannte Landtag von Asia für die Stadt Rom, den *populus Romanus* oder den Senat, für römische Feldherren und Amtsträger sowie für die *Thea Rhōmē*, lateinisch *Dea Roma*, eingerichtet haben“ (ebd. 139).

nigen überlieferten Reste zu einem möglichen Bild sinnvoll und unter umfassender Betrachtung der komplexen historischen und politischen Gesamtsituation zusammengefügt werden können. Im Mittelpunkt steht dabei die Frage, unter welchen politischen Bedingungen die Einrichtung des asianischen *koinon* am wahrscheinlichsten ist.

## 4. Die Einrichtung des asianischen *koinon*

### 4.1 Epigraphische und literarische Quellen

Die Forschung geht in der Regel von einer Entstehung des asianischen *koinon* bzw. einer Vorform, die noch nicht die Bezeichnung *koinon* trug, in den frühen 90er Jahren des ersten Jahrhunderts v.Chr. aus. Hier taucht der Provinziallandtag zum ersten Mal als Veranstalter der *Mukieia* auf, jener Spiele, die für den Provinzstatthalter Q. Mucius Scaevola während oder kurz nach seiner Amtszeit[6] eingerichtet wurden. Zwei Briefe des Scaevola an Ephesos und Sardes erwähnen Wettkämpfe, die zu seinen Ehren eingerichtet wurden.[7] Weitere drei Inschriftenfragmente erwähnen die Spiele und die Institution, die sie einrichtet. Es handelt sich dabei um eine Inschrift an einer Statuenbasis des Scaevola in Olympia, wo er wiederum von den Städten und Stämmen Asiens geehrt wird.[8] Dieselbe Organisation ehrt auch einen Mann namens Herostratos, Sohn des Dorkalion, auf einer Inschrift aus Poemanenum;[9] in Pergamon ehrt sie einen gewissen Agenor, Sohn des Demetrios.[10] In einer weiteren Inschrift aus Tralleis ehren die Städte Asiens (οἱ ἐν τῆι ᾿Ασίαι δῆμοι) eine Priesterin der Artemis.[11] Bereits früh ist vermutet worden, dass es sich bei dieser Bezeichnung um eine Vorform jener

---

[6] Die Amtszeit des Q. Mucius Scaevola als Statthalter von Asia ist umstritten. Zwei Daten werden in der Regel diskutiert: Man geht entweder von einem Aufenthalt in Asia nach der Prätur 98/97 v.Chr. aus (so schon J.P.V.D. BALSDON, Mucius; seine Argumente wurden aufgegriffen von B.A. MARSHALL, Date, und jüngst wieder unterstrichen von R. KALLET-MARX, Asconius, und F. DAUBNER, Bellum 261) oder man datiert die Statthalterschaft in die Zeit nach dem Konsulat, also in das Jahr 94/93 v.Chr. (so D. MAGIE, Rule 1064, und E. BADIAN, Mucius).

[7] [τῶν ἐν τῆ]ι φιλίαι κριθέ[ντων] δήμων τε καὶ ἐ[θνῶν ψηφισαμέ]νων τιθέναι θυμ[ε]λικοὺς κ[α]ὶ [γυμνικοὺς ἀγῶ]να<ς> πενταετηρι[κοὺ] (OGIS 437; R.K. SHERK, Documents Nr. 47). Diese Angaben werden durch Ciceros zweite Rede gegen Verres bestätigt, in der er im Zusammenhang mit den Spielen für Verres in Sizilien auf die *Mucia* zu sprechen kommt (Cic. Verr. 2,2,51: *Mithridates in Asia, cum eam provinciam totam occupasset, Mucia non sustulit*.).

[8] οἱ ἐν τῆι ᾿Ασίαι δῆμοι καὶ τὰ ἔθνη καὶ οἱ κατ᾿ ἄνδρα κεκριμένοι ἐν τῆι πρὸς Ῥωμαίους φιλίαι (OGIS 439 = I.v.Olympia 327, weitgehende Ergänzung des Textes nach der Ehreninschrift für Herostratos in OGIS 438, vgl. Anm. 9).

[9] OGIS 438.

[10] OGIS 438, Anm. 1.

[11] A. HAUVETTE-BESNAULT/M. DUBOIS, 348.

Organisation handelt, die uns nur ca. zwanzig Jahre später als *koinon* entgegentritt.[12] Diese erste explizite Erwähnung des „*koinon* der Griechen Asiens“ (κοινὸν τῶν ἐπὶ τῆς 'Ασίας 'Ελλήνων [Z. 24]), bzw. „*koinon* der Griechen“ (κοινὸν τῶν 'Ελλήνων [Z. 4.21f.]) findet sich in einem Beschluss eben dieser Institution des *koinon*, zwei Bürger der Stadt Aphrodisias für ihre Verdienste um die Interessen der Griechen Asiens zu ehren. Diese Ehrung stammt wohl aus dem Jahr 71 v.Chr.[13] Die Geehrten sollen Bronzestatuen mit Inschriften folgenden Wortlauts erhalten: οἱ ἐν τῆι 'Ἀ σίαι δῆμοι καὶ τὰ ἔθνη ἐτίμησαν Διονύσιον καὶ 'Ιεροκλῆν [τοὺς 'Ιάσονο]ς τοῦ Σκύμνου καταρθωσαμένος τὰ μέγιστα ἀρετῆς ἕνεκεν (Die Städte Asiens und die Stämme haben Dionysios und Hierokles [...] geehrt für ihre Verdienste wegen ihrer großen Tugenden).[14] Im eigentlichen Text des Dekretes spricht die Institution also von sich selbst als „*koinon* der Hellenen (Asiens)“, während in der Inschrift für die Geehrten als ehrende Institution die Städte[15] und Stämme Asiens auftreten. Für die unterschiedliche Benennung des Provinziallandtages gibt es zwei mögliche Erklärungen: Entweder besaß dieses Gremium in dieser frühen Zeit keinen eindeutigen Namen, weil es nicht als administrative oder juristische Größe definiert war, oder – und dies scheint die wahrscheinlichere Erklärung zu sein – die Bezeichnung *koinon* existierte als offizielle Selbstbezeichnung[16] sehr wohl, wie die Ehreninschrift aus 71 v.Chr. zeigt, wenn man aber nach außen in Erscheinung trat, betonte man, die Stimme aller Städte und Stämme Asiens zu sein.[17] Die Nennung der einzelnen Gruppen, die den Landtag bildeten, muss hier sicher als Betonung dieser einzelnen Bestandteile gesehen werden. Dafür spricht auch die Ehreninschrift des Provinziallandtages für Caesar aus dem Jahr 48 v.Chr.[18] Allerdings wird die Nennung der das *koinon* konstituierenden Gruppen (Städte und Stämme) in diesem Fall um die griechischen Städte

---

[12] Vgl. C.G. BRANDIS, Schreiben 512–516.

[13] Vgl. T. DREW-BEAR, décrets. Drew-Bear datiert diese erste Erwähnung des *koinon* überzeugend in die sullanisch-lucullische Reformphase.

[14] T. DREW-BEAR, décrets 444, Z. 28f.

[15] Vgl. C. MILETA, Kulte 151. Mileta interpretiert hier den Begriff δῆμοι als Bezeichnung für die indigenen Städte. Dies wirft allerdings die Frage auf, ob die πόλεις in jenen epigraphischen Zeugnissen, in denen sie nicht explizit genannt werden, auch nicht unter dieser Bezeichnung subsummiert werden. Bedeutet dies, dass die griechischen Poleis, die erst im Ehrendekret für Caesar 48 v.Chr. neben den δῆμοι καὶ τὰ ἔθνη genannt werden (vorausgesetzt die Ergänzung der δῆμοι ist korrekt), vorher nicht zum *koinon* gehörten, also nicht inkorporiert waren?

[16] Vgl. auch J.-L. FERRARY, Rome 23. Ferrary erwägt hier die Möglichkeit, die erst seit 71 v.Chr. zu findende Bezeichnung „Hellenen“ deute auf eine Neustrukturierung des Provinziallandtages unter Sulla hin. Er interpretiert, dass erst mit der Reform der Provinz nach dem Mithradatischen Krieg die vorher unabhängigen griechischen Städte abhängig wurden und in die Koinon-Struktur eingegliedert wurden.

[17] Vgl. dazu auch T. DREW-BEAR, décrets 464–466.

[18] Syll.$^{3}$ 760; I.v.Ephesos 251.

erweitert: αἱ πόλεις αἱ ἐν τῆι Ἀσίαι και οἱ [δῆμοι] καὶ τὰ ἔθνη.[19] Die explizite Nennung der griechischen Städte lässt sich möglicherweise durch die politische Situation 48 v.Chr. begründen. Caesar erreicht im Spätsommer dieses Jahres nach seinem entscheidenden Sieg im Bürgerkrieg über Pompeius bei Pharsalos die Stadt Ephesos und wurde von den Vertretern der Städte ängstlich erwartet; hatten die meisten Städte Asiens sich doch notgedrungen auf die Seite des Pompeius geschlagen. Caesar aber ließ auch hier seine berühmte Milde walten und verzichtete nicht nur auf eine Bestrafung der Städte, sondern verteilte auch alte Privilegien wie politische Freiheit und Steuerimmunität. Die Nennung der *poleis* scheint diese wiedergewonnene Freiheit der Griechenstädte nochmals zu betonen. Es ist daneben aber auch denkbar, dass die griechischen Städte erst zu einem Zeitpunkt zwischen 71 und 48 v.Chr. Mitglieder des *koinon* werden.[20]

Für die Annahme, dass die institutionelle Selbstbezeichnung bereits früh *koinon* war, spricht ebenfalls die Tatsache, dass zwei aus republikanischer Zeit überlieferte offizielle Schreiben an den Provinziallandtag diesen Terminus gebrauchen. Es handelt sich dabei einmal um eine inhaltlich nicht näher erschließbare Anordnung des Propraetors von Asia Q. Minucius Q. f. Thermus aus dem Jahr 50/51 v.Chr.[21] Er richtet sein Schreiben an das „*koinon* der Griechen" (τὸ κοινὸν τῶν Ἑλλήνων) sowie weitere neun Städte der Provinz. Die Städte – ganz offensichtlich die *conventus*-Zentren[22] – und das *koinon* sollen dabei als Multiplikatoren für das Schreiben dienen und gleichzeitig seine Aufbewahrung in den Archiven garantieren. Das zweite Schreiben eines römischen Offiziellen der Republik an das *koinon* ist das Reskript des Triumvirn Marcus Antonius an das „*koinon* der Griechen von

---

[19] Vgl. D. MAGIE, Rule 450. Magie geht offensichtlich aufgrund der divergierenden Bezeichnung davon aus, dass es sich hier um eine andere Organisation handelt als jene, die für Mucius Scaevola Spiele einrichtete: „The dedicators appear to have constituted an organization similar to that of the 'people and tribes in Asia', which in the early part of the century honoured the governor Mucius Scaevola and other worthies." (ebd.)

[20] Vgl. dazu die interessante Idee einer sullanischen Umstrukturierung bei J.-L. FERRARY, Rome 22, Anm. 16. Eine Interpretationshilfe kann hier auch das sog. Zollgesetz der Provinz Asia liefern. Jene Inschrift ist neben der Ehreninschrift für Caesar der einzige Beleg für die Dreigliederung in αἱ πόλεις, δῆμοι und ἔθνη. Offensichtlich geht diese Gliederung auf die administrative Einteilung des attalidischen Reiches zurück, die die Römer bei Einrichtung der Provinz übernommen haben: „Es ist merkwürdig, daß diese drei Elemente bereits in jenem Gesetz genannt waren, mit welchem Rom das attalidische Erbe eingliederte. Sie dienten in diesem Gesetz dazu, das Erbe in seinen einzelnen Teilen genau zu beschreiben. Man darf daraus wohl schließen, daß die Gliederung ἔθνη, πόλεις und δῆμοι in der Verwaltungsstruktur des pergamenischen Reiches bereits vorgegeben war." (H. ENGELMANN/D. KNIBBE, Zollgesetz 73f.).

[21] Vgl. R.K. SHERK, Documents Nr. 52. Deiningers Annahme, es handele sich hier um die erste Erwähnung des asianischen *koinon*, kann nach dem Erscheinen des Ehrenbeschlusses für die beiden Bürger von Aphrodisias aus 71 v.Chr. (T. DREW-BEAR, décrets) nicht aufrecht erhalten werden.

[22] Vgl. C. HABICHT, Evidence 63–91; C. MILETA, Vorgeschichte 427–444.

Asia“ (τῶι κοινῶι τῶν ἀπὸ τῆς 'Ασίας Ἑλλήνων) aus dem Jahr 41 v.Chr.[23] Dieses Schreiben befasst sich mit Privilegien, die der asianischen Künstlervereinigung in Ephesos gewährt werden und weist damit bereits früh darauf hin, dass dem *koinon* ein agonistischer Aufgabenbereich zugeordnet war, es also – wie die *Mukieia* bereits in den 90er Jahren des ersten vorchristlichen Jahrhunderts andeuten – von seiner frühesten Phase an Spiele und Feste der Provinz unter seiner Kontrolle hatte und organisierte, und dass es bereits vor der Einrichtung des Kaiserkultes die Aufsicht führende Instanz über die Agone und Künstlervereinigungen der Provinz war.[24]

Die Benennung des Provinziallandtages hängt also maßgeblich davon ab, in welchem Kontext sie steht. Die Frage, ab wann der Provinziallandtag der Provinz Asia existierte, lässt sich folglich nicht an dem Erscheinen des Begriffes *koinon* festmachen.[25] Mit der Einrichtung der *Mukieia* für Scaevola beweist die Organisation der Provinzialen bereits am Beginn des ersten Jahrhunderts v.Chr., dass sie die Kompetenzen für die Provinzspiele besaß. Gleichzeitig schickten die Städte und Stämme Asias gemeinsam Abgesandte nach Rom und ehrten als Ganzes die Vertreter Roms mit Spielen und Statuen – also kultisch. Der Landtag fungierte ferner als Ansprechpartner und Verteilungsorgan für Anordnungen römischer Autoritäten. Letzte Zweifel an der Tatsache, dass es verschiedene Bezeichnungen für den Provinziallandtag gegeben hat, beseitigt das Ehrendekret für Dionysios und Hierokles aus Aphrodisias, in dem der Landtag selbst zwei unterschiedliche Bezeichnungen verwendet. Bei der Beantwortung der Frage, wann und unter welchen Umständen die Institution ins Leben gerufen wurde, ist die Diskussion um die Terminologie also nicht entscheidend. Sie zeigt aber zumindest, dass die Verwendung des Begriffes *koinon* nicht maßgeblich für die Frage des Entstehungszeitraumes ist.

Es scheint aber hilfreich, einige weitere literarische Quellen für die Frühzeit des *koinon* heranzuziehen, um die Hintergründe seiner Entstehung näher zu beleuchten.

Neben Scaevola hatte die Provinz mindestens zwei weiteren römischen Amtsträgern Spiele eingerichtet: Aus der Verteidigungsrede Ciceros für den jüngeren L. Valerius Flaccus geht hervor, dass seinem Vater, L. Valerius Flaccus, in seiner Eigenschaft als Proprätor der Provinz Asia in den 90er Jahren des ersten Jahrhunderts v.Chr. *dies festi atque ludi*[26] gestiftet wur-

---

[23] R.K. SHERK, Documents Nr. 57, der überzeugend für die Datierung in die frühe Phase des Triumvirats plädiert.

[24] Vgl. G. PETZL/E. SCHWERTHEIM, Hadrian 50f. mit Anm. 126.

[25] Zu dieser Diskussion vgl. u.a. C.G. BRANDIS, Schreiben 513f; D. MAGIE, Rule 447f.; R.K. SHERK, Documents 292; T. DREW-BEAR, décrets 464–466.

[26] Cic. Flacc. 55.

den.[27] Die Gelder, die für die Finanzierung dieser Spiele hinterlegt wurden, bringt der jüngere Flaccus 63 v.Chr. als Proprätor der Provinz widerrechtlich an sich. Cicero versucht, den eigentlichen Raub des Geldes juristisch zu bemänteln, indem er einen Erbanspruch konstruiert, der sich aus dem Privatrecht herleite. Tatsächlich handelte es sich bei den in Tralleis hinterlegten Geldern aber wohl um eine Stiftung, wie wir sie aus dem privaten Stifterrecht[28] kennen. Die Städte Asiens übergaben der Stadt Tralleis bestimmte Summen, die von Tralleis verwaltet und als Kapitaleinlagen (Geld oder Land) angelegt wurden. Aus den Zinsen finanzierte man die Spiele. Solche Stiftungen zur Finanzierung von Festspielen der Herrscher sind bereits aus der hellenistischen Zeit bekannt.[29] Aus diesem recht simplen Finanzierungsmodell zu schlussfolgern, dass es an Personal und organisatorischer Kontinuität im *koinon* fehlte, wäre allerdings falsch. Vielmehr stellt man bei Betrachtung der finanziellen Regelungen in der Kaiserzeit ganz ähnliche Prinzipien und Modelle fest, muss also davon ausgehen, dass auch das kaiserzeitliche *koinon*, das zwar auf einen zahlenmäßig größeren Mitarbeiterstab zurückgreifen konnte, doch trotzdem stets überschaubar blieb, an diesem Modell festhielt. Der Rückschluss, einfaches Finanzierungsmodell, weil fehlende organisatorische Basis, ist also nicht zulässig.

Die Cicero-Rede *pro Flacco* bietet einen weiteren interessanten Aspekt. Man muss sich fragen, wer hinter der Anklage, die von einem römischen Advokaten vertreten wird, steht. Cicero spricht zunächst (27–33) von Anklagepunkten, die von *communi totius Asiae* vorgetragen werden und bei den in Tralleis hinterlegten Geldern von *pecunia a tota Asia*; dann werden aber auch Anklagepunkte einzelner Gemeinden (*singulas civitates*) angeführt, u.a. Tralleis, die sich über den Raub der Gelder für den Kult des älteren Flaccus beschweren. Vermutlich tritt bereits im Jahr 59 v.Chr. die Provinz Asia als Ankläger auf. Eine Parallele zur Anklage gegen den berüchtigten Verres scheint gegeben, allerdings lässt sich an keiner Stelle nachweisen, dass das *commune Siciliae* hier als klagende Institution auftrat. Möglicherweise beauftragte der Landtag der Provinz Asia auch bereits in der ersten

---

27 Vgl. D. ERKELENZ, Cicero.

28 Um eine solche Stiftung handelte es sich beispielsweise bei den Demostheneia in Oinoanda (vgl. M. WÖRRLE, Stadt).

29 I.v.Didyma 488; vgl. auch D. ERKELENZ, Cicero 50f. mit Anm. 37. Erkelenz hat überzeugend dargelegt, dass diese Art der Finanzierung der Spiele aus den Angaben bei Cicero rekonstruierbar ist. Er zieht daraus den Schluss, dass dieses wenig aufwendige Finanzierungsmodell auch zum Charakter des *koinon* in dieser Zeit (90er Jahre des 1. Jh.v.Chr.) als einer Organisation, bei der „feste Strukturen und zentrale Institutionen noch weitgehend fehlten“ (ebd. 53), passen würde. Hier ist allerdings die Annahme zugrunde gelegt, das *koinon* sei noch im Entstehen begriffen gewesen.

Hälfte des ersten Jahrhunderts v.Chr. Juristen, um die Angelegenheiten der griechischen Bewohner zu vertreten.[30]

Weiterhin berichtet Plutarch in seiner Lucullus-Vita über Spiele für den Statthalter L. Licinius Lucullus im Jahr 71 v.Chr., den *Luculleia*[31], die ihm die Städte der Provinz aus Dankbarkeit einrichteten.

Etwa um das Jahr 50 v.Chr. können wir aus einem Bericht Strabons zum ersten Mal einen Asiarchen[32] namentlich fassen: Ein Mann namens Pythodoros aus Tralleis, ein enger Freund des Pompeius, dessen Familie sich in den Mithradatischen Kriegen als besonders romtreu erwiesen hat und dessen Vater bereits im Stab des Statthalters C. Cassius (89/88 v.Chr.) zu finden war.[33]

Ferner ist bereits in dieser frühen Phase des Provinziallandtages von institutionalisierten Gremien und Funktionsträgern die Rede.[34] Mit der Publikation der Ehreninschrift aus Aphrodisias im Jahr 1972 durch Drew-Bear, kann man in diesem Punkt wesentlich deutlicher werden. Hier ist die Rede von mehreren Vorsitzenden (πρόεδροι) und einem Sekretär (γραματεύς [sic!]), die offensichtlich dem *koinon* nicht nur präsidieren, sondern auch ein gewisses Vorschlagsrecht bzw. Vorberatungsrecht besitzen.

Alles in Allem tritt uns also spätestens im Jahr 71/70 v.Chr. eine Organisation entgegen, die sowohl in ihrem inneren Aufbau als auch in ihren Aufgaben, Rechten und in Fragen der Finanzierung keineswegs eine „Vorstufe" oder ein „informeller" „überregionaler Kultverband"[35] ist, sondern „eine feste Organisation mit einem Synhedrion und mit Festspielen"[36]. Ob es bereits zu diesem frühen Zeitpunkt einen Oberpriester (*archiereus*) an der Spitze gab, muss offen bleiben, allerdings verfügte der Provinziallandtag über Beamte und Funktionäre, die Beschlüsse des Landtages vorbereiteten und der Vertreterversammlung Vorschläge unterbreiteten, sowie über eine gemeinsame Kasse, deren Gelder zumindest im Fall der Stiftung für die

---

30 So zumindest könnte man Strabons Beschreibung des Rhetors Diodorus Zonas deuten, der die Provinz offensichtlich in Rechtsstreitigkeiten vertreten hat: ἀνὴρ πολλοὺς ἀγῶνας ἠγωνισ μένος ὑπὲρ τῆς 'Ασίας (Strab. 13,4,9, p. 628c).

31 Plut. Lucullus 23,1.

32 Die Diskussion um die Ämter von Asiarchen und Archiereis kann hier nicht in der notwendigen Ausführlichkeit geführt werden. Vgl. für einen Überblick u.a. D. MAGIE, Rule 449–452. 1298–1301; S.J. FRIESEN, Asiarchs; H. ENGELMANN, Asiarchs; P. WEISS, Asiarchen; D. CAMPANILE, Asiarchi 69–78 mit Anm. 21.

33 Strab. 14,1,42, p. 649c.

34 Dies belegen die Begriffe κοινὸν συμφέρον und τὰ κοινὰ τοῦ συνεδρίου πράγματα (OGIS 438), die darauf schließen lassen, dass es bereits am Beginn des 1. Jh.v.Chr. einen institutionellen Rahmen gibt und ein klar umrissenes Tätigkeitsfeld, das über die Veranstaltung der *Mucia* hinausging. Vgl. J. DEININGER, Provinziallandtage 15, der dies noch sehr vorsichtig als Möglichkeit formuliert.

35 C. MILETA, Arme 109f.

36 J. DEININGER, Provinziallandtage 16f.

*Flaccieia* in Tralleis hinterlegt waren. Der *terminus technicus* der Versammlung bei der administrativen Selbstbezeichnung wie in der bürokratischen Kommunikation mit den römischen Offiziellen wird bereits von Beginn an *koinon* gewesen sein, allerdings trat man nach außen als jenes Gremium auf, das die Städte, Stämme und Völker Asiens repräsentierte.[37] Dies wirft wiederum die Frage nach einer provinzialen Identität auf. In jedem Fall wird anhand der unterschiedlichen Bezeichnungen klar, dass der Begriff *koinon* offensichtlich nicht in ausreichendem Maß die Selbstsicht des Provinziallandtages und seiner Mitglieder widerspiegelte. Die Betonung der einzelnen konstituierenden Parteien könnte auch in die Richtung gedeutet werden, dass sich im ersten Jahrhundert v.Chr. nicht nur Vertreter der Städte, sondern auch der ländlichen Regionen und stammesmäßig organisierten Verbände oder sogar der innerhalb der Provinz Asia weiterhin bestehenden Bünde versammelten. Die zunehmende Betonung des griechischen Elements in der Selbstbezeichnung (Hellenen) mag zudem als Zeichen dafür gesehen werden, dass „der Landtag im Laufe seiner Entwicklung immer mehr von den finanzkräftigen Griechenstädten der Provinz dominiert wurde“[38].

## 4.2 Politische Hintergründe der Entstehung und Evolution des asianischen *koinon*

Am Anfang dieser Überlegungen steht eine einfache Frage: Wer richtete den Landtag ursprünglich ein? Strabon äußert sich im 14. Buch seiner Geographica dazu folgendermaßen: „Manius Aquilius kam als Konsul mit zehn Legaten und richtete die Provinz in der noch heute bestehenden Verfassung ein.“[39] Spricht Strabon hier nur von der Verfassung im Sinne römischer Verwaltung? Oder könnte man hinter dieser Aussage auch die Einrichtung einer Instanz wie der Provinziallandtage vermuten? Dann müsste man diesen Satz allerdings so interpretieren, dass die Einrichtung des *koinon* von römischer Seite gesteuert gewesen ist und das *koinon* bewusst als Mittlerinstanz zwischen römischer Provinzialverwaltung und griechischen

---

[37] Anders J.-L. FERRARY, Rome 26–28, der an der unterschiedlichen Bezeichnungen in der vor- und nachsullanischen Zeit eine Veränderung in der Zusammensetzung wie in der Funktionsweise des *koinon* festmachen will. Möglicherweise wurden die freien Griechenstädte erst nach der Ära des Mithradatischen Krieges in das *koinon* integriert. Diese von Ferrary geäußerte Vermutung hat durchaus einige Plausibilität, beruht aber nach Meinung der Autorin zum momentanen Zeitpunkt zu stark auf Spekulation. Hier dürften weitere Quellenfunde mehr Licht ins Dunkel bringen.

[38] C. MILETA, Arme 110.

[39] Strab. 14,1,38, p. 646c: Μάνιος δ' Ἀκύλλιος ἐπελθὼν ὕπατος μετὰ δέκα πρεσβευτῶν, διέταξε τὴν ἐπαρχίαν εἰς τὸ νῦν ἔτι συμμένον τῆς πολιτείας σχῆμα.

Städten und Gemeinden geschaffen wurde. Die zweite Möglichkeit, die hier in Betracht gezogen werden muss, ist, dass die Römer bei Einrichtung der Provinz keine provinziale Vertreterversammlung erschaffen mussten, weil es sie bereits in attalidischer oder sogar schon seleukidischer Zeit gab. Gibt es hierfür Anzeichen? Dass das kaiserzeitliche *koinon Asias* bei der Einrichtung des Priesteramtes für den Kaiserkult auf ihre hellenistischen Vorgänger zurückgriff, hat jüngst Müller in einem Aufsatz zum hellenistischen Oberpriester (*archiereus*) deutlich gemacht.[40] Er konnte darstellen, dass der *archiereus* des Kaiserkultes seine Vorgängerfunktion in den *archiereis* des seleukidischen und des attalidischen Königskultes hatte, zwischen denen es offensichtlich eine personelle Kontinuität gab.[41] Müller vermutet, dass das Oberpriesteramt der attalidischen Monarchie sich nicht in der Aufsicht über den Königskult der abhängigen Städte und des königlichen Gebietes erschöpft haben werde.[42] Möglicherweise existierte auch in den hellenistischen Dynastien, vor allem aber bei den Attaliden eine unter dem Dach des reichsweiten Königskultes subsummierte Vereinigung der Städte, die als Interessenvertretung fungierte. Natürlich bewegt man sich in diesen Fragen auf dem Feld der Spekulation, es erscheint aber andererseits auch wenig wahrscheinlich, dass der mit den *Mukieia* in Erscheinung tretende Provinziallandtag eine völlig neue Erfindung Roms ist.

Ein inschriftlicher Beleg aus der Übergangsphase zwischen attalidischer Herrschaft und römischer Machtübernahme hat nach seiner Veröffentlichung im Jahr 2000 in dieser Frage neue Erkenntnisse gebracht.[43] Diese Inschrift ehrt einen Mann namens Menodoros aus Pergamon und zählt dabei seine offiziellen Funktionen und Ämter auf. So war Menodoros Mitglied der „Versammlung gemäß der römischen Gesetzgebung“ (κατὰ τὴν Ῥωμαικὴν νομοθεσίαν βουλευτήριον)[44]. Diese Versammlung muss zeitlich in das Jahr 132[45] oder 129 v.Chr.[46] fallen. Diese römische Gesetzgebung (Ῥωμαικὴ νομοθεσία) darf dabei als *lex provinciae*, also als eine Art Grundgesetz der neu einzurichtenden Provinz verstanden werden, das die Basis

---

[40] Vgl. H. MÜLLER, Archiereus.

[41] „Über ein Jahrhundert nach dem Tod des letzten attalidischen Herrschers wurde in der Provinz Asia unter dem ersten Princeps zur Bezeichnung des Priesters der Roma und des Augustus mit der prima vista befremdlichen Amtsbezeichnung archiereus auf eine Titulatur zurückgegriffen, die Hierarchie, Herrschaft und Weisungsbefugnis und damit Kompetenzen evoziert, die dem exklusiv dem Kult der herrschenden Macht und ihres ersten Repräsentanten gewidmeten Priesteramt gerade nicht eigneten.“ (H. MÜLLER, Archiereus 540f.).

[42] Vgl. H. MÜLLER, Archiereus 541.

[43] M. WÖRRLE, Pergamon; vgl. dazu auch F. DAUBNER, Bellum 96–101, und B. DREYER, Rom 55–74.

[44] M. WÖRRLE, Pergamon 544, Z. 13f.

[45] So M. WÖRRLE, Pergamon 568, und F. DAUBNER, Bellum 98.

[46] So B. DREYER, Rom 69.

der römischen Herrschaftsausübung bis in die Zeit des Augustus hinein darstellte.[47] In diesem Sinne darf man wohl auch Strabons Satz, „Manius Aquilius kam als Konsul mit zehn Legaten und richtete die Provinz in der noch heute bestehenden Verfassung ein“[48], verstehen.[49] Dies macht insofern Sinn, als erst unter dem Konsul Manius Aquilius die militärischen und politischen Voraussetzungen für wirkungsvolle administrative Maßnahmen existierten.[50] Wir können also schlussfolgern, dass bereits in frühester Zeit der Provinz Asia die Städte, Gemeinden und wohl auch Stämme als Korporation in Verhandlungen mit den Römern auftraten und wir in der Menodoros-Inschrift das früheste Dokument für die Existenz dieser Institution vorliegen haben, die später als *koinon* von Asia auftritt. Dass wir uns hierbei nicht im Bereich der Spekulation bewegen, belegt ein Parallelschluss aus der Provinz Makedonia, über deren Einrichtung 167 v.Chr. Livius berichtet. So beschreibt Livius die Neuordnung Makedoniens durch Aemilius Paullus mit folgenden Worten:

*ipse, ubi dies uenit, quo adesse Amphipoli denos principes ciuitatium iusserat litterasque omnis, quae ubique depositae essent, et pecuniam regiam conferri, cum decem legatis circumfusa omni multitudine Macedonum in tribunali consedit. adsuetis regio imperio tamen noui in<perii> formam terribilem praebuit tribunal, summoto aditus, praeco, accensus, insueta omnia oculis auribusque, quae uel socios, nedum hostis uictos terrere possent. [...] omnium primum liberos esse iubere Macedonas, habentis urbes easdem agrosque, utentes legibus suis, annuos creantis magistratus; tributum dimidium eius, quod pependissent regibus, pendere populo Romano.*

Als der Tag gekommen war, an dem sich nach seinem Befehl je zehn führende Männer aus den Gemeinden in Amphipolis einfinden und alle Dokumente – gleich, an welchem Platz sie aufbewahrt wurden – sowie das Geld des Königs herangeschafft werden sollte, nahm er mit den zehn Abgesandten auf der Gerichtstribüne Platz, und die ganze Masse der Makedonen lagerte sich ringsum. Obwohl sie die Herrschaft eines Königs gewohnt waren, zeigte die neue Herrschaft doch ein schreckliches Gesicht: die Gerichtstribüne, der Auftritt, nachdem Platz geschafft worden war, der Herold, das Hinaufschreiten, als dies, das ihren Augen und Ohren ungewohnt war und sogar Bundesgenossen, wieviel mehr aber besiegte Feinde in Schrecken versetzen konnte. [...] Zuallererst sei beschlossen, die Makedonen sollten frei sein; sie sollten dieselben Städte und Gebiete behalten, ihre eigenen Gesetze haben und jedes Jahr

---

47 Zur Interpretation der Ῥωμαικὴ νομοθεσία als *lex provinciae* vgl. M. Wörrle, Stadt 96.

48 Strab. 14,1,38, p. 646c.

49 Offensichtlich handelte es sich bei den Gesprächen mit der fünfköpfigen Senatsgesandtschaft unter Führung des P. Cornelius Scipio Nasica Serapio um erste Sondierungen. Aufgrund des Aristonikos-Aufstandes konnten noch keine umfassenden Maßnahmen getroffen werden.

50 Daubner vermutet die Einrichtung der Städteversammlung bereits unter Nasica 132 v.Chr., da die Kommission ohne Heer nach Asia reiste und somit ganz besonders auf die Kooperation der ehemals attalidischen Städte angewiesen war (vgl. F. Daubner, Bellum 98).

ihre Beamten wählen; die Hälfte der Abgaben, die sie ihren Königen geleistet hätten, sollten sie dem römischen Volk leisten.[51]

Zieht man sowohl diesen Bericht über Makedonien als auch die Menodoros-Inschrift in Betracht, dürfen wir wohl davon ausgehen, dass es sich bei der Verhandlung mit Vertretern der Städte, Gemeinden und Stämme um das übliche Prozedere bei Einrichtung einer Provinz handelte.[52] Die Herbeischaffung aller Dokumente hatte wohl den Zweck, territoriale Verhältnisse – vor allem im Hinblick auf den königlichen Besitz –, aber auch Rechtsstatus und Abgabenlasten der einzelnen Gemeinden zu fixieren, um so ein reibungsloses Weiterfunktionieren der Administration zu gewährleisten. Livius erläutert dann im weiteren Verlauf seiner Schilderung, wie der Städteversammlung (*concilium*[53]) von römischer Seite die Pläne zur Verwaltung der Provinz eröffnet werden und sie angewiesen wird, Ratsmänner zu bestimmen, die als Regierung fungieren sollen.[54]

Die Versammlung, die uns hier also in einer eindeutig politischen Funktion entgegentritt, findet sich in Inschriften und literarischen Belegen des ersten Jahrhunderts v.Chr. und vor allem der Kaiserzeit überwiegend als Instanz, die mit religiösen Aufgaben betraut ist und ihre oft politisch motivierten Zielsetzungen über die sakrale Schiene des Kultes für Roma bzw. Einzelpersönlichkeiten der Republik oder die Kaiser erreicht. Dies ist eine Veränderung, die festzustellen ist. Daneben hat sich möglicherweise auch die Zusammensetzung des Gremiums geändert, wie die Unterschiede in der Namensgebung zeigen.[55]

Diese Veränderungen, die wir zumindest in Ansätzen zwischen der Städtevertretung in der Frühzeit der Provinz und dem Provinziallandtag in der zweiten Hälfte des ersten Jahrhunderts v.Chr. festmachen können, haben ihre Ursprünge in jenen Ereignissen der 80er Jahre des ersten Jahrhunderts v.Chr., die wegen ihrer massiven Auswirkungen auf die Struktur der Provinz Asia auch für den Provinziallandtag nicht ohne Folgen geblieben sein

---

[51] Liv. 45,29,1–5; Übers. nach H.J. Hiller.

[52] Liv. 45 Periocha 6: *Macedonia in provincia formam redacta* (Makedonien erhielt den Charakter einer Provinz).

[53] Liv. 45,32,2.

[54] Liv. 45,32,1f.: *his rerum externarum cognitionibus interpositis Macedonum rursus aduocatum concilium; pronuntiatum, quod ad statum Macedoniae pertinebat, senatores, quos synhedros uocant, legendos esse, quorum consilio res publica administraretur* (Nachdem diese Untersuchungen der auswärtigen Angelegenheiten zwischendurch erledigt worden waren, wurde wieder eine Versammlung der Makedonen einberufen. Zur Verfassung Makedoniens wurde verkündet, Senatoren, die sie selbst Synedroi nennen, sollten gewählt werden, nach deren Rat der Staat verwaltet werden sollte.).

[55] Vgl. J.-L. FERRARY, Rome 27f.

können: die Rede ist vom Mithradatischen Krieg und der Neuordnung Asias durch Sulla.[56] Der Einfall des pontischen Herrschers in das Gebiet der Provinz Asia, die Unterstützung zahlreicher griechischer Städte, vor allem aber das Massaker an angeblich 80 000 Italiker führten letztlich dazu, dass die römische Besatzungsmacht sich gezwungen sah, ihre Machtausübung auf eine neue, veränderte Basis zu stellen. Sowohl die massiven Strafzahlungen, unter denen die Provinz Jahrzehnte leiden sollte, als auch der Entzug der Autonomie zahlreicher vorher freier Städte läutete auch für die Versammlung der Provinzialen eine neue Ära ein. Dass der Provinziallandtag bei der Umsetzung der sullanischen Maßnahmen eingebunden wurde, können wir bereits aus dem Bericht des Appian entnehmen, der die Rede Sullas an die Gesandten der Städte nach dem Mithradatischen Krieg mit folgenden Worten einleitet: „Zu all dem machte auch noch eine Bekanntmachung die Runde, wonach die führenden Bürger jeder Stadt an einem bestimmten Tag in Ephesos vor Sulla erscheinen sollten.“[57] Als sie versammelt waren, richtete er eine äußerst aufgebrachte, ja wütende Ansprache an sie, die vor allem im Bezug auf die finanziellen Regelungen und die städtischen Freiheitsregelungen neue, härtere Maßstäbe für Asia beinhaltete.[58] Zur Organisation der Tributzahlungen sagte Sulla – nach Appian – wörtlich: „Ich werde diese Lasten jedem einzelnen von euch und zwar nach Städten zuteilen und den Zahlungstermin bestimmen.“[59] Hieraus kann man schließen, dass Sulla die Provinz in Finanzbezirke unterteilte, die sich nach dem Territorium der Städte richteten. Cassiodor präzisiert unser Wissen in diesem Punkt, wenn er von 44 Bezirken spricht,[60] bei denen es sich wohl um recht große Gebiete handelte, von denen jedes um eine wichtige Stadt gruppiert war, die den nötigen Rahmen für eine geordnete Einsammlung der Summen bildete.[61] Es wird also deutlich, dass das sullanische Eingreifen in die römische Herrschaft in Asia die Städte als administrativen Fixpunkt des Systems definierte. Und obwohl es keinen eindeutigen Hinweis auf das *koinon* gibt, können wir annehmen, dass diese Institution einbezogen wurde: Sulla informierte die Abgesandten der Städte in Ephesos über seine Regelungen in einer Versammlung, die in ihrer Zusammensetzung wie in ihrer Funktion wohl dem Landtag gleichkam. Die Reform Sullas basierte also auf dem städtischen Netzwerk und vor allem war es auf seine Kooperation angewie-

---

56 Die neueste Studie, die diese Veränderungen betont, liegt vor seit 2007 (vgl. F. SANTANGELO, Sulla).

57 App. Mithr. 61,252; Übers. nach O. Veh.

58 Vgl. App. Mithr. 61,252–62,260.

59 App. Mithr. 62,260.

60 Cassiodor, Chronica p. 130.

61 Vgl. F. SANTANGELO, Sulla 115.

sen.[62] All dies passt nun in das Bild unserer Quellen, die die zunehmende Rolle des *koinon* in den Verhandlungen mit Rom zeigen. Gleichzeitig deutet die nach dem sullanischen Eingreifen[63] erstmals bezeugte Formel κοινὸν τῶν ἐπὶ τῆς Ἀσίας Ἑλλήνων bzw. κοινὸν τῶν Ἑλλήνων auf eine Erweiterung des Landtages hin, wahrscheinlich um jene vormals freien griechischen Städte, die nun die Abhängigkeit der als οἱ ἐν τῆι Ἀσίαι δῆμοι καὶ τὰ ἔθνη bezeichneten indigenen Städte und Stämme teilten. Mit Sulla werden also die vorher bereits existierenden Rollen fixiert und in klarere Formen gegossen. Die Interaktion verläuft nun stärker über die Institution des *koinon* – auch wenn die Patronatsbeziehungen weiterhin eine wichtige Rolle spielen.

## 4.3 Historische Parallelen und ihre Wertigkeit

Ich möchte noch einmal auf die Frage der Kontinuitäten von hellenistischen Städtebünden und römischem Provinziallandtag zurückkommen. Betrachtet man die hellenistischen Vorläufer des Provinziallandtages von Asia, sticht besonders eine Institution ins Auge: das κοινὸν τῶν Ἰώνων. Das ionische *koinon* existierte seit archaischer Zeit und lässt sich bis in das dritte Jahrhundert n.Chr. verfolgen.[64] Die größte Übereinstimmung zwischen ionischem *koinon* und asianischem *koinon* kann im Bereich der ihnen zugeteilten Aufgaben festgestellt werden. Seit der Wiedereinrichtung des ionischen *koinon* durch Alexander den Großen, dem zu Ehren der Städtebund jährliche Spiele unter der Bezeichnung *Alexandreia* veranstaltete,[65] tritt dieser Bund von 13 ionischen Städten vornehmlich in Inschriften in Erscheinung, die seine Involvierung in den hellenistischen Herrscherkult zeigen.[66] Dabei wird deutlich, dass der Bund in erster Linie einen religiösen Charakter besaß und Aufgaben im Herrscherkult ausfüllte, aber gleichzeitig über dieses Hilfsmittel der Loyalitätsreligion auch politische Aufgaben wahrnahm.[67]

---

[62] Vgl. F. SANTANGELO, Sulla 127.

[63] Zur Frage einer sullanischen *lex provincia* vgl. F. SANTANGELO, Sulla 107–133, bes. 118–120.

[64] Zum ionischen Bund vgl. M.O.B. CASPARI, Confederacy; D. MAGIE, Rule 65–67.

[65] OGIS 222; Strab. 14,1,31.

[66] Vgl. insbesondere OGIS 222; OGIS 763. Generell zu den aus hellenistischer und republikanischer Zeit überlieferten Quellen zum ionischen *koinon* vgl. P. HOMMEL, Inschrift 52, Anm. 118. Hier findet sich eine Aufzählung des überlieferten Materials, die ergänzt werden kann durch P. HERRMANN, κοινὸν 225, Anm. 11.

[67] Vgl. OGIS 222, Z. 13–18. Hier ist die Rede von einer Gesandtschaft des *koinon* zu König Antiochos I. Soter 268/262 v.Chr. mit dem Auftrag, dem König die Sorge um die Freiheit und Demokratie der Städte ans Herz zu legen. Vgl. auch C. HABICHT, Gottmenschentum 91–93.

Betrachtet man grundsätzlich die bekannten zwanzig Inschriften des ionischen *koinon* seit seiner Restitution durch Alexander, so fällt auf, dass bis zum Erscheinen Roms Alexander der Große oder die Mitglieder der hellenistischen Königshäuser geehrt werden. Nach der Einrichtung der Provinz Asia galten die Ehrungen des ionischen *koinon* griechischen Bürgern verschiedener Städte, wohl Förderer und Wohltäter. Zwei Inschriften fallen darüber hinaus hinsichtlich der Beziehungen zwischen dem ionischen *koinon* und den Römern ins Auge: eine Ausgabenliste für Opfertiere aus Erythrai[68] und eine Ehreninschrift aus Priene aus dem Jahr 129/8 v.Chr.[69].

Die Opferliste aus Erythrai weist auf eine sehr frühe Verehrung der Göttin Roma durch das ionische *koinon* hin.[70] Sie stammt aus der ersten Hälfte des zweiten Jahrhunderts v.Chr., der Kult der Roma muss also bald nach dem Erscheinen der Römer in Kleinasien 189 v.Chr. entstanden sein. Es werden mehrfach monatliche Opfer für die Göttin Roma (Ῥώμη) mit dem Zusatz κοινόν angeführt, was in der Literatur mehrheitlich mit einer Verehrung der Göttin Roma durch das ionische *koinon* in Verbindung gebracht wird. Auch die in der Opferliste angeführten Ausgaben für die hellenistischen Herrscher werden mit dem Zusatz κοινόν versehen, es deutet sich hier also bereits früh eine Verbindung von hellenistischem Herrscherkult und Verehrung der personifizierten römischen Herrschaft an.

Die Ehreninschrift aus Priene verbindet ebenfalls das *koinon* mit den in Asia Fuß fassenden Römern, fällt allerdings bereits in die Zeit nach der Einrichtung der Provinz. Das ionische *koinon* ehrt hier einen Priester (des bithynischen Königs Nikomedes II. Epiphanes), der vor der Vertreterversammlung des *koinon* Gebete „für die Ionier und die Römer“ gesprochen hat.[71] Offensichtlich hatte also das ionische *koinon* bereits früh als Institution Kontakt mit der Macht aus dem Westen und auch die Verehrung der Göttin Roma war bereits zu einem frühen Zeitpunkt über die Ebene der Städte hinaus gelangt und hatte Aufnahme in die kultischen Rituale der Städtevereinigung des ionischen Bundes gefunden. Man kann also davon

---

Deininger merkt zu der Parallele beider Institutionen an: „Hier im ionischen Koinon waren [...] offenbar Herrscherkult und Wahrnehmung begrenzter Eigeninteressen unter gleichzeitigem Fehlen aller Verwaltungsaufgaben bereits in einer Weise verwirklicht, die als das Hauptmerkmal der kaiserzeitlichen Landtage gelten kann; und auch sonst ist die Ähnlichkeit dieser Institution mit den römischen Landtagen der Kaiserzeit nach ihrer Struktur wie nach ihrer Funktion überraschend groß.“ (J. DEININGER, Provinziallandtag 12).

[68] I.v.Erythrai 207.

[69] I.v.Priene 55.

[70] Vgl. die Erläuterungen von H. Engelmann und R. Merkelbach in I.v.Erythrai 347–359; R. MELLOR, ΘΕΑ 51; P. HERRMANN, κοινὸν 226. Gegen eine Interpretation der Inschrift als frühes Zeugnis der Roma-Verehrung durch das ionische *koinon* sprechen sich Habicht und Robert aus (C. HABICHT, Gottmenschentum 94; L. ROBERT, Études 148).

[71] I.v.Priene 55, Z. 19.

ausgehen, dass es einen Kontakt zwischen Rom und dem *koinon* gab, der sich sicherlich nicht auf die kultische Ebene beschränkte, sondern auch diplomatischer Natur war. Sowohl die griechischen Städte als auch die Römer werden die Vorteile einer Kommunikationsstraffung zu schätzen gewusst haben. Wir können hier also einige Punkte jenes Mehrwertes von überstädtischen, regionalen Organisationsformen wie Städtebünden festmachen, von dem ich eingangs sprach und der sicher auch für den nach diesem Modell gestalteten Provinziallandtag von Asia gelten kann:

Als Vorteil für beide Seiten muss sicher herausgestrichen werden, dass die Kommunikation zwischen Rom und einem Bund eine stärkere Effizienz besaß. Auf römischer Seite bedeutete dies, dass man sich die Verhandlungen mit zahllosen einzelnen Gesandtschaften ersparte und kein Netzwerk bilateraler Beziehungen aufbauen und aufrecht erhalten musste. Auf griechischer Seite verhinderte ein Bündnis eine Atomisierung der einzelnen Stadt in der Verhandlung mit Rom. Das Gewicht eines Bündnisses darf sicherlich als größer eingeschätzt werden als das einer einzelnen Gemeinde oder Polis.

Neben dem Argument der Effizienz darf der ideologische Faktor nicht vernachlässigt werden. Die Römer stellten sich mit der Übernahme der Städtebünde in die Tradition der hellenistischen Könige, das heißt, sie passten sich in den bekannten und funktionierenden Rahmen des hellenistischen Herrscherkultes ein.[72] Gerade im Fall des ionischen *koinon* muss sicher auch die Verbindung zu Alexander dem Großen mit in Betracht gezogen werden. Die den Römern fehlende ethnische wie politische Verbundenheit mit den Griechen Kleinasiens wurde so zumindest partiell überbrückt. Daran anknüpfend lag sicher ein Vorteil in der Verlagerung der Beziehungen in den religiös-kultischen Bereich. Der Wechsel von der politischen auf die religiöse Ebene bewirkte eine Transformation der Beziehungen im Sinne einer Sakralisierung. Diese Sakralisierung der Kommunikationsstruktur definiert für beide Parteien den Handlungsspielraum und gibt die Handlungsmuster vor.

Schließlich darf aber auch der personale Faktor nicht unterschlagen werden: Die Anknüpfung an bestehende Institutionen wie das ionische *koinon* sicherte den Römern die Verbindungen zu den wichtigen und einflussreichen Personen des Gebietes und garantierte diesen gleichzeitig ihre bestehende Machtposition. Die gesellschaftlichen Eliten mussten also nicht um ihre Stellung bangen, was im Gegenzug sicherlich auch ihr Wohlwollen für die Römer sicherte.

---

[72] Vgl. dazu S.R.F. PRICE, Rituals 247f.

Dieser Befund lässt sich nun weiter bestätigen und ausbauen. Zum einen liegen uns in den Ehrendekreten für zwei Bürger aus Kolophon[73] – einer Stadt des ionischen *koinon* – die Werdegänge zweier Männer vor, deren politische Karriere unter der seleukidischen und attalidischen Dynastie begann und sich kontinuierlich unter römischer Herrschaft fortsetzte. Hier lassen sich Ansatzpunkte für personelle Kontinuitäten suchen, die sich auf institutionelle Kontinuitäten im *koinon* übertragen lassen. Uns wird in dieser Inschrift einer der seltenen Blicke auf zwei typische Vertreter der lokalen Elite erlaubt, die den Wechsel der herrschenden Regime gut überstanden, weil sie sich anpassten, ihre Gemeinde bei den neuen Machthabern vertraten und so deren Vertrauen sicherten. Als Dank wurden sie in die Klientel der Senatoren aufgenommen und avancierten zu Bezugspersonen der neuen römischen Machthaber in Asia.

Zum anderen kennen wir seit dem Jahr 2000 die Inschrift einer Statuenbasis, in der das ionische *koinon* Cn. Pompeius ehrt.[74] Dies verdeutlicht eine weitere vom ionischen *koinon* überlieferte Nachricht aus der Zeit zwischen dem Jahr 67 und 62 v.Chr.[75], in der das ionische *koinon* Pompeius als „Herrscher, Herr über Land und Meer, Wohltäter und Patron der Ionier" (τὸν αὐτοκράτορα, γῆς καὶ θαλάσσης ἐπόπτην, τὸν εὐεργέτην καὶ πάτρωνα τῶν Ἰώνων) ehrt. Die Formel „Herr über Land und Meer" (γῆς καὶ θαλάσσης ἐπόπτην) findet sich in der griechischen Epigraphik bisher nur in fünf Fällen, wovon drei der Inschriften Kaiser Augustus ehren[76], die beiden anderen aber Pompeius[77]. Die Ehrungen des ionischen *koinon* weisen also zwischen Republik und Kaiserzeit sowohl in der Form als auch in der Sprache eine Kontinuität auf, die den von der modernen Forschung postulierten Bruch zwischen diesen beiden Epochen wenn nicht in Frage stellt, so doch weniger deutlich erscheinen lässt.

Zum Dritten liegt seit 1994 die Ehreninschrift für C. Iulius Epikrates[78] vor, einen Mann, der offensichtlich sowohl im ionischen wie im asianischen *koinon* die Funktion des Oberpriesters (*archiereus*) auf Lebenszeit innehatte (2. Hälfte 1. Jh.v.Chr.). Auch in diesem Fall wird sehr deutlich, wie die Einbindung der Eliten von römischer Seite funktionierte, wissen wir doch, dass die Familie des Epikrates seit den 80er Jahren des ersten Jahrhunderts

---

73 SEG 39,1243.1244; vgl. L. ROBERT/J. ROBERT, Claros; G.A. LEHMANN, Tod.

74 J.-L. FERRARY, inscriptions 341–345, Nr. 4. Einen Hinweis auf diese Inschrift hatte bereits L. Robert gegeben (Actes du deuxième congrès international d'épigraphie grecque et latine, Paris 1952, 224) und sie wurde von Tuchelt (K. TUCHELT, Denkmäler 163) erwähnt, ohne allerdings den Text der Inschrift wiederzugeben.

75 Zur Datierung vgl. J.-L. FERRARY, inscriptions 342f.

76 I.v.Pergamon 381.383A; C. SCHULER, Augustus 383–403.

77 Die zweite Ehrung für Pompeius stammt aus Kyzikos: I.v.Kyzikos II 24 (E. SCHWERTHEIM, Inschriften).

78 P. HERRMANN, Milet.

v.Chr. mit Caesar befreundet war und er selbst in der Inschrift als Freund des Augustus bezeichnet wird.

Mit dieser Inschrift treten das Amt des *archiereus* des ionischen *koinon* wie das der Provinz Asia erstmals auf – bezogen auf ein und dieselbe Person. Möglicherweise wird hier in der Person des Epikrates und in seiner Doppelfunktion eine Verbindungsstelle zwischen den beiden Institutionen und damit auch zwischen dem hellenistischen bzw. republikanischen und dem kaiserzeitlichen *koinon* sichtbar.[79]

## 5. Schluss

Im Jahr 29 v.Chr. tritt die Beziehung zwischen dem Provinziallandtag von Asia und Rom in eine neue Phase ein. Der umfassende Sieg des Octavian/Augustus im Bürgerkrieg und vielleicht auch die Furcht vor neuen Repressalien für Asia, das ja immerhin auf Seiten von Antonius und Kleopatra gestanden hatte, führten wohl zu einem Antrag des *koinon*, dem gerade 33-jährigen Octavian einen Tempel errichten und ihn kultisch verehren zu dürfen.[80] So zumindest lassen sich die Aussagen des römischen Historikers Cassius Dio deuten:

Καῖσαρ δὲ ἐν τούτωι τά τε ἄλλα ἐχρημάτιζε, καὶ τεμένη τῆι τε Ῥώμηι καὶ τῶι πατρὶ τῶι Καίσαρι, ἥρωα αὐτὸν Ἰούλιον ὀνομάσας, ἔν τε Ἐφέσωι καὶ ἐν Νικαίαι γενέσθαι ἐφῆκεν· αὗται γὰρ τότε αἱ πόλεις ἔν τε τῆι Ἀσία καὶ ἐν τῆι Βιθυνίαι προετετίμηντο. καὶ τούτους μὲν τοῖς Ῥωμαίοις τοῖς παρ᾽ αὐτοῖς ἐποικοῦσι τιμᾶν προσέταξε· τοῖς δὲ δὴ ξένοις, Ἕλληνάς σφας ἐπικαλέσας, ἑαυτῶι τινα, τοῖς μὲν Ἀσιανοῖς ἐν Περγάμωι τοῖς δὲ Βιθυνοῖς ἐν Νικομηδείαι, τεμενίσαι ἐπέτρεψε.

Neben der Erledigung der sonstigen Aufgaben her gab Caesar damals die Erlaubnis zur Weihung heiliger Bezirke für die Roma und seinen Vater Caesar, den er selbst Heros Iulius nannte, und zwar in Ephesos und Nikaia; die genannten Städte hatten nämlich damals in Asia bzw. Bithynien die erste Stelle inne. Er befahl den dort wohnenden Römern, die beiden Gottheiten zu verehren, während er den Nichtrömern, von ihm Hellenen genannt, gestattete, ihm selbst heilige Bezirke zu widmen, den Bewohnern von Asia in Pergamon, den Bithyniern in Nikomedeia.[81]

Damit setzte er Maßstäbe für seine Nachfolger, die nicht nur die Provinz Asia betrafen, sondern reichsweit Anwendung fanden.[82] Das bis dato den

---

79 Vgl. P. HERRMANN, Milet 217.

80 Vgl. Cass. Dio 51,20,6–7; Tac. ann. 4,37,2.

81 Cass. Dio 51,20,6–7; Übers. nach O. Veh.

82 Cass. Dio 51,20,7: „Und diese Sitte, die unter seiner Herrschaft ihren Anfang nahm, setzte sich unter anderen Kaisern nicht nur bei den hellenischen, sondern auch bei all den anderen Völkerschaften fort, soweit sie den Römern untertan sind."

wechselhaften Interessenlagen der römischen Innenpolitik und vor allem den ständig wechselnden Amtsträgern unterworfene Verhältnis von Provinz und römischen Autoritäten erfuhr nun eine Stabilisierung, die sich auch auf die interne Arbeit des *koinon* niederschlug. Es entwickelten sich feste kultische Praktiken, Feste, Rituale, die es zuließen, dass die Arbeit des Provinziallandtages stärker von Einzelinitiativen gut verknüpfter Provinzialen abgelöst und in eine eher institutionalisierte Form gegossen wurde.

Das generelle Festhalten des Augustus an der bereits existierenden Form des *koinon* darf aber sicher als Vertrauen in ein System, das sich bereits bewährt hatte, gedeutet werden – ein System, das politische Handlung in religiöse Dimensionen transferierte, bei dem es sich aber eben nicht um ein religiöses Phänomen handelte, sondern vielmehr um eine Spielart von Politik, diplomatische Interaktion und Existenzsicherung. Das Ritual bzw. der Kult (mit allen seinen Implikationen wie Spielen, Festen, Opfern, Zeremonien, etc.), der die Beziehungen scheinbar bestimmte, ist nur ein Modell politischer Zusammenarbeit und garantierte den Rahmen dieser Zusammenarbeit. Insofern ist – zumindest auf der provinzialen Ebene – die Kritik des Christentums, speziell der Johannesoffenbarung am Kaiserkult – um auf das Thema des Sammelbandes zurückzukommen – eine in erster Linie politische Bedrohung und stellt die gesamte seit ca. zwei Jahrhunderten funktionierende Kooperation zwischen Rom und den Provinzialen in Frage.

# Literatur

E. BADIAN, Q. Mucius Scaevola and the Province of Asia, in: Ath. 34 (1956) 104–123.

J.P.V.D. BALSDON, Q. Mucius Scaevola the Pontifex and *ornatio provinciae*, in: ClR 51 (1937) 8–10.

C.G. BRANDIS, Ein Schreiben des Triumvirn Marcus Antonius an den Landtag Asiens, in: Hermes 32 (1897) 509–522.

D. CAMPANILE, Asiarchi e Archiereis d'Asia: titolatura, condizione giuridica e posizione sociale dei supremi dignitari del culto imperial, in: G. Labarre (Hg.), Les cultes locaux des les mondes grec et romain. Actes du colloque de Lyon 7–8 Juin 2001, Paris 2004, 69–78.

M.O.B. CASPARI, The Ionian Confederacy, in: JHS 35 (1915) 173–188.

F. DAUBNER, Bellum Asiaticum. Der Krieg der Römer gegen Aristonikos von Pergamon und die Einrichtung der Provinz Asia, München ²2006.

J. DEININGER, Die Provinziallandtage der römischen Kaiserzeit. Von Augustus bis zum Ende des dritten Jahrhunderts n.Chr. (Vestigia 6), München 1965.

T. DREW-BEAR, Deux décrets hellénistiques d'Asie Mineure, in: BCH 96 (1972) 435–471.

B. DREYER, Rom und die griechischen Polisstaaten an der westkleinasiatischen Küste in der zweiten Hälfte des zweiten Jahrhunderts v. Chr. Hegemoniale Herrschaft und lokale Eliten im Zeitalter der Gracchen, in: A. Coskun (Hg.), Roms auswärtige Freunde in der späten Republik und im frühen Prinzipat (Göttinger Forum für Altertumswissenschaft, Beihefte 19), Göttingen 2005, 55–74.

H. ENGELMANN, Asiarchs, in: ZPE 132 (2000) 173–175.

–/D. KNIBBE, Das Zollgesetz der Provinz Asia. Eine neue Inschrift aus Ephesos, in: Epigraphica Anatolica 14 (1989) 1–206.

D. ERKELENZ, Cicero, pro Flacco 55–59. Zur Finanzierung von Statthalterfesten in der Frühphase des Koinon von Asia, in: Chiron 29 (1999) 43–57.

J.-L. FERRARY, Les inscriptions du sanctuaire de Claros en l'honneur de Romains, in: BCH 124 (2000) 331–376.

–, Rome et la géographie de l'hellénisme: réflexions sur „ hellènes" et „panhellènes" dans les inscriptions d'époque romaine, in: O. Salomies (Hg.), The Greek East in the Roman Context. Proceedings of a Colloquium Organised by the Finnish Institute at Athens, May 21 and 22, 1999, Helsinki 2001, 19–35.

S.J. FRIESEN, Asiarchs, in: ZPE 126 (1999) 275–290.

P. GUIRAUD, Les assemblées provinciales dans l'empire romain, Paris 1887 (Repr. Rom 1966).

C. HABICHT, New Evidence on the Province of Asia, in: JRS 65 (1975) 63–91.

–, Gottmenschentum und griechische Städte, München ²1970.

A. HAUVETTE-BESNAULT/M. DUBOIS, in: BCH 5 (1881) 348, Nr. 12.

P. HERRMANN, Das κοινὸν τῶν Ἰώνων unter römischer Herrschaft, in: N. Ehrhardt/L.-M. Günther (Hg.), Widerstand – Anpassung – Integration. Die griechische Staatenwelt und Rom (FS J. Deininger), Stuttgart 2002, 223–240.

–, Milet unter Augustus. C. Iulius Epikrates und die Anfänge des Kaiserkultes, in: MDAI(Ist) = IstMitt 44 (1994) 203–236.

P. HOMMEL, Die Inschrift, in: G. Kleiner/P. Hommel/W. Müller-Wiener, Panionion und Melie (JdI.E 23), Berlin 1967, 45–63.

R. KALLET-MARX, Asconius 14–15 Clark and the Date of Q. Mucius Scaevola's Command in Asia, in: CP 84 (1989) 305–312.

G.A. LEHMANN, „Römischer Tod" in Kolophon/Klaros. Neue Quellen zum Status der „freien" Polisstaaten an der Westküste Kleinasiens im späten zweiten Jahrhundert v.Chr., in: NGWG.PH, Göttingen 1998, 125–194.

D. MAGIE, Roman Rule in Asia Minor to the End of the Third Century, Bd. 1–2, Princeton 1950.

B.A. MARSHALL, The Date of Q. Mucius Scaevola's Governorship of Asia, in: Ath. 54 (1976) 117–130.
R. MELLOR, ΘΕΑ ΡΩΜΗ. The Worship of the Goddess Roma in the Greek World (Hyp. 42), Göttingen 1975.
C. MILETA, Die offenen Arme der Provinz. Überlegungen zur Funktion und Entwicklung der proromischen Kultfeste der Provinz Asia (erstes Jahrhundert v.Chr.), in: J. Rüpke (Hg.), Festrituale in der römischen Kaiserzeit (Studien und Texte zu Antike und Christentum 48), Tübingen 2008, 89–114.
–, Die proromischen Kulte der Provinz Asia im Spannungsfeld von Religion und Politik, in: H. Cancik/J. Rüpke (Hg.), Die Religion des Imperium Romanum. Koine und Konfrontationen, Tübingen 2009, 139–160.
–, Zur Vorgeschichte und Entstehung der Diözesen von Asia, in: Klio 72 (1990) 427–444.
H. MÜLLER, Der hellenistische Archiereus, in: Chiron 30 (2000) 519–542.
G. PETZL/E. SCHWERTHEIM, Hadrian und die dionysischen Künstler. Drei in Alexandria Troas neugefundene Briefe des Kaisers an die Künstlervereinigung (Asia Minor Studien 58), Bonn 2006.
S.R.F. PRICE, Rituals and Power. The Roman Imperial Cult in Asia Minor, Cambridge 1984.
L. ROBERT, Études d'épigraphie grecque, in: RPh 55 = III/3.Serie (1929) 122–158.
–/ J. ROBERT, Claros I. Décrets Hellénistiques. Fasc. 1, Paris 1989.
F. SANTANGELO, Sulla, the Elites and the Empire. A Study of Roman Policies in Italy and the Greek East (Impact of Empire 8), Leiden 2007.
C. SCHULER, Augustus, Gott und Herr über Land und Meer. Eine neue Inschrift aus Tyberissos im Kontext der späthellenistischen Herrscherverehrung, in: Chiron 37 (2007) 383–404.
E. SCHWERTHEIM (Hg.), Die Inschriften von Hadrianoi und Hadrianeia (Inschriften griechischer Städte aus Kleinasien 33), Bonn 1987.
R.K. SHERK, Roman Documents from the Greek East. *Senatus consulta* and *epistulae* to the Age of Augustus, Baltimore (MD) 1969.
K. TUCHELT, Frühe Denkmäler Roms in Kleinasien. Beiträge zur archäologischen Überlieferung aus der Zeit der Republik und des Augustus. Teil 1: Roma und Promagistrate, Tübingen 1979.
P. WEISS, Asiarchen sind Archiereis Asias. Eine Antwort auf S.J. Friesen, in: N. Ehrhardt/L.-M. Günther (Hg.), Widerstand – Anpassung – Integration. Die griechische Staatenwelt und Rom (FS J. Deininger), Stuttgart 2002, 241–254.
M. WÖRRLE, Stadt und Fest im kaiserzeitlichen Kleinasien. Studien zu einer agonistischen Inschrift aus Oinoanda, München 1988.
–, Pergamon um 133 v.Chr., in: Chiron 30 (2000) 543–576.

Friedrich Krinzinger

# Spectacula und Kaiserkult

In Abänderung des vorgetragenen Referates[1] behandelt der vorliegende Beitrag in einem ersten Teil die historische Entwicklung der verschiedenen Disziplinen römischer *spectacula* bis Augustus, die Konsequenzen seiner tief greifenden Neuordnung der *munera* und die architektonische Gestaltung der dafür errichteten Spielorte, insbesondere in den kleinasiatischen Städten. Ein weiterer Teil widmet sich den archäologischen Aussagemöglichkeiten zu den Anfängen des Kaiserkultes, wobei die Situation in Ephesos im Vordergrund steht.

Die Sitte gesellschaftlicher Eliten zu bestimmten Anlässen Wettkämpfe auszurichten, hatte in der Antike eine lange Tradition. Schon in den Epen Homers[2] stehen sie in Verbindung mit Leichenspielen zu Ehren großer Helden, sie treten uns in vielschichtigen Bildtraditionen der griechischen und etruskischen Welt[3] entgegen. Die Entwicklung in Italien und Rom ist über mehrere Stränge verlaufen, die aber auf Umwegen teilweise auf die gleichen Wurzeln zurückzuführen sind.

---

[1] Mit der inhaltlichen Veränderung meines Beitrages, die nach Rücksprache und mit Billigung durch die Veranstalter erfolgt, versuche ich, der während der Diskussion veränderten Interessenslage Rechnung zu tragen. Es ist mir ein Bedürfnis, Herrn Kollegen Martin Ebner für die Einladung zu danken. Die freundliche Aufnahme in Münster durch ihn und seine Mitarbeiterin, Dr. Elisabeth Esch-Wermeling, und vor allem die fruchtbare Diskussion zwischen der Altertumswissenschaft und der Theologie haben den Workshop zu einem sehr beeindruckenden Ereignis gemacht. Ich danke Elisabeth Rathmayr für die Vorredaktion dieses Beitrages und Hans Taeuber für die freundliche Durchsicht des Manuskriptes und für wertvolle Hinweise.

[2] Die im 23. Gesang der Ilias geschilderten Leichenspiele für Patroklos sind dafür der klassische Beleg. Seit P. V.D. MÜHLL, Hypomnema, ist diese Schilderung allerdings als ein späterer Einschub erkannt und dem „Iliasdichter B" zugeschrieben worden. Mit Jacob Burkhardts Griechischer Culturgeschichte (hg. von J. Oeri), hat man aus diesen Bildern und der dazugehörigen „Heldenliteratur" auf eine besondere Eigenart der Griechen geschlossen. Die jüngste Gesamtausgabe von J. BURKHARDT, Culturgeschichte, wurde von L. Burckhardt 2002 und 2005 herausgegeben. Die moderne Forschung hat dazu freilich unterschiedliche Positionen bezogen. Besonders kritisch zum Problem des „agonalen Wesenszuges" der Griechen hat sich I. Weiler geäußert; vgl. I. WEILER, Agon; zuletzt DERS., Prinzip 81–110.

[3] Schon C. ROBERT, Bild, hat darauf hingewiesen, dass viele dieser Darstellungen wohl als bildliche Zitate einer breiten literarischen Überlieferung zu werten sind.

## 1. *Spectacula*

Die zur Diskussion stehenden Vorgänge in Kleinasien sind nicht zu verstehen ohne einen Blick auf die Entwicklung in Italien und insbesondere in Rom zu werfen. Daher werden die wichtigsten Formen der *spectacula* und ihre Disziplinen im Folgenden kurz zu nennen sein.

### 1.1 *Equorum certamina*

Wagenrennen sowie Reiterspiele gehören zu den ältesten Formen der *spectacula* und spiegeln in Griechenland und in Rom die Struktur der adeligen Gesellschaft wider. Im Rahmen der Olympischen Spiele gehörten die über zwölf Runden des Hippodroms führenden Rennen der Viergespanne seit dem frühen 7. Jh.v.Chr. zu den prestigeträchtigsten Wettkämpfen.[4] In Rom fanden Pferderennen seit dem 6. Jh.v.Chr. im Circus Maximus statt und gehörten noch in der Kaiserzeit zu beliebten Massenveranstaltungen.[5]

### 1.2 *Gladiatorum munera*

Die geregelten Zweikämpfe ausgebildeter Gladiatoren nach etruskischem oder oskisch-samnitischem Vorbild[6] waren seit dem 3. Jh.v.Chr. in ganz Mittelitalien willkommene Programmpunkte im öffentlichen Festkalender. Die überzeugendsten Bildtraditionen zum Thema treten uns in der geschlossenen Fundgruppe von Malereien aus lukanischen Gräbern von Paestum (Abb. 1) entgegen,[7] die zahlreiche blutige Zweikämpfe und Wagenfahrten

---

[4] Zur Einführung der Wagenrennen vgl. zuletzt D.G. KYLE, Sport 119.126f. mit Anm. 25. Die Geschichte von Olympia ist zusammenfassend leicht zugänglich bei U. SINN, Olympia (mit Bibliographie).

[5] Es ist an dieser Stelle nicht zu reflektieren, ob sich die Wagenrennen der Kaiserzeit in ungebrochener Tradition aus den alten *equorum certamina* entwickelten, die nach der Überlieferung von den tarquinischen Königen seit dem 6. Jh.v.Chr. im Circus Maximus ausgerichtet wurden, oder ob diese von Thurioi nach Rom übernommen wurden, wie bei Tac. ann. 14,21,2, überliefert ist; vgl. D.G. KYLE, Sport 258 mit Anm. 6.

[6] Auf die oft diskutierte Frage nach der Entstehung der Gladiatorenkämpfe, ob sie nun etruskischen, römischen oder griechischen Ursprungs seien bzw. auf alten italischen Brauch zurückgehen, soll hier nicht weiter eingegangen werden. Für jede der Versionen gibt es literarische und auch bildliche Quellen aus der Antike. Weitgehend unbestritten ist die ursprünglich enge Verbindung zu Leichenspielen und Totenkult; vgl. L. MALTEN, Leichenspiel 300–340; als Zusammenfassung des aktuellen Forschungsstandes kann auf M. JUNKELMANN, Spiel 32–42, verwiesen werden.

[7] Vgl. A. PONTRANDOLFO/A. ROUVERET, tombe; angesichts der weit zurückliegenden realen Vorbilder könnten hinter beiden Traditionen schließlich gemeinsame griechische Wurzeln liegen; vgl. J. MOURATIDIS, Origin 111–134; vgl. zuletzt den Ausstellungskatalog des Bucerius Kunstforums: O. WESTHEIDER/M. PHILIPP (Hg.), Malerei.

zum Inhalt haben und einen realen Bestattungsbrauch widerspiegeln dürften. In Rom wurden wohl erstmals nach dem Sieg im Samnitischen Krieg solche Waffenkämpfe veranstaltet.[8] Von da an wurden *munera*[9] in der Regel anlässlich von Triumphen oder im Rahmen von Leichenfeiern berühmter Persönlichkeiten gestiftet und kamen zu besonderer Bedeutung. Sie sind an verschiedenen Orten der Stadt anzutreffen.[10] Die rasche Verbreitung der *munera* im Laufe des 3. und 2. Jhs.v.Chr. ist auch vor dem Hintergrund der politischen und sozialen Entwicklung der römischen Gesellschaft zu sehen. Im 1. Jh.v.Chr. führte schließlich die wachsende Konkurrenz zwischen den politischen Gruppen zu gigantischen Aufwendungen für solche Veranstaltungen, bei denen die Zahl der Gladiatoren in die Hunderte gegangen sein soll.[11] Solche Auswüchse stellten neben den wirtschaftlichen Risiken auch eine nicht zu unterschätzende Gefahr für die öffentliche Sicherheit dar, zumal die Fechtausbildung der Gladiatoren zu dieser Zeit nicht mehr klar von der Ausbildung der Soldaten getrennt wurde.[12] Eine vom Senat verfügte Beschränkung der Kosten für *munera* ist für das Jahr 65 v.Chr. überliefert, als C. Julius Caesar Aedil[13] war. Er konnte daher das Versprechen, 320 Gladiatoren aufzubieten, nicht umsetzen. Die ersten Gladiatorenkämpfe, die auf Senatsbeschluss zustande kamen, fanden zu Ehren des ermordeten Caesar 44 v.Chr. statt. Eine Neuordnung der gesamten Struktur erfolgte dann unter Augustus und hatte in der Folge weit reichende Konsequenzen.

---

8 Liv. 9,40,17, berichtet von der Ausstattung campanischer Gladiatoren mit den erbeuteten Waffen der Samniter.

9 *Munera* als privat gestiftete Veranstaltungen mit Gladiatorenkämpfen sind zu unterscheiden von den *ludi*, mit denen ursprünglich die Wagenrennen im Circus und die Aufführungen im Theater bezeichnet wurden. Seit dem 1. Jh.v.Chr. werden mit *ludus* auch die Gladiatorenschulen bezeichnet, in denen die Gladiatoren kaserniert waren und die Kampfausbildung erhielten.

10 Nach Val. Max. 2,4,7 und Liv. Epitome 16, haben die Brüder Marcus Junius und Decimus Junius anlässlich der Bestattung ihres Vaters Junius Pera im Jahre 264 v.Chr. die ersten Gladiatorenkämpfe als *munera* gestiftet. Sie fanden auf dem Forum Boarium statt und waren mit drei Kämpferpaaren von recht bescheidener Pracht. Spätere *munera* wurden auch auf dem Forum Romanum abgehalten und waren großzügiger ausgestattet. Für die Leichenfeiern für M. Aemilius Lepidus im Jahre 216 v.Chr. sind bereits 22 Kämpferpaare überliefert. Bei den Spielen für Publius Licinius im Jahre 183 v.Chr. waren es schließlich sechzig Paare; zu den weiteren, von Livius überlieferten Zahlen vgl. T. WIEDEMANN, Kaiser 15, Anm. 9.

11 Vgl. M. JUNKELMANN, Spiel 38.

12 Der Konsul des Jahres 105 v.Chr. P. Rutilius Rufus soll nach der verheerenden Niederlage gegen die Kimbern und Teutonen bei Arausio zur Grundausbildung neuer Rekruten erfahrene Gladiatorentrainer angeworben haben; siehe E. BALTRUSCH, Verstaatlichung 324–337; T. WIEDEMANN, Kaiser 16, Anm. 11.

13 Suet. Iul. 26; Plut. Caesar 55; zur Zahl der Kämpfer (Plut. Caesar 5) vgl. T. WIEDEMANN, Kaiser 16, Anm. 10.

### 1.3 *Venationes* und *munera*

#### *1.3.1* Venationes

Kämpfe zwischen wilden Tieren oder von Menschen gegen Tiere haben ihren Ursprung in der Jagd, die an den Königshöfen des Hellenismus zum Gesellschaftsereignis werden konnte.[14] Die römischen Eliten kannten solche Traditionen nicht und kamen mit dieser Sitte erst sehr spät in Kontakt.[15] Dennoch sind mehrtägige Veranstaltungen mit Gladiatorenkämpfen und Tierhetzen in Italien schon aus dem 3. Jh.v.Chr. epigraphisch überliefert.[16]

In Rom sind *venationes* erstmals im Zusammenhang mit Triumphfeiern anzutreffen,[17] wobei es von Anfang an nicht ausschließlich um Kämpfe geht, sondern auch um die Zurschaustellung exotischer Tiere aus eroberten Gebieten als Teil der Kriegsbeute. M. Fulvius Nobilior hat beim zehntägigen Fest anlässlich seines Triumphes nach dem Sieg über Aetolien 186 v.Chr. eine *venatio* mit Löwen und Panthern ausgerichtet.[18] Seit der Eroberung der karthagischen Gebiete hat man dafür vor allem afrikanische Tiere verwendet, die für diesen Zweck gejagt und in die Hauptstadt gebracht wurden. Wie bei Strabon[19] belegt ist, waren diese organisierten Jagden auf wilde Tiere von Vorteil für die Entstehung der Landwirtschaft in Nordafrika. Wie bei den *munera* stiegen die Aufwendungen der Veranstalter im Lauf des 1. Jh.v.Chr. in gigantische Höhen.[20] Bei den Triumphen Caesars[21] des Jahres 46 v.Chr. wurden eine große Zahl an Elefanten, 400 Löwen, Stiere und sogar eine Giraffe vorgeführt.

#### *1.3.2* Venationes *und gladiatorische* munera

*Venationes* und gladiatorische *munera* sind ihrem Ursprung und ihrer Bedeutung nach zu trennen, wurden aber in der Praxis der *spectacula* später

---

14 Die Vorbilder für die Jagdveranstaltungen hellenistischer Herrscher liegen in den alten Kulturen des Vorderen Orients und sind hier nicht Thema; zum Symbolwert der Jagd vgl. M. SEYER, Herrscher.

15 Bei Sall. Iug. 6,1, wird überliefert, dass Jugurthas hervorragende Beherrschung der Löwenjagd als ein Beweis für seine Qualifikation zum König gelten konnte.

16 Die Unterscheidung zwischen *ferae dentatae*, wilden Tieren mit Reißzähnen, und den *herbarii*, weniger gefährlichen Pflanzenfressern, ist ebenso überliefert wie die Bezeichnung nach ihrer Herkunft; vgl. T. WIEDEMANN, Kaiser 69 mit Anm. 8.

17 Zur Frage der Versorgung der Zuschauer mit dem Fleisch der getöteten Tiere nach den *venationes*, die wegen einer in Pompeji überlieferten Ankündigung „*Cena Libera*" oft diskutiert wurde, vgl. D.G. KYLE, Spectacles 187–194.

18 Liv. 39,22,2: *et venatio data leonum pantharumque.*

19 Strab. 2,5,34.

20 In einer *venatio*, die Scaevola, Sohn des Publius, als Aedil des Jahres 58 v.Chr. ausrichtete, kämpften mehrere Löwen zugleich, Sulla aber brachte als erster nach dem Sieg gegen Jugurtha gar hundert (?) erwachsene Löwen nach Rom. Nach ihm führte Pompeius der Große im Zirkus 600 Löwen, darunter 315 mit Mähnen vor. Von Scaurus sind im Jahre 58 v.Chr. 150 Leoparden, ein Nilpferd und fünf Krokodile abgeschlachtet worden; vgl. T. WIEDEMANN, Kaiser 67–71.

21 Plin. nat. 8,20,53, und Suet. Iul. 37,2.

vermischt. In der figürlich gestalteten Umrahmung eines Mosaiks aus der bekannten Villa von Dar Buc Amméra (Zliten in Libyen, heute im Museum von Tripolis[22]) ist der gesamte Ablauf eines aufwändigen Kampfes mit *munus* und *venatio* dargestellt. Das Bilderband beginnt in der Nordwestecke des Mosaiks mit dem Aufmarsch der Musik, gefolgt von Gladiatorenpaarungen. Die Ostseite des Bildstreifens ist den *venationes* und Exekutionen von Gefangenen gewidmet. Ein Bär und ein Stier, Tiere, die in der freien Wildbahn wohl nicht gegen einander kämpfen würden, sind aneinander gekettet und bilden so eine widernatürliche Tierkampfgruppe. Die Südseite bildet wiederum Gladiatorenkämpfe ab, an der sehr schlecht erhaltenen Westseite sind Tierhetzen mit Straußen und Hunden (?) zu erkennen. In solchen mehrfach variierten Abfolgen wird sich wohl die Rücksichtnahme des Veranstalters auf die Erwartungen eines sensationsverwöhnten Publikums widerspiegeln.

Die Hinrichtung von Gefangenen und Sklaven durch wilde Tiere ist wahrscheinlich aus der punischen Militärpraxis von den Römern übernommen worden.[23] Von Mosaiken aus der späteren Kaiserzeit sind zahlreiche Bilder dieser Thematik überliefert,[24] die an Detailtreue und Grausamkeit nicht zu übertreffen sind (Abb. 2).

Im Kontext der vorliegenden Publikation ist ein besonderer Aspekt der Verurteilung *ad bestias* in der Tatsache zu sehen, dass in der späteren Kaiserzeit auch zahlreiche Christen auf diese Weise ums Leben gekommen sind.[25]

## 1.4 Naumachien

Anlässlich seines großen Triumphes 46 v.Chr. veranstaltete Caesar Schaukämpfe zu Wasser, für die am Marsfeld ein künstlicher See ausgehoben wurde. Mit gewaltigem Aufwand wurde eine Seeschlacht zwischen Tyros und Aegypten nachgestellt,[26] die einer Massenhinrichtung von Gefangenen

[22] Vgl. S. AURIGEMMA, mosaici 131–201, Abb. 75–126.

[23] Nach Pol. I 84,8, hat Hamilkar im Jahre 214 v.Chr. gefangen genommene Söldner und Deserteure den wilden Tieren vorgeworfen; dem Beispiel folgten nach Liv. Epitome 51, Aemilius Paullus nach der Schlacht von Pydna 168 v.Chr. und Scipio Africanus 146 v.Chr. nach der Zerstörung von Karthago; siehe auch Val. Max. 2,7,13f.

[24] Vgl. ein Detail auf dem Mosaik von Zliten bei S. AURIGEMMA, mosaici 180f., Abb. 111–114, wo die Verurteilten an senkrechte Pfähle gefesselt und auf einachsigen Wägelchen den Großkatzen zugeführt werden. Ebenfalls gezeigt ist bei S. AURIGEMMA, mosaici 186f., Abb. 117, ein mit Tunica bekleideter *bestiarus*, der mit einem dressierten (?) Wildschwein kämpft. An eine Tierkampfgruppe schließt ein Gefangener an, der von einem *bestiarus* mit Peitschenhieben gegen einen heran springenden Löwen getrieben wird.

[25] Eus. HE 8,10 (Migne, PG 20,764); Tert. De spectaculis 19; zitiert nach T. WIEDEMANN, Kaiser 80 mit Anm. 34.

[26] App. civ. 2,102,423, berichtet von 4 000 Ruderern und 2 000 Kämpfern.

gleichkam. Augustus ließ in Trastevere einen großen Teich für Naumachien[27] errichten, wo im Jahre 2 v.Chr. anlässlich der Einweihung des Mars-Ultor-Tempels die Schlacht von Salamis[28] nachgespielt wurde. Dabei kamen 3 000 Kämpfer und dreißig Kriegsschiffe zum Einsatz. Bei den größten Schiffskämpfen, die Claudius 52 n.Chr. auf dem Fuciner See ausrichten ließ, standen sich eine Rhodische und eine Sizilische Flotte mit insgesamt 19 000 Mann und hundert Schiffen[29] mit Ruderern gegenüber. D.G. Kyle betont den Hinrichtungscharakter solcher Events: „these staged battles were spectacular mass executions of captives".[30]

### 1.5 *Certamen Graecum*

*Certamen Graecum* ist schließlich die römische Bezeichnung für die aus dem griechischen Festkalender übernommenen athletischen Wettkämpfe nach den olympischen Disziplinen. Als wichtigste Anlässe für solche Darbietungen ist auf die *ludi triumphales* hinzuweisen,[31] die anlässlich großer Siege im Osten gefeiert wurden. Auch die großgriechischen Städte in Süditalien und Sizilien, die ihre städtischen Festspiele nach alter Tradition weiterführten, können als Vermittler gelten. Das Rahmenprogramm solcher Kämpfe war allerdings nicht einheitlich.[32] Unter Augustus wurde diese

---

[27] Die Naumachie als Bauwerk in Trastevere wurde eine bleibende Einrichtung, wo unter Nero, Titus und Domitian große Schiffskämpfe veranstaltet wurden. In den Provinzen des Reiches sind ebenfalls Naumachien überliefert, und auch in vielen Theatern konnten die für die Hydrotechnik notwendigen Einbauten nachgewiesen werden. Es ist hier nicht weiter zu verfolgen, ob wir die stadtrömischen öffentlichen Schiffskämpfe, die ein kaiserliches Monopol darstellten, mit solchen Veranstaltungen vergleichen können, die oft nicht über anregendes Geplätscher leicht bekleidete Tänzerinnen als „Nereiden" mit entsprechenden „Tritonen" hinausgegangen sein dürften.

[28] R. Gest. div. Aug. 22,1–3. Es ist offensichtlich, dass mit diesem historischen Vorbild (Sieg der Griechen über die Perser 480 v.Chr.) sein eigener Sieg von Actium nochmals in Erinnerung gerufen werden sollte; vgl. dazu auch Suet. Aug. 43,1.

[29] Suet. Claud. 21,6.

[30] D.G. KYLE, Sport 288.

[31] Die ersten Auftritte griechischer Athleten in Rom sind für die *ludi triumphales* des M. Fulvius Nobilior nach dem Sieg über Aetolien 186 v.Chr. anzunehmen. Bei seinen zehntägigen *spectacula* (Liv. 39,22,1f.) sind neben den schon erwähnten Tierhetzen und Gladiatorenkämpfen griechische Schauspieler und griechische Athleten aufgetreten. Als Sulla nach den gewaltsamen Plünderungen des Heiligtums von Olympia im Jahre 80 v.Chr. seinen Triumph feierte, waren so viele griechische Athleten beteiligt, dass diese Wettkämpfe in Rom als 165. Olympische Spiele gezählt wurden. Nicht nur ein markantes Zeichen für den Niedergang der Olympien, sondern auch ein Beleg für den Einzug der Athletik in Rom; vgl. H.A. HARRIS, Sport 44–74; allerdings musste Pompeius, der zur Einweihung seines Theaters griechische Athleten nach Rom brachte, gestehen, damit nur „Öl und Geld verschwendet" zu haben; vgl. Cic. fam. 7,1,3.

[32] M. Aemilius Scaurus, der Stiefsohn des Sulla, Aedil des Jahres 58 v.Chr., ließ für seine Spiele, welche *munera*, *venationes* und ein *certamen Graecum* umfassten, ein prachtvolles Theater errichten, das alles bisherige in den Schatten stellte, aber später ein Raub der Flammen wurde.

Entwicklung entscheidend gefördert.[33] Das von Domitian errichtete steinerne Stadion am Marsfeld ist wohl der Ort gewesen, wo solche Wettkämpfe schon früher stattfanden.[34]

### 1.6 Zusammenfassung

Bis zum Ende der römischen Republik haben die *spectacula* mehrschichtige Ausformungen erfahren und zur nachhaltigen Veränderung der Programmgestaltung öffentlicher Feste[35] beigetragen. Vor dem breiten Hintergrund der Entwicklung der *munera*, die private Wurzeln im Totenkult hatten, aber auch religiöse Aspekte einschlossen, war ihnen durch die große öffentliche Wirkung und durch das damit verbundene Prestige[36] für die *editores* auch große religiöse, gesellschaftliche und politische Bedeutung zugewachsen.

Dem temporären Charakter solcher Feste entsprechend, waren die Veranstaltungsorte der *munera* und *venationes* in der Regel der Circus Maximus, der Circus Flaminius oder ein anderer Platz auf dem Marsfeld; hier wurden für den jeweiligen Anlass Kampfplätze mit provisorischen Tribünen errichtet,[37] in deren Sitzverteilung sich die gesellschaftliche Rangordnung ablesen ließ. Die hölzernen Amphitheater, die für *venationes* erbaut wurden, sind nur durch die literarische Überlieferung, nicht durch archäologische Evidenzen bekannt. Der provisorische Charakter solcher Bauten liegt auf der Hand.[38]

## 2. Die Neuordnung unter Augustus

### 2.1 Rom

In Rom sorgte Augustus sehr früh nach seinem Amtsantritt als *princeps* für eine Neuregelung des gesamten Programms der öffentlichen Feste, insbesondere der *spectacula*. Die damit verbundene Monopolisierung betraf

---

[33] In den R. Gest. div. Aug. 22, hebt Augustus die zwei von ihm selbst und die im Namen seiner Enkel veranstalteten *spectacula athletarum undique accitorum* besonders hervor.

[34] Zum Stadium Domitiani vgl. A.M. COLINI, Stadium.

[35] Zur Definition der *ludi publici* vgl. F. BERNSTEIN, Ludi.

[36] Zum „agonistischen" Element dieser Entwicklung vgl. F. BERNSTEIN, Ludi 268–271.

[37] Die ersten Holztribünen hatte C. Gracchus (Plut. C. Gracchus 12,3) schon 122 v.Chr. errichten lassen, um allen Besuchern eine gute Sicht zu bieten.

[38] So ist mehrmals belegt, dass es auch zu Unfällen kam. Bemerkenswert ist ein Vorfall 55 v.Chr. anlässlich der Einweihung des Pompeius-Theaters, als die Elefanten im Circus Maximus die Absperrung durchbrachen und das Publikum in Schrecken versetzten (vgl. Cass. Dio 39,38,2–4; Sen. De brevitate vitae 13,6). Der Zusammenbruch der Tribünen des Amphitheaters von Fidenae im Jahre 27 n.Chr. kostete nach Suet. Tib. 40, tausenden Zuschauern das Leben.

zunächst die Berechtigung zur Ausrichtung von *gladiatorum munera* und *venationes*, zumindest in der Hauptstadt. Sie wurde an die Genehmigung durch den Senat gebunden, eine formale Regelung, an die sich auch der Kaiser gehalten hat.[39] Die Regelung wurde auf die Ausbildung der Gladiatoren in den *ludi*, den Gladiatorenkasernen ausgedehnt. Diese standen unter direkter kaiserlicher Aufsicht[40] und wurden jeweils von *negotiatores* verwaltet, die eine straffe Organisation der *familiae gladiatoriae*[41] gewährleisteten. Was vordergründig mit Bestrebungen hinsichtlich der öffentlichen Sicherheit erklärt werden kann, wird durch diese Monopolisierung zum Machtinstrument: Im praktischen Ablauf wurde in jeder einzelnen Veranstaltung, die auch *munera* oder *venationes* beinhaltet, ein sehr direkter Bezug zum Kaiser hergestellt, wodurch sich eine enge strukturelle Klammer zwischen den *spectacula* und dem Kaiserkult ergibt. Als Folge der Reglementierung ist festzustellen, dass die privaten *munera* ganz deutlich abgenommen haben.

Der zweite Aspekt betrifft die Standardisierung der Kampfdisziplinen und das Programm der *ludi*[42] Regelungen, wie etwa das Verbot des Kampfes auf Leben und Tod sind nicht nur als humanitäre Aspekte zu bewerten,[43]

---

39 In den R. Gest. div. Aug. 22f., zählt Augustus insgesamt 67 *spectacula* auf, die er im eigenen Namen oder für seine Enkelsöhne veranstaltete. In seinen *venationes bestiarum Africanarum* für das römische Volk wurden insgesamt 3 500 Tiere getötet. Als Folge der Reglementierung ist festzustellen, dass die privaten *munera* ganz deutlich abgenommen haben.

40 Vorbild dafür dürfte der *ludus Iulianus* gewesen sein, den Caesar als ursprünglich private Einrichtung in Capua betreiben ließ; vgl. G. VILLE, gladiature 227; auch in Ravenna war nach Suet. Iul. 32,3, die Errichtung eines *ludus Julianus* geplant. Diese und andere Gladiatorenschulen wurden offensichtlich von Augustus übernommen; zur Namensgebung der *ludi* vgl. B. MEISSNER, Meris 167–191.

41 Von diesen offiziellen *negotiatores familiae gladiatoriae* sind die in der Kaiserzeit schlecht beleumundeten *lanistae* (vgl. Liv. 28,21) zu unterscheiden, die ihre privaten Geschäfte mit den Gladiatoren machten. Durch die Einrichtung von *familiae* sind sicherlich auch gewisse soziale Bindungen in der Gruppe gefördert worden. *Familia* als Bezeichnung für Gladiatorengruppen wurde auch im griechisch sprechenden Osten des Reiches in der lateinischen Form übernommen. Nach Grabinschriften zu schließen hat die *familia* (Grabstein des Satornilos aus Smyrna bei M. JUNKELMANN, Gladiatoren, Abb. 33) und auch die Gattin (Grabstein des Palumbos aus Ephesos, in: Österreichisches Archäologisches Institut/Institut für Histologie und Embryologie der Universität Wien/Kulturministerium der Türkischen Republik (Hg.), Gladiatoren 76) für die Bestattung der Gladiatoren gesorgt.

42 Eine Sonderstellung nehmen die *Ludi Saeculares* des Jahres 17 v.Chr. ein, deren Programm die hohe religiöse und staatstragende Bedeutung alter Traditionen betonte und daneben die Massen auch durch *munera* und *venationes* in den Bann zog.

43 Nach Suet. Aug. 45,3, hat Augustus unter direkter Kritik besonderer Grausamkeit diese *munera sine missione* verboten. Ob mit der *missio* nach einem ehrenvollen Kampf mit dem „geschenkten“ Leben zugleich auch die Freilassung verbunden war, ist umstritten. Der gestreckte Finger des unterlegenen Kämpfers als Zeichen der Aufgabe ist auf mehreren Darstellungen (vgl. M. JUNKELMANN, Gladiatoren Abb. 22.223) überliefert. Zu den Lebensumständen der Gladiatoren in der Gruppe und zu durchaus persönlichen familiären Bindungen, dokumentiert in zahlreichen Grabinschriften, vgl. T. WIEDEMANN, Kaiser 127–130, und M. JUNKELMANN, Gladiatoren 27–31 mit Abb. 31–41.

sondern sind wohl auch als Hinweis auf die Wertschätzung erfolgreicher Gladiatoren zu sehen und galten darüber hinaus der Schonung eines jungen, Erfolg versprechenden Nachwuchses.

*Venationes* fanden in der Regel am Vormittag statt, die *munera legitima* waren dem Nachmittag vorbehalten. In der Kaiserzeit wurde es üblich, zwischen diesen beiden Veranstaltungen öffentliche Hinrichtungen von Gefangenen anzusetzen,[44] die *ad bestias* verurteilt worden waren. In zahlreichen, teilweise sehr drastischen bildlichen Überlieferungen aus der späteren Kaiserzeit erfahren wir über verschiedene Techniken solcher Hinrichtungen, bei denen verschiedenste Raubtiere eingesetzt wurden.

In Rom ging der Ausbau der Wettkampfstätten im Vergleich selbst zu italischen Municipien langsam vor sich,[45] ehe nach der Erbauung des großen Amphitheatrum Flavium in Rom auch in zahlreichen Städten des Westens Amphitheater errichtet wurden.[46] *Panem et Circenses*[47] als Beschreibung der politischen Struktur für das Proletariat der Hauptstadt ist zwar eine Verkürzung der politischen Problematik, dürfte die Sache aber treffen.

Neben den stadtrömischen Traditionen wurden auch die aus Griechenland übernommenen Feste gefördert. So wurde das Recht, „isolympische“ Spiele zu veranstalten, auch im Westen des Reiches an viele Städte vergeben. Die Italica Rhomaia Sebasta Isolympica in Neapolis,[48] die im Jahre 2 v.Chr. eingeführt wurden, hat der Princeps noch in seinem Todesjahr besucht.

## 2.2 Der Osten des römischen Reiches

Im Osten des Reiches hat sich die Entwicklung seit dem 2. Jh.v.Chr. mit der wachsenden Präsenz römischer Eliten an stadtrömischen Gewohnheiten orientiert. Vorbilder waren etwa die großen *spectacula* mit ihrem Festpro-

---

[44] Eine kritische Formulierung bei Suet. Claud. 34,2, lässt vermuten, dass mit dieser Abfolge dem Publikum freigestellt wurde, diesen nicht überall beliebten (vgl. auch Sen. epist. 7,5: *mera homicidia*) Hinrichtungen fernzubleiben bzw. ein Mittagessen einzunehmen.

[45] Das erste steinerne Amphitheater errichtete Statilius Taurus (Cass. Dio 43,22,3; Vitr. 1,71), einer der Generäle vor Actium, am Marsfeld und weihte es 29 v.Chr. mit Gladiatorenspielen ein, gerade rechtzeitig für den dreifachen Triumph des Octavian. Seine Zerstörung dürfte beim neronischen Brand erfolgt sein.

[46] J.C. GOLVIN, amphithéâtre.

[47] Iuv. 10,81; auch Trajan (Fronto, Hist. Aug. 17) wusste, dass das Volk durch zwei Dinge unter Kontrolle gehalten werden konnte: Getreidespenden und Spiele. Deswegen sei ein gutes Festprogramm genauso wichtig wie der gesicherte Getreideimport; zitiert nach D.G. KYLE, Sport 300.

[48] Zu Neapolis vgl. I.R. ARNOLD, Festivals 245–252; die erste Liste der isolympischen Spiele bei L. ZIEHEN, Art. Olympia, in: PRE XVIII (1939) 45f., könnte mit neuem Material wesentlich verlängert werden.

gramm, die Aemilius Paullus[49] im Jahr 168 v.Chr. nach seinem Sieg über Perseus in Amphipolis ausgerichtet hatte. Als erster hellenistischer Herrscher nahm Antiochos IV. im Jahre 166 v.Chr. in Antiochia *munera* in das Programm seiner Spiele auf. Er hatte seit 189 v.Chr. für 14 Jahre als Geisel in Rom gelebt und kannte die förderliche Wirkung der *ludi* hinsichtlich Herrschaftssicherung und Prestigegewinn für den *editor*.[50] Seine Spiele übertrafen alles bisher Gesehene an Aufwand und Pracht. Mit den blutigen Kämpfen hat er bei den Zuschauern zunächst Entsetzen hervorgerufen.[51] Mit der Errichtung der Provinz Asia konnten sich jedoch in den Städten neben den traditionellen Festen nach regionaler Tradition,[52] die meist religiösen Ursprungs waren, zusätzliche Veranstaltungen nach römischem Vorbild verbreiten. Außer den literarisch überlieferten Großereignissen,[53] gaben die „Italiker“ und die Eliten aus der stadtrömischen Nobilität den Ton an. Die Dokumentation von *munera,* die nun auch mit einheimischen Gladiatoren besetzt wurden,[54] lässt schon früh auf einen lebendigen Betrieb von Gladiatorenschulen schließen.

## 2.3 Die Periode nach der Schlacht von Actium

Die Schlacht von Actium hat die politische Welt verändert, auch die Welt der Agone und der *spectacula.* Nach Gründung der Stadt Nikopolis, ließ Augustus die alten Aktischen Agone für den Apollon von Actium wieder aufleben.[55] Die Spiele wurden dem olympischen Festkalender entsprechend

---

49 Die Aussage des Aemilius Paullus, dass ein guter Stratege auch großartige Spiele ausrichten können sollte, ist in seinen Biographien mehrfach überliefert; vgl. Plut. Aemilius Paullus 32–34; Liv. 45,32,11; Pol. XXX 15,4.

50 Bei Liv. 42,6,9, ist nachzulesen, wie viel Antiochos diesem Aufenthalt in Rom verdankte.

51 Nach Pol. XXXI 3, wollte er mit diesen Spielen den Aemilius Paullus übertreffen; zunächst scheint das aber nicht gelungen zu sein; vgl. Liv. 41,20,11: *gladiatorum munus Romanae consuetudinis primo maiore cum terrore hominum insuetorum ad tale spectaculum quam voluptate dedit*; neben dem Entsetzen, das hier beschrieben ist, berichtet Livius aber weiter, dass diese Gladiatorenspiele mit der Zeit bei der Jugend beliebter wurden und er nicht mehr für viel Geld kampferprobte Gladiatoren aus Rom herbeischaffen musste, sondern dafür im eigenen Land Leute fand.

52 Zu den Agonen vgl. die Zusammenstellung bei D. MAGIE, Rule 1636f. (Index s.v. Festivals).

53 Lucullus ließ nach Plut. Lucullus 23,1, im Jahre 69 v.Chr. große *munera* in Ephesos ausrichten. Anlässlich der Koloniegründung von Korinth hat Caesar 44 v.Chr. *munera* eingeführt und ein Amphitheater errichten lassen, das Ernst Curtius noch gesehen hat, das inzwischen aber zerstört ist. Zu Ehren der Stadteröffnung von Kaisereia Sebaste im Jahre 10/9 v.Chr. gab Herodes Spiele mit allen *ludi gymnici* und musikalische Agone, Pferderennen mit Wagen und Reitern, Gladiatoren und *venationes* und mit wertvollen Preisen.

54 Einheimische Gladiatoren lassen sich vor allem durch prosopographische Hinweise und aus den Siegerlisten nachweisen; vgl. dazu auch Liv. 41,20,11.

55 Zu Nikopolis siehe unten Kap. 3.1.3.

eingerichtet und eine bleibende Stiftung des Kaisers. Die Förderung der panhellenischen Feste durch Augustus hatte Vorbildcharakter und begründete eine enge Bindung der griechischen Sportfeste an den Kaiser.[56] Waren für die Anpassung regionaler Feste an die panhellenischen Agone früher komplizierte Bündnisverträge notwendig,[57] so genügte jetzt das für alle Beteiligten verbindliche Einverständnis des Kaisers. Zusammenfassend sei die treffende Formulierung von W. Decker zitiert:

> Die kultische Bindung der Agone an eine Gottheit [...] setzte sich über die hellenistischen Herrscher fort und gewann gut belegte Normalität im Osten des Imperium Romanum, wo seit Augustus die Agone fest mit dem Kaiserkult verbunden sind und als Loyalitätsbekundung mit der römischen Macht zu verstehen sind.[58]

Einen ganz besonderen Einblick in die Regelungen unter Hadrian, der offensichtlich ganz großes persönliches Interesse an den Agonen hatte, bieten die vor wenigen Jahren bekannt gewordenen Briefe des Kaisers an die Künstlergilde von Alexandria Troas.[59]

In viel höherem Maße noch gilt diese Feststellung für die nach römischer Tradition veranstalteten *spectacula,* die durch großzügige Förderungen und durch die oben beschriebenen Reformen in den unmittelbaren Wirkungsbereich des Kaisers und seiner Repräsentanten gelangten. Schon zu Augustus Zeiten war damit auch im Osten des Reiches die Verbindung der öffentlichen Spiele mit dem Kaiserkult definiert. Regelmäßige Festspiele zu Ehren des Kaisers wurden in allen Provinzen eine zentrale Aufgabe der höchsten Repräsentanten der Provinzverwaltung und der Hohen Priester im Kaiserkult. Die *munera* wurden zum kaiserlichen Reichssport. Dafür sind zwei sich ergänzende Aspekte hervorzuheben: Einerseits war für den Kaiser mit den Spielen öffentliche Präsenz, staatliche Autorität und hohes Prestige verbunden, das es aktiv zu pflegen galt.

> Augustus set the proper model of generosity, composure and control for the later emperors [...] Wise emperors, understanding the dynamics of political theatre, knew that their performance, gesture and gifts, were all part of playing the game of emperorship.[60]

---

[56] Eindrucksvolles Beispiel ist die aufwändige Agonothesie für die Olympischen Spiele des Jahres 12 v.Chr., die Herodes I. von Judäa auf Einladung übernahm, wohl auch um Augustus von der Modernisierung seines Reiches zu überzeugen. Die von L. ZIEHEN, Art. Olympia, in: PRE XVIII (1939) 48, geäußerte Vermutung, dass das Recht, seinen Namen weiterzugeben, erst von Hadrian an Olympia verliehen worden sei, ist durch das bei Malalas beschriebene Fest des Senators Sosibios in Antiochia widerlegt; vgl. A. SCHENK V. STAUFFENBERG, Kaisergeschichte 412–443; vgl. zusammenfassend H. LANGENFELD, Politik 228–259.

[57] Als Beispiel sei auf die Agone zum Fest der Artemis Leukophryene in Magnesia a. M. (I.v.Magnesia 11–13, Nr. 16) hingewiesen; vgl. auch W. LESCHHORN, Verbreitung 31–45.

[58] W. DECKER, Art. Sportfeste, in: DNP XI (2001) 851.

[59] G. PETZL/E. SCHWERTHEIM, Hadrian.

[60] D.G. KYLE, Sport 303.

Anderseits hat für den Osten bereits Luis Robert[61] klar gemacht, „dass die Verbreitung der Gladiatorenspiele sich in dem Maße verbreiteten, wie die Oberschicht sich mit ihrer Stellung innerhalb des Reiches identifizierte“.[62] Griechische Städte wollten also mit der Aufnahme von *munera* auch aktive Zugehörigkeit zum Reich und ihre Loyalität zum Kaiser zeigen, nicht selten auch im Wettbewerb mit Nachbarstädten.

## 3. Die Wettkampfstätten

Die skizzierte Entwicklung war von einer zunehmenden Dichte der *spectacula* gekennzeichnet. Trotz mancher gewichtiger Gegenstimmen,[63] wurde dadurch ein regelrechter Bauboom ausgelöst. Während nun im Westen zahlreiche Amphitheater in der bekannten elliptischen Form errichtet wurden,[64] worin sich die *munera* und *venationes* als vorrangige Funktionen der Bauten erkennen lassen, hat man in den Städten des Ostens einen anderen Weg genommen. Wohl aus Rücksichtnahme auf die viel breiter gefächerten Veranstaltungen und die traditionell griechischen Wettkampf-Disziplinen im jährlichen Festkalender wurden die vorhandenen Bautypen, das Theater und das Stadion,[65] in vielen Varianten adaptiert und den neuen Bedürfnissen angepasst. Der Bautypus des Amphitheaters blieb im Osten die absolute Ausnahme.[66]

---

[61] L. ROBERT, gladiateurs 184.

[62] Zitiert nach T. WIEDEMANN, Kaiser 58.

[63] Neben den Einwendungen, die sich auf den Aufwand für die Spiele bezogen, sind vor allem auch philosophische und moralische Gegenstimmen – auch aus der vorchristlichen – Antike überliefert; zusammenfassend vgl. das Kapitel „Kritiker und Gegner“ bei T. WIEDEMANN, Kaiser 130–162.

[64] Einführend vgl. A. HÖNLE/A. HENZE, Amphitheater; zur Entwicklung der Form und Funktion zuletzt J.C. GOLVIN, amphithéâtre; die Etymologie des ursprünglich adjektivisch gebrauchten *amphitheatros* (P.J. MEIER, Art. Amphitheatrum, in: PRE I [1894] 1959) besagt unmissverständlich, dass damit nicht ein Doppeltheater bezeichnet wird, sondern ein Bauwerk, welches mit einem ringsum laufenden Zuschauerraum (*theatron*) ausgestattet ist. Das im Jahre 52/53 v.Chr. von C. Scribonius Curio erbaute hölzerne „Zwillingstheater“, welches in seinen Angeln gedreht und so zum Amphitheater geschlossen werden konnte (beschrieben bei Plin. nat. 36,24: *theatra iuxta duo fecit amplissima ligno cardinum singulorum versatili suspensa libramento … cornibus in se coeuntibus faciebat amphitheatrum*) könnte als Modell für die Entwicklung des Bautypus herangezogen werden. Dagegen spricht aber, dass die campanischen Amphitheater (z.B. Pompeji) wohl deutlich älter sind. Der Bautypus geht in nuce eher auf die in Campanien mehrfach dokumentierten kreisrunden Versammlungshäuser (z.B. Paestum) zurück; zur Frage vgl. auch J.C. GOLVIN, amphithéâtre 28–59.

[65] E. FIECHTER, Art. Stadion, in: PRE III A/2 (1927) 1967–1973; F. KRINZINGER, Untersuchungen; P. AUPERT, stade; A.M. COLINI, Stadium; zum Thema vgl. insbesondere P. ROOS, Connection 165–168; DERS., Search 178–188.

[66] J.C. GOLVIN, amphithéâtre, mit einer Verbreitungskarte auf Taf. 71, auf der insgesamt 190 monumentale Amphitheater aufgelistet sind; von diesen befinden sich lediglich acht im

Die meisten griechischen Stadien waren in der frühesten Form an einer Schmalseite rechteckig wie in Epidauros (Abb. 3) oder seit dem 3. Jh.v.Chr. auch halbkreisförmig (Nemea) abgeschlossen.[67] In der *sphendone*[68] waren die Zuschauer dem Geschehen am nächsten. In städtischen Anlagen hellenistischer Zeit (Milet) konnten auch zwei unabhängige einander gegenüberliegende Zuschauerränge gestaltet sein.

## 3.1 Das *stadion amphitheatron*

Eine bezeichnende Mischform, die sowohl den Notwendigkeiten der griechischen Agone als auch den römischen *spectacula* entsprach, wurde nach der Mitte des 1. Jhs.v.Chr. entwickelt. Es zeichnet sich einerseits durch die lang gestreckte Kampfstätte von etwas mehr als 200 Meter Länge und bis zu 40 Meter Breite aus,[69] was dem Stadion der olympischen Disziplinen entspricht, anderseits waren beide Schmalseiten halbkreisförmig geschlossen, sodass der Bau tatsächlich ringsherum mit Zuschauerrängen ausgestattet war und damit eine größere Nähe zum Kampfgeschehen bieten konnte: das s*tadion amphitheatron.*

### *3.1.1 Nysa ad Maeandrum*

Der früheste Gebrauch des Terminus *amphitheatron* für ein Bauwerk solchen Typs findet sich bei Strabon[70] in seiner Beschreibung von Nysa ad Maeandrum. Charakteristisch für die Stadt ist ein tiefer Wasserlauf, der die Stadt teilt. Der Vorplatz des Theaters ist durch einen mächtigen Tunnelbau geschaffen worden, südlich davon lag, in die Tiefe des Flusslaufes eingesenkt, auf mächtigen Substruktionen aus *opus caementicium* das *amphitheatron.* Westlich davon ist das große Gymnasion der Stadt gelegen, das eine direkte Verbindung zu dieser Sportstätte hat.

---

östlichen Teil des römischen Reiches und davon nur zwei in kleinasischen Provinzen (in den Städten Pergamon und Kyzikos).

[67] Epidauros: P. KAVVADIAS, ieron 96–118; Nemea: S.G. MILLER, Stadium; Milet: A. v. GERKAN, Stadion.

[68] *Pars circi extrema, in fundae formam flexa* (H. Stephanus, Thesaurus graecae Lingue, Paris 1848–1854, VII 1599f., s.v. sphendone); der Terminus *sphendone* (= Schleuder) hat erst in übertragener Bedeutung in der Architektur Verwendung gefunden.

[69] Der Stadionlauf über 600 Fuß (Olympia 192,27 Meter) erforderte für Aufstellraum und Auslauf eine etwa ca. 220 Meter lange Rennbahn, was aber mit sehr ungleichen Verhältnissen für die Sichtmöglichkeiten der Zuschauer verbunden war. Zur Metrologie vgl. allgemein F. LEHMANN-HAUPT, Art. Stadion, in: PRE III A/2 (1927) 1930–1962; zu Veränderungen der lokalen Fußmaße siehe auch O. BRONEER, Isthmia 174–181 (Appendix I: The Foot Measure).

[70] Strab. 14,1,43; der Autor war vor seiner Übersiedelung nach Rom um 45 v.Chr. als Schüler des Aristodemos in Nysa gewesen und kannte die Stadt sicherlich sehr gut; eine Verwechslung mit einem anderen Bauwerk ist also auszuschließen; vgl. K. BOSHNAKOV, Thraker 319f.; zur Chronologie-Debatte seines Umzuges nach Rom vgl. J. ENGELS, Oikomenegeographie 26.

Erhalten haben sich am Nordende die radial zulaufenden Substruktionen des schräg ansteigenden Unterbaues für die Sitzstufen der *sphendone*, im Osten dagegen nur die Reste der parallelen Gewölbekammern. An der Westseite waren die Sitzstufen großteils ohne hohen Unterbau direkt auf den Untergrund verlegt. Die Mitte und das Südende der Anlage, welches in ebenfalls halbkreisförmig abgeschlossener Form rekonstruiert werden konnte, sind fast zur Gänze zerstört und in den Flusslauf gestürzt. Nach der ersten Untersuchung des Stadions von Nysa vor rund hundert Jahren haben sich aber genügend Elemente für die Rekonstruktion der Anlage erhalten (Abb. 4).[71] Diese sieht dreißig Sitzreihen vor, die sich ohne horizontale Gliederung (Diazoma) bis zu einem breiten Umgang auf der Höhe des Zuschauerraumes erhoben. Auffallend ist die Anordnung der Treppenstufen, welche die *cavea* in *kerkides* gliederten und den Zugang zu höheren Sitzstufen ermöglichten. Während in den Stadien hellenistischer Städte,[72] die über steinerne Sitzstufen verfügen, die Treppenstufen der Langseiten in eindeutigem Bezug auf das athletische Maß der kanonischen Laufbahn stehen – zwölf *kerkides* zu je einem Halbplethron[73] von fünfzig Fuß –, sieht die Rekonstruktion des Zuschauerraumes im Stadion von Nysa an den Längsseiten je 15 Treppen, also 14 Abschnitte vor. Damit war die Gliederung der Ränge nicht mehr auf athletische Maße bezogen. Die Abmessung der Gesamtlänge der Innenfläche (192 Meter) und ihre Breite (42 Meter) lassen aber über die primäre Bestimmung des Bauwerkes als Stadion keinen Zweifel aufkommen. Es gibt zahlreiche Überlieferungen,[74] dass in Nysa auch *venationes* und Gladiatorenspiele stattgefunden haben. Durch eine steinerne Balustrade vor den ersten Sitzreihen war eine strikte Trennung der Wettkampfebene vom Zuschauerraum gegeben, was sicherlich dem Sicherheitsbedürfnis entsprochen hat.

### *3.1.2 Aphrodisias*

Das Stadion von Aphrodisias in Karien liegt am äußersten Nordrand der Stadt und wurde in der Spätantike in die Befestigung der Stadt einbezogen. Der ausgezeichnete Erhaltungszustand der Sitzstufen mit den halbkreisför-

---

[71] W. v. DIEST, Nysa 42–44; der Text zu Plan II von A. Graefinghof stammt von H. Pringsheim, der die Rekonstruktion „in allen wesentlichen Teilen für gesichert“ (ebd. 44) ansieht; K. WELCH, Stadium 555, Anm. 11, hat an dieser Rekonstruktion Zweifel geäußert, die nicht als stichhaltig anzusehen sind.

[72] Als Beispiel sei auf das Stadion von Milet verwiesen; vgl. A. v. GERKAN, Stadion Taf. 3,2.

[73] Die Unterteilung der Laufbahn der griechischen Stadien in sechs Plethren (= hundert Fuß) durch Wasserschöpfbecken (Olympia, Stadion III: vgl. A. MALLWITZ, Stadion 37–39) oder durch kleine Pfeiler (Nemea: vgl. S.G. MILLER, Excavations) sollte wohl den Läufern die Orientierung erleichtern.

[74] L. ROBERT, gladiateurs. Der Kaiserkult ist durch ein inschriftlich für das Jahr 1. v.Chr. dokumentiertes Priesteramt für Dea Roma und den Imperator Caesar Augustus nachgewiesen; vgl. CIG 2934 bei F. HILLER VON GAERTRINGEN, Nysa 64–68.

migen Abschlüssen der beiden Schmalseiten ergibt eine monumentale räumliche Geschlossenheit des Bauwerks von großer Wirkung. Es war ursprünglich in einer Mulde errichtet worden, die man um etwa ein Drittel künstlich vertiefte. Die ansteigenden Erdböschungen des Zuschauerraumes wurden nach oben hin mit einem tonnengewölbten Stützsystem und einer Außenfassade gestaltet (Abb. 5).[75] Die Abmessungen der eigentlichen Laufbahn entsprechen dem in der Stadt gebräuchlichen Fußmaß. Der Zuschauerraum weist dreißig Sitzstufenreihen auf, die großteils noch erhalten sind und keine horizontale Gliederung (Diazoma) haben. Die Sitzstufen sind von der Grundfläche des Innenraumes durch einen etwa 1,60 Meter hohen Sockel abgesetzt. Die Zugänglichkeit für die errechnete Zahl von 30 000 Zuschauern erfolgte von der Höhe der Cavea durch insgesamt vierzig schmale Treppenläufe über die gesamte Ranghöhe, von denen jeweils 14 die Längsseiten und je sechs die halbkreisförmig geschlossenen Schmalseiten (*sphendone*) gliedern. In der Mitte der Nordseite (B im Plan) befindet sich die Prohedrie, der Platz der Spielleiter und Honoratioren der Stadt. Der Zugang für die Akteure und Sportler erfolgte durch die gewölbten Zugänge unter den Sphendonen (C im Plan), ihre Außenbereiche sind durch die Stadtmauer leider verunklärt. Auffallend ist eine bogenförmig eingebaute Mauer in die östliche *sphendone*, durch die ein besonders gesicherter, ovaler Kampfplatz geschaffen wurde, der ganz offensichtlich für *venationes* diente. Dafür sprechen auch der gesonderte, gewölbte Eingang in diese Arena (P im Plan) und die Nischen im Sockel des Zuschauerraumes (O im Plan). Dieser sekundäre Einbau erfolgte zu einem Zeitpunkt, da die athletischen Wettkämpfe – und wohl auch die Wagenrennen – keine Bedeutung mehr hatten, sodass man zur bleibenden Einrichtung machen konnte, was durch lange Zeit hindurch für die *venationes* als ephemerer Einbau notwendig gewesen sein dürfte.

Es besteht also kein Zweifel, dass das *stadion amphitheatron* von Aphrodisias als ein Mehrzweckbau zu bewerten ist, der sowohl den athletischen Disziplinen der isolympischen Wettkämpfe,[76] aber auch den gebräuchlichen römischen *munera* und *venationes*[77] als Austragungsort gedient hat.

---

[75] Das hervorragend erhaltene Stadion ist lange bekannt und oft beschrieben worden; vgl. C. TEXIER, Description 164.167, Taf. 157; L. CREMA, monumenti 240–244; die ersten archäologischen Untersuchungen fanden 1968 unter K. Erim statt; siehe dazu K.T. ERIM, Aphrodisias 43–57; zu den aktuellen Forschungen mit der Aufnahme eines Gesamtplanes vgl. K. WELCH, Stadium 547–569.

[76] Die Aphrodeisia Isolympia als Teil des Kultfestes zu Ehren der Aphrodite von Aphrodisias ist durch eine Inschrift aus Rhodos belegt, die den Sieg eines Läufers dokumentiert; vgl. L. ROBERT, inscriptions 108–118; nach C. ROUECHÉ, Performers 163, ist diese Inschrift der älteste Nachweis für solche Wettkämpfe nach dem Vorbild von Olympia.

[77] C. ROUECHÉ, Performers, 61–80 (Kap. V: Gladiators and Wild-Beast Fighters), mit einer Zusammenstellung der epigraphischen Zeugnisse zum Thema; mit den Umbauten des Theaters von Aphrodisias in antoninischer Zeit wurden solche Veranstaltungen wohl auch dort möglich; vgl. J.M. REYNOLDS, Evidence 19.

Die neuen Untersuchungen im Stadion von Aphrodisias haben die Errichtung dieses Bauwerkes in augusteischer Zeit wahrscheinlich gemacht (Abb. 6).[78] Aphrodite, die Schutzgöttin der Stadt, die ihr den Namen gab, wurde mit der Stamm-Mutter des julisch-claudischen Kaiserhauses, der Venus Genetrix, identifiziert. Neben der politischen Rolle der Stadt in den Auseinandersetzungen mit Antonius war dies einer der wichtigsten Gründe für das besondere Nahverhältnis des Princeps zu dieser karischen Stadt.

### *3.1.3 Nikopolis*

Der zentrale Ort für den entstehenden Kaiserkult in der neu gegründeten Stadt Nikopolis[79] ist das großartige Denkmal für Augustus, welches unmittelbar nach dem Sieg von Actium auf einem Hügel nördlich der Stadt errichtet wurde und mit den eroberten Schiffsschnäbeln der gegnerischen Flotte geschmückt war. Unterhalb des Hügels wurden das Theater, das Stadion und das Gymnasion erbaut, um den neu eingerichteten penteterischen, isolympischen Agonen zu Ehren des Apollon einen entsprechenden architektonischen Rahmen zu geben. Der Festplatz lag etwa 800 Meter nördlich der Stadt im so genannten Proasteion.

Die neuesten Untersuchungen zur Topographie von Nikopolis haben ergeben,[80] dass dieser Festplatz in seiner Dimension und Ausrichtung einen direkten räumlichen Bezug zum Straßennetz von Nikopolis hat, welches auch in der systematischen Landaufteilung der gesamten Halbinsel nachvollziehbar ist. Diese bestimmende Wirkung des Festplatzes ist Beleg für eine einheitliche Raum-Planung im gesamten Stadtgebiet,[81] die mit Sicher-

---

[78] K. WELCH, Stadium 556: „In short, one can see both the Aphrodeisia Isolympia and the Stadium as part of Aphrodisias's rise of prominence in the Early Imperial Period"; die Errichtung des Theaters von Aphrodisias erfolgte nach einer Stiftung im Jahre 28 v.Chr.; vgl. T. ERIM/R.R.R. SMITH, Sculpture 74–79; es ist also höchst wahrscheinlich, dass die Anlage des Stadions in diese Periode zu setzen ist, auch wenn die Ausgestaltung erst in späterer Zeit abgeschlossen gewesen sein dürfte; zuletzt A. ERTUG/R.R.R. SMITH, Aphrodisias 27; in einer bekannten Inschrift am Theater von Aphrodisias ist ein Brief des Augustus an die Samier veröffentlicht, dessen Original zwischen 27 und 19 v.Chr. zu datieren ist; hier bekennt sich Augustus zu dem besonderen Privileg, das er mit der Freiheit für Aphrodisias verbunden hatte; dazu ausführlich J.M. REYNOLDS, Aphrodisias 104–106; unter diesem Aspekt sind auch die großartigen Stiftungen der Stadt an das Kaiserhaus zu sehen, von denen die Weihungen des Zoilos die bekanntesten sind; vgl. C. RATTÉ, Development 5–32.

[79] Die Ruinen von Nikopolis sind erst seit den letzten Jahrzehnten ins Blickfeld der systematischen archäologischen Forschung getreten; vgl. zusammenfassend die Kongressakten: E.K. CHRYSOS (Hg.), Nikopolis und K. ZACHOS (Hg.), Nikopolis; siehe insbesondere F. KRINZINGER, Nikopolis 109–120, Abb. 431–436; W. HOEPFNER, Stadtgründung 129–133, Abb. 447–456.

[80] I. ANDREOU, Nikopolis 131, Abb 10.

[81] N. PURCELL, Synoecism 71–90; W. BOWDEN, Nikopolis 81, Abb. 1f.; ob damit der Nachweis für die Ansiedelung römischer Veteranen in die neu gegründete Stadt verbunden ist, kann hier nicht weiter diskutiert werden.

heit aus der Gründungszeit stammt, auch wenn die einzelnen Bauwerke unterschiedliche Erneuerungen und Reparaturen erfahren haben.

Das Stadion von Nikopolis liegt im rechten Winkel zum Theater und ist im Gegensatz zu diesem bisher leider nie Gegenstand systematischer archäologischer Erforschungen gewesen. Die Ruine ist aber so gut erhalten, dass die halbkreisförmigen Abschlüsse an beiden Schmalseiten der Laufbahn gut erkennbar sind und damit auch diese Anlage als *stadion amphitheatron* bezeichnet werden kann. Da davon auszugehen ist, dass der Gründung der neuen Stadt eine rationale Planung zugrunde lag,[82] lässt sich folgern, dass dieser hybride Bautypus als Schauplatz für das vielschichtige Festprogramm der Stadt am besten geeignet erschien.

*3.1.4 Laodikeia ad Lycum*

Nach einer Erdbebenkatastrophe, die im Jahr 60 n.Chr. zahlreiche phrygische Städte zerstört hatte, wurde auch der Wiederaufbau von Laodikeia ad Lycum unter Nero und dann unter Vespasian gefördert.[83] Durch einen glücklichen Zufall der epigraphischen Überlieferung ist uns die Vollendung des Stadions genau bekannt:[84] Die Einweihung erfolgte in der zweiten Hälfte des Jahres 79 n.Chr., unmittelbar nachdem die Nachricht vom Tod und der Consecration Vespasians in Kleinasien bekannt geworden war.

Das Stadion liegt am Südostrand der Stadt neben dem „Ephesischen" Tor, parallel zu einem steilen Felsabbruch in nordwestlicher Orientierung. Im Nordosten schließt das Gymnasion an, von welchem sich Tore auf die oberen Galerien des Zuschauerraumes des Stadions öffneten. Der frei aufragende mächtige Bau ist der Form nach eindeutig als *stadion amphitheatron* erkennbar, da die beiden Schmalseiten durch *sphendonen* geschlossen sind. Die Länge der Arena betrug nicht mehr als 600 Fuß, sodass die vorgeschlagene Bezeichnung als Hippo-Stadium[85] unzutreffend bleibt. Es ist hier nicht zu entscheiden, ob das dem Kaiser Vespasian geweihte Bauwerk ex novo erbaut wurde, oder als aufwändige Reparatur einer älteren Anlage, die an gleicher Stelle gelegen hatte, erkannt werden kann. Dafür fehlen die archäologischen Untersuchungen. Auf dem Plan bei Tra-

---

[82] Dass die am Stadion von Nikopolis tätige Bauhütte in stadtrömischer Tradition (vgl. K. WELCH, Stadium 564, Anm. 62) gearbeitet hätte, kann bei der gegenwärtigen Forschungslage noch nicht bestätigt werden; auffallend sind die durch Streufunde erschlossenen Hinweise auf die prachtvolle marmorne Ausstattung des Stadions.

[83] Tac. ann. 14,27; die jüngsten umfassenden Untersuchungen der Pamukkale-Universität von Denizli unter der Leitung von Celal Şimşek, die aber das Stadion noch nicht betreffen, sind unter der Internet-Seite der Grabung: http://www.pamukkale.edu.tr/laodikeia, zugänglich; zur Stadt vgl. zusammenfassend G. TRAVERSARI, Laodicea, mit einem Übersichtsplan des Stadions; dazu zuletzt C. ŞIMŞEK, Laodikeia 200–204, Abb. 69b; letztere Publikation war mir leider nicht zugänglich; für den Hinweis danke ich Mustafa Büyükkolancı.

[84] Dies geht aus der Formulierung der Weihe-Inschrift zu Ehren des Divus Vespasianus hervor; vgl. W.M. RAMSAY, Cities 47; zuletzt I.v.Laodikeia (IK 49) Nr. 15.

[85] J.H. HUMPHREY, Hippo-stadia; zitiert nach K. WELCH, Stadium 555, Anm. 12.

versari sind an den Längsseiten nur zwölf *kerkides* angegeben, was auf eine Innenstruktur schließen ließe, die sich enger an den athletischen Voraussetzungen des Stadions orientiert haben könnte. Wir können das Bauwerk daher als Stadion verstehen, das auch den anderen Veranstaltungen[86] als Wettkampfstätte diente.

## 3.2 Zusammenfassung

Ohne an dieser Stelle alle archäologischen Fragen zu diesem multifunktionellen Bautypus auszubreiten, halte ich folgende Feststellungen für wichtig: Das *stadion amphitheatron* war ein zweckorientierter, hybrider Bautypus und konnte mit Ausnahme der Pferderennen allen bekannten Disziplinen öffentlicher Spiele als Schauplatz dienen. Er kam in der zweiten Hälfte des 1. Jhs.v.Chr., spätestens unter Augustus in Mode und ist nur in Städten vertreten, die ein ganz besonderes Nahverhältnis zu Rom hatten. Daraus ist auf einen signifikanten kulturpolitischen und sportgeschichtlichen Hintergrund zu schließen:

> The „amphitheatral stadium“ was a building that conveyed the suggestion of Roman architectural forms, while allowing Greek cultural identity to remain intact.[87]

Mit den Flaviern geriet der Typus außer Mode, es sind keine späteren Beispiele bekannt geworden. Bemerkenswert ist, dass zu dieser Zeit vermehrt die tief greifenden Umbauten in den Theatern Kleinasiens begonnen wurden,[88] die man nun für die *munera* und *venationes* adaptierte. Meist wurden dafür die ersten Sitzstufen der Theater abgetragen, um ein erhöhtes Podium und somit Distanz zur Kampfebene zu schaffen. Damit war auch eine willkommene Vergrößerung der Orchestra verbunden. Auf die Gesamtsituation umgelegt, erhebt sich die Frage, ob die athletischen Agone zu dieser Zeit unwesentlich wurden bzw. ob die Platzverhältnisse der Amphitheater für die *munera* eine so starke Determinante wurden, dass man auf die weitläufigen Verhältnisse im Stadion eher verzichtete. Dass in den

[86] Die Stadt hatte schon im 1. Jh.v.Chr. recht enge Verbindungen zu Rom und aus dieser Zeit sind Gladiatorenkämpfe überliefert, an denen auch Cicero teilnahm; im Jahre 50 v.Chr. war Laodikeia Sitz eines *conventus* und Cicero Gast bei einem *munus* (Cic. Att. 5,21,9 und 6,3,9).

[87] K. WELCH, Stadium 564; es sei allerdings darauf hingewiesen, dass sich für das Phänomen der Rezeption römischer Formen im Bereich der Gladiatur, die ja als „Kulturimport“ unmittelbar vom Vorbild abhängig war, auch sprachliche Beispiele finden lassen.

[88] Das Problem solcher Umbauten ist noch nie zusammenfassend behandelt worden; vgl. D. D. BERNARDI FERRERO, Teatri 145–152; die Liste bei J.C. GOLVIN, amphithéâtre 237–247, bietet einen Überblick, die chronologischen Ansätze sind aber nicht immer zuverlässig; zum geklärten Baubefund von Ephesos vgl. Kap. 4.1.2.

Städten Kleinasiens[89] die *spectacula* nach römischen Traditionen im 2. Jh. n.Chr. und damit die Spielorte für *munera* wichtiger waren, liegt jedenfalls auf der Hand.

## 4. Zur Entstehung des Kaiserkultes im Osten des Römischen Reiches

Die besonderen Verhältnisse in Ägypten, wo die alten, pharaonischen Traditionen von den Ptolemäern im Sinne eines hellenistischen Gottkönigtums übernommen worden waren, haben schon im Jahre 30 v.Chr. zur göttlichen Verehrung des Octavian geführt.[90] Im Jahr darauf bereiste Octavian Kleinasien und nahm dabei eine tief greifende Neuordnung vor. Alte Privilegien wurden teils bestätigt, teils sogar erweitert, auch regionale Institutionen und Kulte wurden gefördert, die nicht selten in Verbindung mit Festen und Spielen für Augustus geregelt wurden.

Hinsichtlich der Verehrung des Augustus haben wir in Cassius Dio[91] eine direkte Quelle: Im Jahr 29 v.Chr. veranlasste Octavian die Römischen Bürger in den proconsularischen Provinzen Asia und Bithynia einen Tempel für Dea Roma und Julius Caesar in den Städten Ephesos und Nikaia zu errichten. Diese beiden Gottheiten sollten die römischen Bürger verehren. Den Griechen gestattete er aber, für ihn selbst Tempel zu erbauen,[92] einen in Pergamon für die Provinz Asia und einen in Nikomedia für die Provinz Bithynia. Damit wurden in Kleinasien bereits am Beginn des Prinzipats die ersten Kaiserkulttempel zur Realität.

---

[89] Es soll hier unterstrichen werden, dass in den alten Heiligtümern Griechenlands und auch bei den großen Erneuerungen alter städtischer Kulte, die im 2. Jh. große Bedeutung erlangten, die Stadien in ihrer traditionellen Funktion erneuert wurden. In diesem Zusammenhang sind auch die Neubauten der Stadien in Athen (hier wurde allerdings in späterer Zeit eine kleine Arena eingebaut!) und anderen Städten zu sehen. Als besonderes Beispiel sei auf die Neugestaltung des Kultgeländes für das Zeusheiligtum von Aizanoi hingewiesen, das ein Theater und ein Stadion umschloss; vgl. C. ROHN, Theater-Stadion-Komplex.

[90] Vgl. H. HEINEN, Vorstufen 3145–3180: Die hellenistische Tendenz zur Vergöttlichung herausragender Menschen hatte dazu geführt, dass nicht nur hellenistische Könige, sondern später auch römische Imperatoren und Magistrate göttliche Ehren empfingen. Diese Entwicklung mündete schließlich in den Kaiserkult und ist mit zu beachten, wenn von der Stellung und den Ehrungen Caesars, des Marcus Antonius und des Octavian-Augustus in Ägypten die Rede ist.

[91] Cass. Dio 51,20,6–8; zur kritischen Interpretation der Stelle siehe P. HERZ, Geschichte 133–148; zuletzt vgl. T. WITULSKI, Kaiserkult, mit der Rezension von D. Campanile, in: sehepunkte 7 (2007) Nr. 12 [15.12.2007], URL: http://www.sehepunkte.de /2007/12/13632.html.

[92] Dea Roma als zweite Gottheit neben Augustus wird bei Cassius Dio nicht erwähnt, sie ist aber aus den epigraphischen und numismatischen Quellen zu erschließen, vgl. H. HÄNLEIN-SCHÄFER, Veneratio 13, Anm. 3.

„Neos Ktistes" und „Euergetes" sind die häufigsten Titel,[93] die Augustus auf seiner zweiten Reise im Jahre 19 v.Chr. angetragen wurden. Wohlfahrt, politische Beruhigung und Bindung an den Princeps waren das erreichte Ziel. In der Provinz Asia war der Vorsitz des „Landtages der Griechen"[94] und die damit verbundene Ehre des Oberpriesters für den Kaiserkult der Provinz zunächst in Pergamon angesiedelt, später jedoch jährlich unter den Städten weitergegeben. Mit diesem Amt waren großes Prestige und de facto auch politische Rechte (Antragstellung und Gesandtschaften an den Kaiser, Berufungsrechte in der Steuerpraxis und Gerichtsbarkeit) verbunden. Schon unter Tiberius bewarben sich zahlreiche Städte unter bemerkenswertem gegenseitigem Konkurrenzdruck[95] beim Kaiser um das Recht, einen Tempel als Kultstätte für den Kaiser errichten zu dürfen, das in der Regel mit wiederkehrenden Festen und der Einrichtung von Spielen verbunden waren.[96] Römische Art und Kultur erfahren in den *munera* eine komplexe, öffentliche Manifestation. Sie wurden gefördert, hatten großen Zuspruch bei den Zuschauern und waren Prestigeträger der Gemeinden, verblieben aber in vielen Städten im Kontext des griechischen Festkalenders und dem damit verbundenen traditionellen Zeremoniell. Dies nützte wiederum dem Herrscher, der damit in städtische Kulte einbezogen wurde.

### 4.1 Die Situation in Pergamon und Ephesos

Das hier skizzierte historische Bild dürfte durch die antiken Quellen und die aktuelle Forschungssituation recht breit abgesichert sein. Die archäologische Evidenz zu den Anfängen des Kaiserkultes in der Provinz Asia ist nicht überall deutlich, kann jedoch am Beispiel von Ephesos und Pergamon dargestellt werden.

#### *4.1.1 Pergamon*

Seit dem Ende der Attaliden und der Gründung der Provinz Asia war Pergamon Hauptstadt und Sitz des griechischen „Landtages" der Provinz. Von diesem kam wohl auch der Antrag, der zur Genehmigung des ersten Tem-

---

93 „Neugründer" und „Wohltäter" werden zu den gängigen Epiklesen des Kaisers, die im Laufe der Kaiserzeit aber auch für andere Stifter öffentlich-städtischer Einrichtungen gebräuchlich werden; vgl. F. QUASS, Honoratiorenschicht.

94 Das Koinon der Griechen in Asia, das hinter diesem Ansuchen gestanden haben dürfte, war schon vor Octavian durch Stiftungen an Dea Roma und den Senat um enge diplomatische Beziehungen zum Zentrum der Macht bemüht; vgl. D. CAMPANILE, culto 473–488.

95 Tac. ann. 4,55–56. Vgl. B. BURRELL, Neokoroi 38–42.

96 H. HÄNLEIN-SCHÄFER, Veneratio 166f., Anm. 5; die Errichtung von provinzialen Kulten mit entsprechender politischer Wirkung war an die Genehmigung des Kaisers gebunden, die Städte waren in ihrem Vorgehen deutlich freier. In Pergamon hat Augustus in einem älteren städtischen Kult der Roma und der Salus die Stelle der Salus eingenommen.

pels für den provinzialen Kaiserkult und entsprechende Festspiele im Jahre 29 v.Chr. durch Octavian führte.[97] Eine Ehreninschrift für einen unbekannten Stifter aus Lesbos belegt,[98] dass der Bau 27 v.Chr. in Bau war. Die Gestalt des im Jahre 19/18 v.Chr. fertig gestellten Tempels als Peripteros mit sechssäuliger Front in korinthischer Ordnung kann aus augusteischen Münzbildern (Abb. 7) erschlossen werden.[99] Die Größe dieses Tempels und seine Lage in der Stadt sind allerdings nicht bekannt. Ganz sicher im Zusammenhang mit den von Augustus bewilligten „Heiligen Agonen" stehen die großen Bauwerke im Südosten der Unterstadt: Das Stadion, das römische Theater und das große Amphitheater, welches die Abhänge eines kleinen Tales geschickt ausnützt und ein Bachbett überbaut hat. Leider ist keine dieser Anlagen in entsprechenden archäologischen Untersuchungen erforscht worden,[100] sodass weder zu Form und Ausstattung, noch zur Baugeschichte nähere Aussagen möglich sind. Es gilt aber als sicher, dass die heute sichtbaren Ruinen auf spätere Ausbauten des 2. Jhs.n.Chr. zurückgehen. Die Ausrichtung der Bauwerke ist auf das römische Straßennetz der Stadt bezogen,[101] welches seinerseits auf das Traianeum, den Kaisertempel auf der Akropolis, als Fernpunkt orientiert ist (Abb. 8).

Die überregionale Bedeutung der Gladiatorenschule von Pergamon, die als provinziale Einrichtung enge stadtrömische Verbindungen unterhalten haben dürfte, war auch auf ihrem medizinischen Ruf begründet. Hier wirkte im 2. Jh.n.Chr. der berühmte Arzt Galenus von Pergamon.[102]

---

[97] Nach Cass. Dio 20,9, wurde die Einführung der „Heiligen Agone" von Pergamon, mit denen Festspiele und *spectacula* verbunden waren, im Zusammenhang mit der Errichtung des Tempels für Augustus genehmigt. Damit ist der unmittelbare Konnex zwischen dem Kaiserkult und den Spielen belegt. Noch im 2. Jh.n.Chr. gab es in Pergamon die Vereinigung der Hymnoden zur Verherrlichung des Kaisers.

[98] IG XII Suppl. 124, Z. 15–22; vgl. H. HÄNLEIN-SCHÄFER, Veneratio 173f. (A 28: Eresos [auf Lesbos] – Provinz Asia) mit Lit.

[99] Ein vermutlich in Pergamon geprägter Cistophor (= drei Denare) aus dem Jahre 19/18 v.Chr. zeigt auf dem Revers eine sechssäulige Tempelfront; auf dem Architrav ist die Inschrift: ROM(ae) ET AUGUST(o) zu erkennen, im Feld steht COM(mune) ASIAE. Damit ist ein Hinweis gegeben, dass der Tempel des Provinzial-Kollegiums für Roma und Augustus in diesem Jahr schon vollendet war; H. HÄNLEIN-SCHÄFER, Veneratio 167, Anm. 7, hält diese Münze für eine ephesische Prägung und bringt sie mit der zehnten Jahresfeier der Baubewilligung des Tempels in Zusammenhang; vgl. C.H. SUTHERLAND, Cistophori 38.102–104.

[100] Zur Forschungsgeschichte vgl. zusammenfassend W. RADT, Pergamon 262–266 mit Abb. 206–208; das Amphitheater von Pergamon ist neben dem von Kyzikos der einzige Vertreter dieses italischen Bautypus in Kleinasien; wir kennen aus diesen beiden Städten auch große Gladiatorenschulen (*ludi*) mit überregionaler Bedeutung; vgl. J.C. GOLVIN, amphithéâtre 149–152, Tab. 9–10.

[101] Zuletzt W. RADT, Development 43–56 mit Planbeilagen.

[102] Die großen medizinischen Fortschritte des Galenus, die er um 157 n.Chr. als Betreuer der Gladiatoren in Pergamon erreicht hatte und die ihn zum kaiserlichen Leibarzt in Rom aufsteigen ließen, beziehen sich nicht in erster Linie auf die Chirurgie und die Wundheilung, sondern wurzeln in seiner Lehre von den vier Elementen und Säften, die großen Einfluss auf die Diätetik bekam; vgl. V. NUTTON, Art. Galenus von Pergamon, in: DNP IV (1998) 748–756.

*4.1.2 Ephesos*

Die besondere Rolle, die Ephesos unter Augustus zugekommen ist, lässt sich in zahlreichen Stiftungen und baulichen Investitionen in die städtische Infrastruktur, in öffentliche Bauwerke der Verwaltung und Rechtsprechung und vor allem an den Kultbauten für den Princeps und seine Familie deutlich machen.[103] Auch wenn es keine direkten Zeugnisse gibt, aus welchen Gründen und wann unter Augustus Ephesos zur Metropolis Asiae (Abb. 9),[104] zur Provinzhauptstadt geworden ist, so erwiesen sich die geopolitischen und topographischen Voraussetzungen der Stadt als sehr günstig für einen nachhaltigen wirtschaftlichen und politischen Neuanfang. Dieser wurde schon zu Beginn des Principats erfolgreich umgesetzt und spiegelt sich auch in den Einrichtungen des Kaiserkultes. Die archäologischen Quellen für unser Thema sind allerdings – trotz der extensiven Grabungen der letzten vierzig Jahre – nicht eindeutig und haben in der jüngsten Forschung verschiedene Interpretationen erfahren.[105]

Der Staatsmarkt bzw. die obere Agora im Sattel zwischen den beiden Stadtbergen dürfte schon in der lysimachischen Planung als politisches Zentrum der neuen Stadt vorgesehen gewesen sein (Abb. 10).[106] Der Umbau dieses Platzes zum Zentrum der römischen Macht in Ephesos[107] ist geprägt von der mächtigen, dreischiffigen Basilika, welche die gesamte Nordseite eingenommen hat und an den Schmalseiten von zwei mächtigen Kopfbau-

---

[103] Erstmals zusammengestellt bei W. ALZINGER, Architektur; trotz des inzwischen verbesserten Forschungsstandes zu einzelnen Bauten, der einige Ergänzungen zum Thema nötig macht, haben die grundsätzlichen Feststellungen noch durchaus Gültigkeit; vgl. auch den Überblick von W. ALZINGER, Art. Ephesos, in: PRE Suppl. XII (1970) 1588–1704.

[104] Vgl. D. KNIBBE, Ephesos 748–810; der Überlieferung nach hat sich Octavian 30/29 v.Chr. mehrere Monate in Ephesos aufgehalten.

[105] Aufbauend auf dem bei H. HÄNLEIN-SCHÄFER, Veneratio 168–172, präzise referierten Forschungsstand ist folgende neue Literatur zum frühen Kaiserkult in Ephesos zu nennen: S. KARWIESE, Gedanken 393–398; P. SCHERRER, Topography 57–87 mit Planbeilagen; V. MITSOPOULOS-LEON, Chronologie 203–211; P. HERZ, Geschichte 133–148; P. SCHERRER, *conventus* 63–76; H. THÜR, Staatsmarkt 77–90; V. MITSOPOULOS-LEON/C. LANG-AUINGER (Hg.), Basilika.

[106] Dies war die feste Überzeugung von W. Alzinger; vgl. zuletzt: W. ALZINGER, Zentrum 389–392; anders dagegen S. KARWIESE, Gedanken 393–398; die von P. SCHERRER, Topography 57–87, vertretene Annahme, dass am Staatsmarkt ursprünglich das Gymnasium der Epheben zu lokalisieren sei, verkennt die Tatsache, dass in vielen hellenistischen Städten auf der Agora auch sportliche Wettkämpfe stattfinden konnten und auch entsprechende Inschriften dazu überliefert sind. Des Weiteren ist aus der Länge der älteren Nordhalle von einem Stadion (= 600 Fuß) nicht auf eine exklusiv athletische Funktion der Anlage zu schließen. *Porticus stadiata* ist nach Vitr. 5,11,4, auch der Terminus für eine Säulenhalle mit der Länge von 600 Fuß. Die gleiche Meinung vertritt P. SCHERRER, *conventus* 69 mit Anm. 44, nochmals. Die Frage, wo denn dann die hellenistische Agora gelegen haben könnte, wird nicht geklärt.

[107] W. JOBST, Lokalisierung 257; seine Bezeichnung „Augustusforum von Ephesos" ist allerdings aus der antiken Überlieferung nicht belegt und hat sich nicht durchgesetzt.

ten begrenzt war.[108] Dahinter lagen das Prytaneion, das Bouleuterion und dazwischen der oben besprochene Kultplatz mit dem rhodischen Peristyl. Der Kultplatz für Dea Roma und Divus Julius, den Octavian 29 v.Chr. einzurichten verfügt hat, ist von W. Alzinger mit dem annähernd quadratischen Podium und einem rhodischen Peristyl östlich des Prytaneions identifiziert worden.[109] Es könnte einen Altar getragen haben oder als Doppelfundament für zwei kleine Tempelchen rekonstruiert werden. Diesem letzteren Vorschlag sind die meisten Autoren seither gefolgt, obwohl vieles gegen diese Annahme spricht. Schon W. Jobst[110] hat betont, dass die angebotene Rekonstruktion ohne eine steingerechte Dokumentation keinesfalls als gesichert gelten kann. Vor der endgültigen Untersuchung dieses Monuments ist seine Benennung also nicht aussagekräftig.[111] Die Frage ist außerdem, wie lange dieser Kult bestanden hat, ohne später vom Kult für Augustus überlagert bzw. mit diesem vermischt zu werden.[112]

Sicher ist, dass auf einer Inschrift aus dem Jahre 27 v.Chr. die Aufstellung einer Statue und die Einweihung eines Temenos für Augustus bezeugt wird, die ein Apollonios Passalas veranlasst hatte.[113] Aus einer bilinguen

---

[108] Die Basilika ist eine Stiftung des reichen römischen Bürgers C. Sextilius Pollio, gemeinsam mit seiner Gattin und seinem Sohn. Sie wurde 11 n.Chr. zu Ehren des Augustus, seiner Gattin Livia und des damals schon designierten Nachfolgers Tiberius eingeweiht. Im östlichen Kopfbau (Chalcidicum) wurden aus dem Niveau unter der spätantiken Pflasterung zwei überlebensgroße Sitzstatuen des Augustus und der Livia geborgen. Sie sind Zeugnisse für die postume Verehrung des ersten Princeps. Die zahlreichen Statuenbasen und Inschriften aus der Basilika weisen darauf hin, dass hier in der Folge eine Statuen-Galerie des Kaiserhauses entstand; zum Problem des Bautypus der Basilika vgl. H. v. HESBERG, Basilika 149–158. Hesberg bezeichnet die Basilika als „einen Zwitter" zwischen hellenistischer Bautradition (lang gestreckte Proportion) und stadtrömisch-italischer Innenraumbildung (Dreischiffigkeit mit erhöhtem Mittelgeschoß); als Parallele kann nur auf die Basilika des Herodes in Jerusalem verwiesen werden. Die Grabungen von W. Alzinger und das Bauwerk selbst sind im Detail noch unpubliziert; das Fundmaterial wurde in zwei Faszikeln vorgelegt: V. MITSOPOULOS-LEON, Basilika, und V. MITSOPOULOS-LEON/C. LANG-AUINGER (Hg.), Basilika.

[109] W. ALZINGER, Architektur 55–57; diese Benennung erfolgte sozusagen im zweiten Anlauf; F. MILTNER, Ephesos 19, hatte ursprünglich an einen „Staatsaltar" gedacht.

[110] W. JOBST, Lokalisierung 254, Anm. 76, wo auch alle anderen bisher geäußerten Benennungsvorschläge für das Monument angeführt sind; vgl. dazu die Ablehnung der Argumentation bei K. TUCHELT, Problem 183f.; die jüngste Neubenennung findet sich bei P. SCHERRER, Topography 70, Nr. 4 (Planübersicht); 71, Anm. 59, der von einem Temenos für Augustus und Artemis spricht. In der bilinguen Inschrift ist aber vom *fanum Dianae* die Rede; vgl. dazu unten Anm. 112.

[111] Dem Vorschlag, darin ein Monument für Gaius und Lucius Caesar zu sehen, steht entgegen, dass F. EICHLER, Denkmal 592–597, die Rekonstruktion eines anderen Denkmals für die beiden Prinzen erarbeitet hat.

[112] Diese Annahme von P. HERZ, Geschichte 136f., wird von der Tatsache unterstützt, dass in Milet ein auf Lebenszeit berufener Oberpriester der Provinz Asia und Agonothet belegt ist, der auch römischer Bürger war; siehe P. HERRMANN, Milet 203–236.

[113] D. KNIBBE, Inschriften 15–20, Nr. 6; spätestens zu dieser Zeit – nur zwei Jahre nach der ersten Verfügung Octavians – ist also neben dem Kult für Caesar und Roma auch ein Kult für Augustus nachgewiesen. Ob damit alle weiteren Schlussfolgerungen zur Überlieferung bei Cassius

Inschrift[114] aus dem Jahre 5 v.Chr. geht hervor, dass Augustus aus den Erträgen des Artemisions das Heiligtum [der Artemis] und das Augusteum[115] mit einer Mauer ausstatten hatte lassen. Auch wenn damit die Fragen zum Augusteum nur soweit klar sind, dass es 27 v.Chr. geplant und 5 v.Chr. ummauert wurde, lässt sich durch die zahlreichen anderen Weihungen für oder zu Ehren von Augustus und seiner Familie eine sehr eindrucksvolle Entwicklung des Kaiserkultes in Ephesos darstellen. In der differenzierenden Zulassung seiner persönlichen Verehrung im Jahr 29 v.Chr. ist vielleicht die bewusste Rücksichtnahme auf stadtrömische Gepflogenheiten spürbar.[116] Wenige Jahre später ist in Ephesos jedoch die kultische Verehrung des Augustus eine allgemein anerkannte und stolz dokumentierte Tatsache. Dies ist auch in zahlreichen anderen Städten Kleinasiens bezeugt. Nicht jeder Schritt dieses Prozesses lässt sich dokumentieren, der Endpunkt ist aber ohne Zweifel der zentrale Tempel für den Kaiserkult, der die Mitte des neu gestalteten Staatsmarktes von Ephesos einnimmt (Abb. 11).

Im Zentrum des Staatsmarktes wurde 1970 das Fundament eines kleinen Tempels freigelegt,[117] der als *prostylos* mit Ringhalle zu rekonstruieren ist (Abb. 12). Die Fragen zu seiner Benennung und Datierung haben in der wissenschaftlichen Rezeption eine vielschichtige Diskussion ausgelöst. Zusammenfassend kann festgehalten werden: Aus seiner zentralen Positionierung in der Mittelachse[118] des Platzes, die ja erst nach der Festlegung der Dimension und Lage der von Pollio gestifteten Basilika erfolgen konnte, und aus dem zuletzt publizierten Fundmaterial aus der Baugrube[119] ergibt sich eindeutig, dass der Tempel in augusteischer Zeit errichtet wurde und zum neuen Gesamtkonzept des Platzes gehört. Alle Annahmen einer früheren Datierung und jeder Zusammenhang mit dem Kult des Neos Dionysos

---

Dio (vgl. P. HERZ, Geschichte 136) zutreffend sind, vermag der Archäologe freilich nicht zu entscheiden.

114 CIL III 6070; gleichlautend CIL III 7118: *ex reditu Dianae fanum et Augusteum muro muniendum curavit.*

115 Das alte Missverständnis, dass damit ein Augusteum im Heiligtum der Artemis gemeint sei (so zuletzt D. KNIBBE, Inschriften 17) ist längst aufgeklärt. Dagegen sprach schon immer, dass die inschriftlich bezeugte Reparatur dieser Mauer in flavischer Zeit (Nr. 2 bei H. HÄNLEIN-SCHÄFER, Veneratio 169) keinen Bezug zum Artemision herstellt.

116 P. HERZ, Geschichte 134 mit Anm. 9–11, weist auf die Möglichkeit hin, dass Octavian damit auch eine Distanzierung „von der ganz in hellenistischer Tradition stehenden Selbstdarstellung des Marcus Antonius“ zum Ziele hatte.

117 Zur Rekonstruktion des Tempels vgl. E. FOSSEL, Tempel 212–219.

118 Vgl. H. THÜR, Staatsmarkt 85 mit Anm. 86; daraus ist allerdings nicht zu schließen, dass der Tempel erst nach Fertigstellung der Basilika datiert werden kann. Die Mittelachse des Staatsmarktes ist mit dem ersten Abstecken des Baugelandes festgelegt; zuletzt P. SCHERRER, Stadt 36 mit Anm. 6.

119 V. MITSOPOULOS-LEON, Chronologie 207: „ […] bietet sich an, dass der Tempel auf dem Staatsmarkt im Rahmen einer Gesamtkonzeption des Platzes etwa gleichzeitig mit der Basilika errichtet wurde. Ausgeschlossen ist dagegen eine Datierung des Monuments in das 1. Jh.v.Chr.“

sind damit überholt.[120] Der Bau wurde in der Spätantike völlig zerstört und bis in die Fundamente abgetragen,[121] sodass über seine Ausstattung wenig Sicheres zu sagen ist.[122] Wir wissen nichts Sicheres über den Bauherren und die exakte Benennung des Kultes. Auch die bisherigen Versuche, eines der im Bereich des Staatsmarktes gefundenen Augustusporträts mit der Kultstatue gleichzusetzen, sind nicht überzeugend (Abb. 13).[123] Trotz dieses geringen Materialbestandes und trotz des Widerspruches aus den eigenen Reihen[124] ist in diesem Tempel dennoch das erste Zentrum des Kaiserkultes von Ephesos zu sehen. Eine neuerliche Sichtung des teilweise problematischen Befundes und der entsprechenden antiken Quellen, die hier nur in kurzer Zusammenfassung dargestellt werden konnten, ist an anderer Stelle geplant.

Schon unter Tiberius bewarb sich Ephesos gemeinsam mit zehn anderen Städten um die Gunst, einen Tempel für den Kaiserkult der Provinz Asia errichten zu dürfen, womit der Titel *Neokoros*[125] (Tempelhüter) verbunden war. Der Wunsch wurde nicht gewährt, da Ephesos schon den Tempel der Artemis hatte. Der Kult wurde in Smyrna errichtet. Die erste Neokorie dürfte Ephesos unter Nero erlangt haben, die aber nach seinem Tod sistiert und erst unter Domitian erneuert wurde.

Über das Programm der regelmäßig im Rahmen des Kaiserkultes veranstalteten Feste und die frühesten in diesem Rahmen gebotenen *munera* haben wir bisher keine direkten Nachrichten. In Anlehnung an die Situation in Rom,[126] ist aber höchst wahrscheinlich, dass Augustus selbst es war, der

---

[120] Mit dieser Datierung sind alle Überlegungen hinsichtlich der Bauherrenschaft des Marc Anton und seines Tempels für sich als „Neuer Dionysos“ (vgl. zuletzt B. ANDREAE, Hypothese 531–533) überholt; auch Verbindungen zu ägyptischen Gottheiten (vgl. W. ALZINGER, Art. Ephesos, in: PRE Suppl. XII [1970] 1601) machen nun keinen Sinn mehr.

[121] Dies hängt sicher mit dem Edikt des Theodosius von 392 n.Chr. zusammen, mit dem das Christentum Staatsreligion geworden ist. Die Zerstörung des Tempels bezog sich aber nicht nur auf die Abtragung des aufgehenden Mauerwerks, man hat darüber hinaus in das „Fundament einen Stollen getrieben, anscheinend um den Kultschacht in seiner Nordwest-Ecke aufzuspüren“ (S. KARWIESE, Artemis 131 mit Anm. 436).

[122] Die von G. PLATTNER, Kapitelle, vorgeschlagene Zuweisung zweier Pfeilerkapitelle an den Tempel ist noch nicht zugänglich.

[123] Der Porträtkopf mit der *corona civica*, die Augustus 27 v.Chr. für die Rettung des Vaterlandes verliehen worden war, wurde unter dem Pflaster der Basilika aus dem 6. Jh. gefunden; er wird von W. ALZINGER, Architektur 32, als „frühaugusteisch“ bezeichnet; J. İNAN/E. ALFÖLDI-ROSENBAUM, Porträtplastik 57, Nr. 2, Taf. 2, 1.3.4, datieren das Porträt ebenfalls frühaugusteisch; K. VIERNEISEL/P. ZANKER, Bildnisse 61, Nr. 5.10, datieren den Kopf „augusteisch“ und verweisen auf die erheblichen Abweichungen zu stadtrömischen Werken: „Die weichen und gleitenden Formen der Gesichtsoberfläche trifft man an Werken kleinasiatischer Ateliers häufiger an“; in caliguläisch-frühclaudische Zeit wird es von D. BOSCHUNG, Bildnisse 120, Kat.-Nr. 26, Taf. 24,2–4, datiert. Das in die Stirn eingeschlagene Kreuz kann als Stigmatisierung oder als „Taufe“ aufgefasst werden.

[124] Vgl. P. SCHERRER, *conventus* 69f.

[125] Tac. ann. 4,55–56; zur Neokorie von Ephesos vgl. B. BURRELL, Neokoroi 59–85.

[126] T. WIEDEMANN, Kaiser 56.

auch in Ephesos die Förderung der Gladiatorenspiele anregte und damit die römische Komponente solcher Feste unterstrich.

Die gleiche Unsicherheit über die Anfänge gilt für die Schauplätze dieser mit dem Kaiserkult verbundenen *spectacula,* da beide dafür in Frage kommenden Bauwerke, das Stadion und das Theater, ihre heutige Gestalt erst um wenigstens hundert Jahre später erhalten haben. Es entspricht aber einer Grundregel der städtischen Organisation, dass einmal bestimmte innerstädtische Festplätze zwar verändert, ausgebaut und modernisiert, aber kaum jemals in andere Stadtteile verlegt wurden. Es ist also sehr wahrscheinlich, dass sich die zu Beginn der Kaiserzeit bestehenden Spielorte nicht wesentlich veränderten.

Das Stadion lag am Nordrand der Stadt, in der unmittelbaren Nähe des Koressischen Tores und nützte eine kleine natürliche Terrasse am Nord-Abhang des Panayir Dağ aus, die auch im Verlauf der Stadtmauer berücksichtigt ist. Die südlichen Zuschauerränge sind auf den Berghang gelegt, die Nordseite wird von einer aufwändigen Substruktion getragen, die nach einer Erdbebenzerstörung offensichtlich verkleinert wurde. Trotz jüngster Zweifel,[127] können wir davon ausgehen, dass schon das Stadion der lysimachischen Stadt an diesem Ort lag. Der monumentale Ausbau erfolgte frühestens in neronischer Zeit und wurde durch private Stiftungen gefördert.[128] In der Stiftungsurkunde des Stertinius wird auch ein *neikonemeseion*[129] genannt. Damit ist ein Zusammenhang mit der Gladiatur für das 1. Jh.n.Chr. belegt. Der elliptische Einbau in die *sphendone* an der Ostseite wurde nach der Mitte des 3. Jhs.n.Chr. gestaltet und war sicherlich den *venationes* gewidmet, welche zu dieser Zeit besondere Verbreitung hatten.

Das Theater von Ephesos liegt am Westhang des Panayir Dağ und stammt aus hellenistischer Zeit. Seine Baugeschichte, die in der frührömischen Ausbaustufe einschneidende Veränderungen erfahren hat, wurde in den letzten Jahren abschließend geklärt.[130] Die für unser Thema relevanten Änderungen betreffen neben dem nach Osten vergrößerten Bühnengebäu-

---

127 P. SCHERRER, Topography 63, bezieht den Nordhang des Panayir Dağ nicht in die hellenistische Stadt ein. Dagegen sind schon andernorts grundlegende Bedenken laut geworden.

128 Vgl. J. KEIL, Topographie 96–112; W. ALZINGER, Art. Ephesos, in: PRE Suppl. XII (1971) 1608–1611; zu den letzten Grabungen im Stadion vgl. S. KARWIESE, Stadion [1994] 21–24; DERS., Stadion [1995] 22; DERS., Stadion [1996] 18–20.

129 Das Neikonemeseion, welches neben der Umgestaltung (?) des westlichen Zuschauerraumes von C. Stertinius Opex und seiner Tochter errichtet wurde, ist wohl direkt mit der Entsühnung bzw. dem Totenkult für im Kampf getötete Gladiatoren in Zusammenhang zu bringen; zur Inschrift vgl. R. HEBERDEY, Bericht [1912] 181–182; zur Gestalt dieses Kultplatzes ist keine Aussage möglich.

130 Siehe zuletzt J. KODER/F. KRINZINGER, Jahresbericht 403–406. Die abschließenden Ergebnisse der neu erarbeiteten Baugeschichte des Theaters von Ephesos sind in Druckvorbereitung. Die Ergebnisse des Kongresses in Hierapolis (2007) werden von F. D'Andria herausgegeben und sind im Druck; vgl. auch G. STYHLER, Research.

# Bildtafeln

Abb. 1 Paestum, Grab der gescheckten Pferde (um 340 v. Chr.), Schmalseite mit der Darstellung eines blutigen Faustkampfes

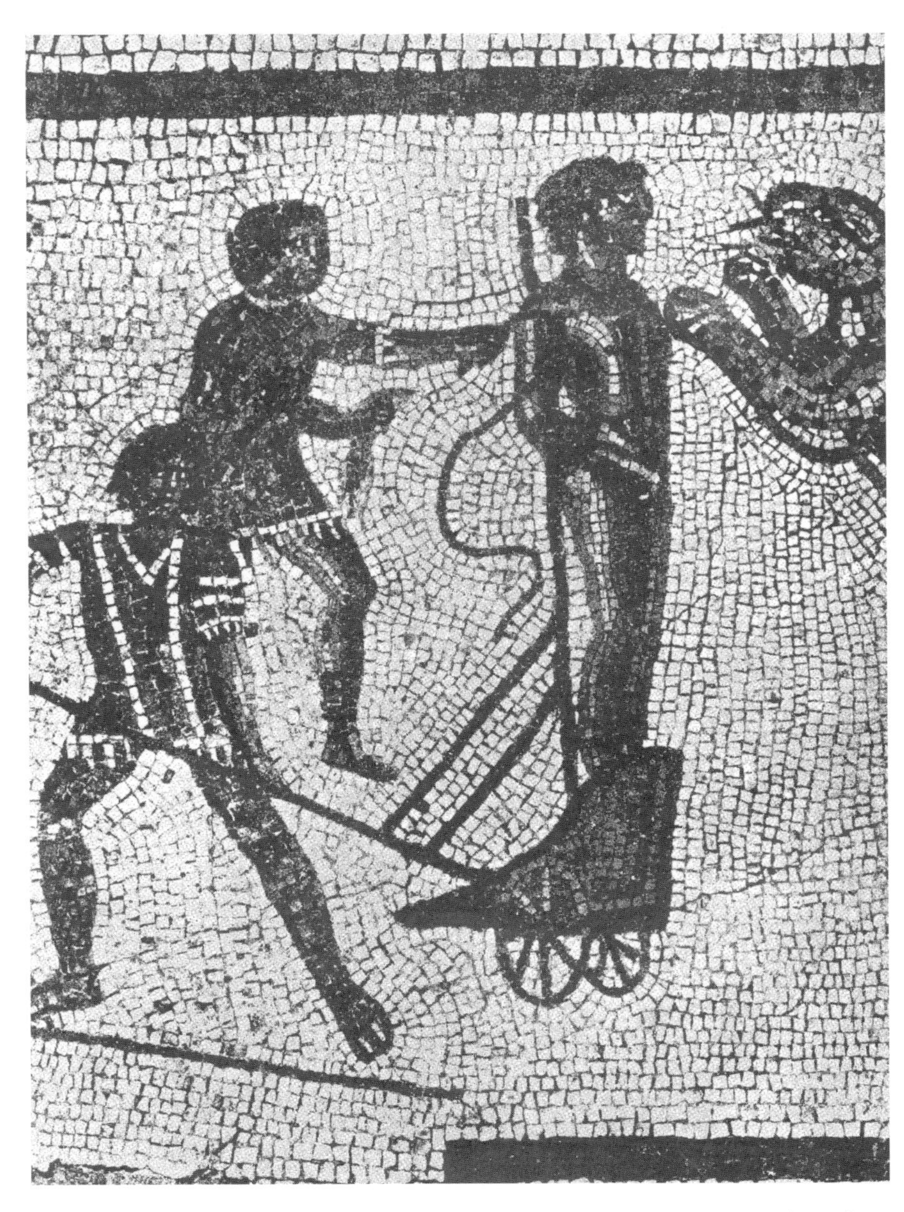

Abb. 2 Mosaik aus der Villa von Zliten: Darstellung eines Gefangenen, der gefesselt auf ein Wägelchen einem Panther angeboten wird.

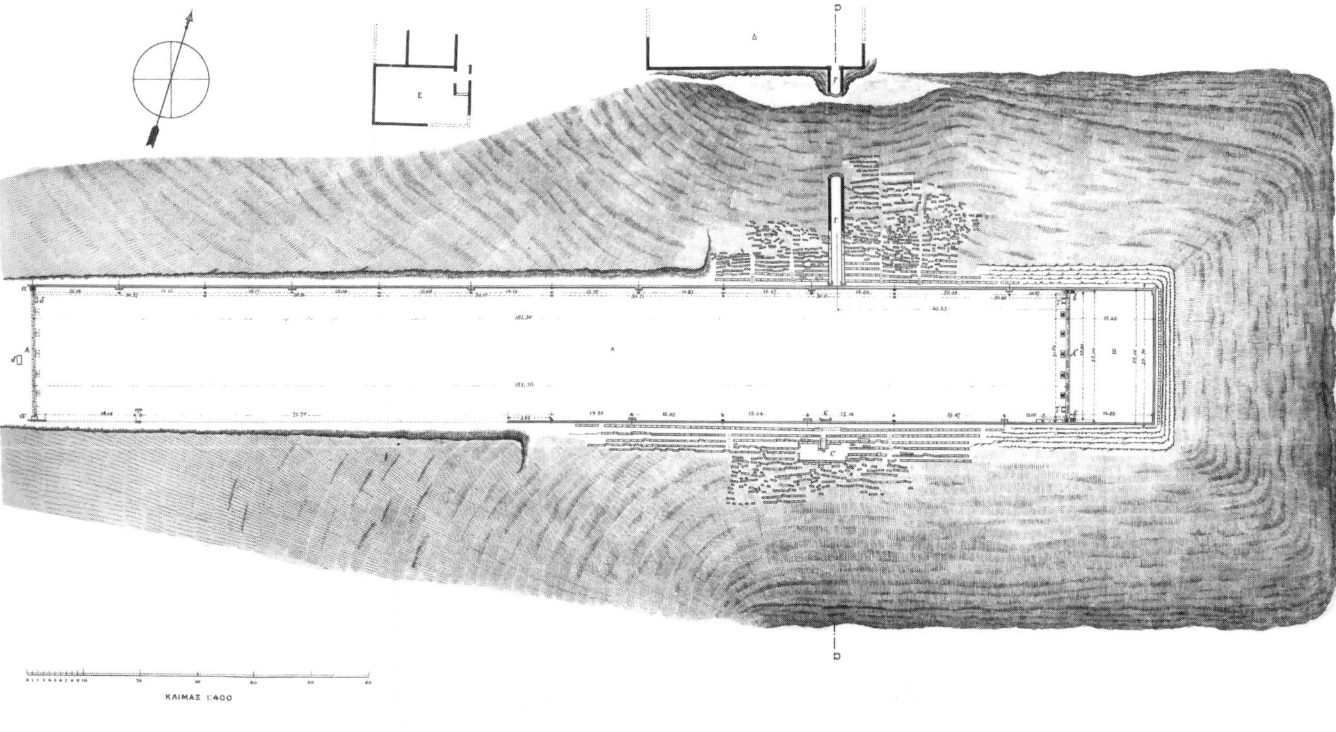


Abb. 3 Epidauros, Stadion, Grundrissplan

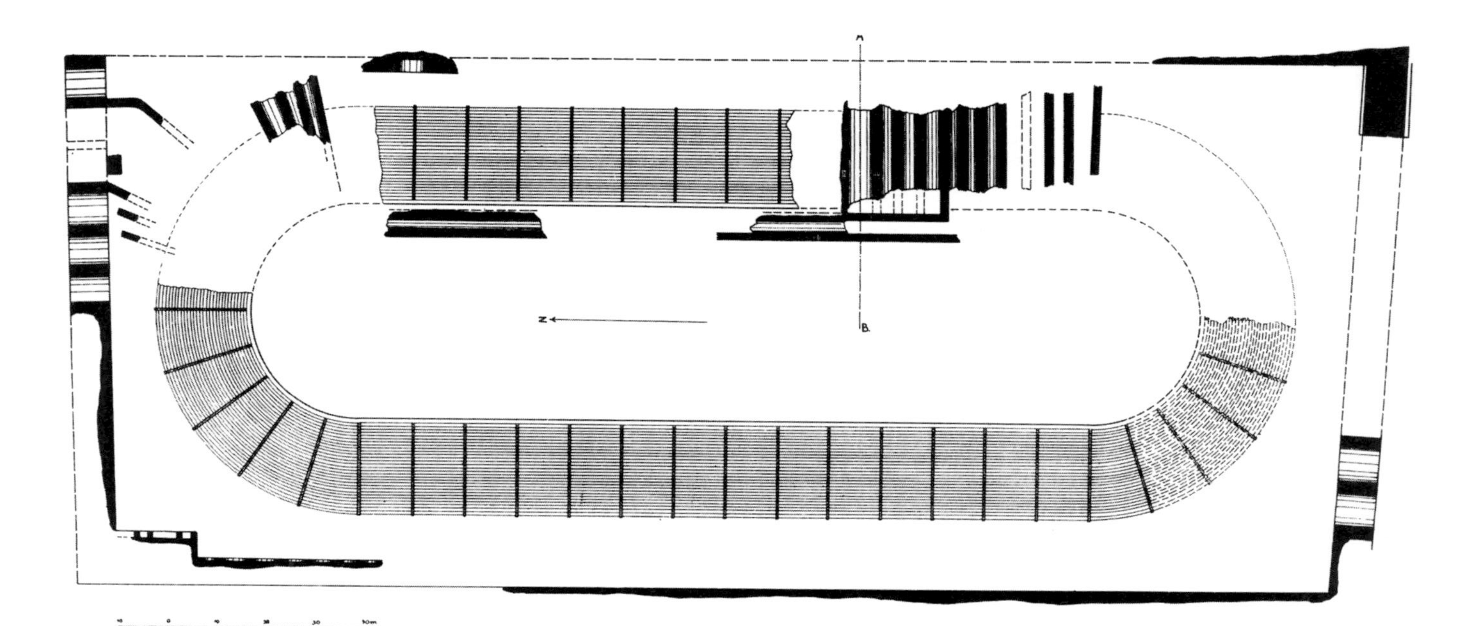


Abb. 4 Nysa ad Maeandrum, Stadion: Rekonstruierter Grundriss

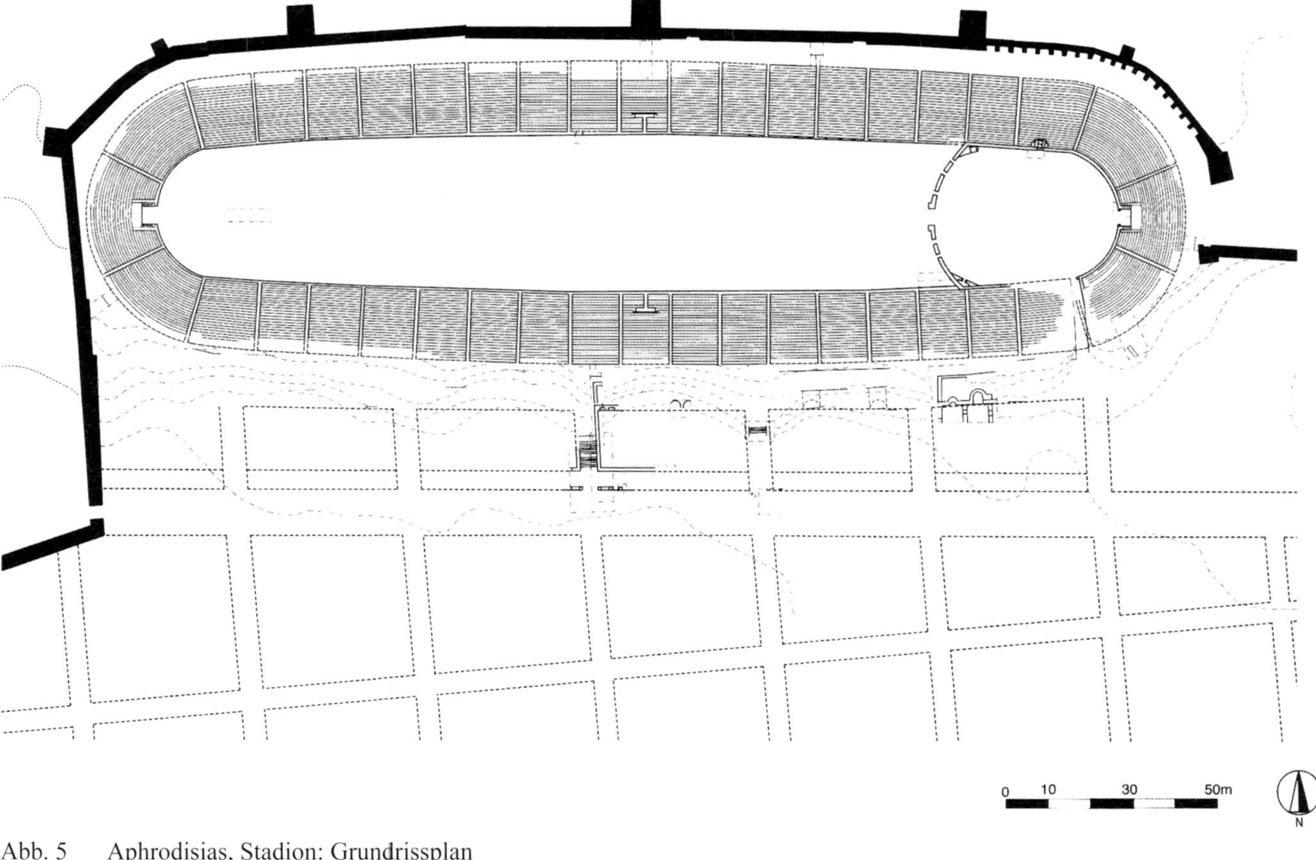


Abb. 5 Aphrodisias, Stadion: Grundrissplan

Abb. 6 Aphrodisias, Ansicht des Stadions in Richtung NW

Abb. 7 Cistophor des Augustus, IMP IX TR PO V (19/18 v.Chr.); Rückseite: Tempel der Roma und des Augustus mit COM ASIAE als Prägeherren. Geprägt in Pergamon oder in Ephesos.

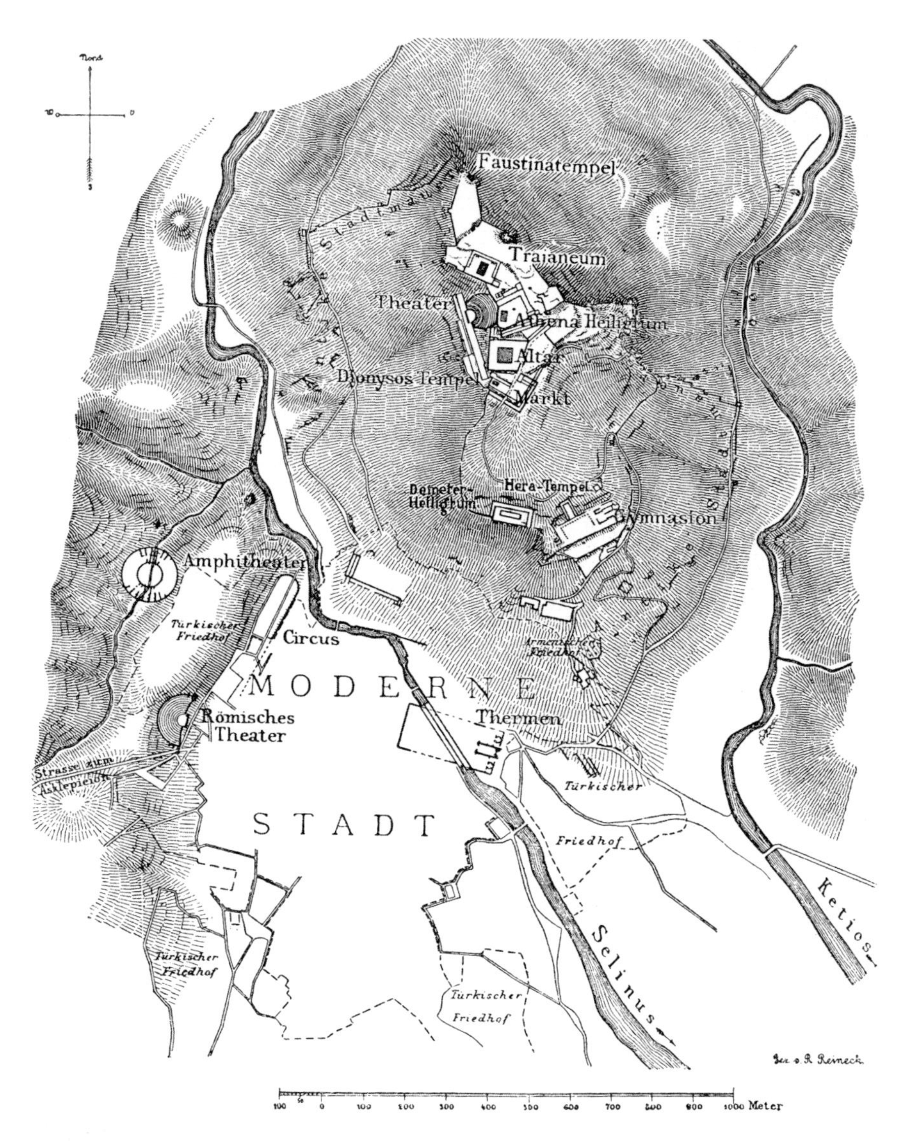


Abb. 8 Pergamon, Planskizze

Abb. 9 Ephesos, Orthophoto des Stadtgebietes mit eingeblendetem Übersichtsplan

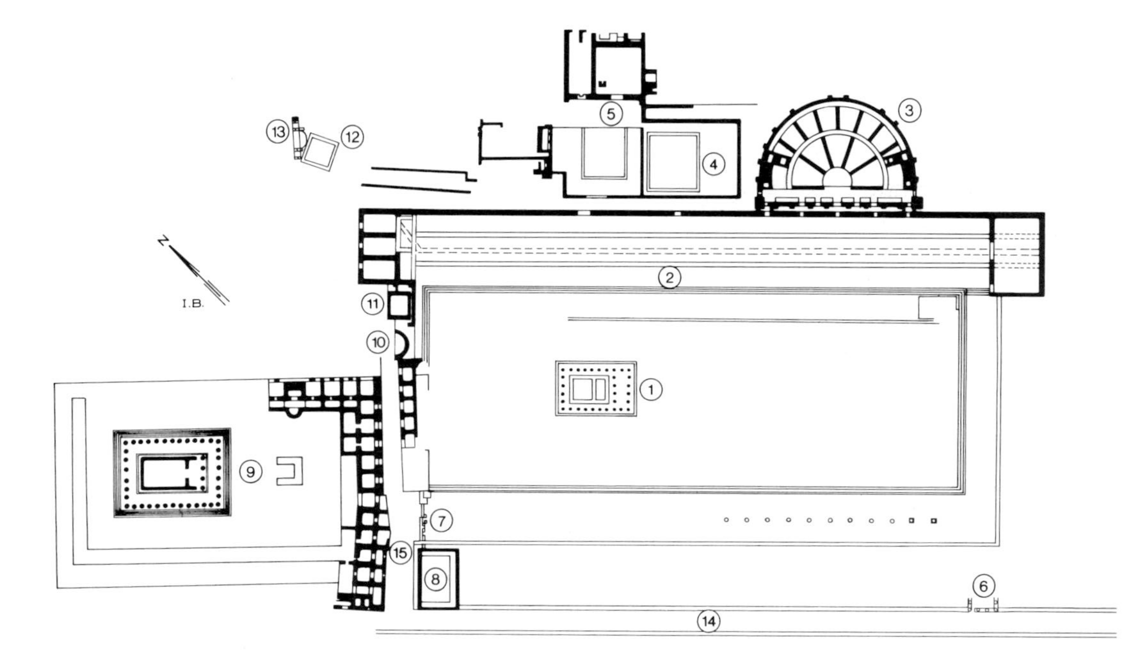


Fig. 3-10. Roman civic center with Imperial temples in the upper town

1 So-called State Agora with Temple of Caesar and Roma (after 29 B.C.), courtyard surrounded by Doric porticoes
2 Three-aisled stoa-basilica (finished A.D. 11 in Ionic order) with older portico and early Hellenistic terrace wall below
3 Bouleuterion (Augustan foundation, altered between 160 and 169)
4 Temenos of Augustus and Artemis (already existing in 25 B.C.)
5 Prytaneion (Augustan foundation, altered in 2nd and 3rd c.)
6 Doric South Gate to State Agora
7 Doric West Gate to State Agora
8 Hydrekdocheion of proconsul C. Laekanius Bassus (A.D. 79)
9 Temple of the Emperors of the Koinon of Asia (first *neokoros* temple in Ephesos, dedicated in 88/89)
10 Fountain (92/93), dedicated to Domitian
11 Honorary or grave monument of C. Sextilius Pollio (died after A.D. 23) with fountain on top (altered in 92/93) opening to State Agora.
12 Honorary or grave monument of C. Memmius, grandson of Sulla
13 Hydreion (Augustan foundation, restored in the time of Septimius Severus)
14 Plateia (South Street)
15 Plateia (Lane of Domitian)

Abb. 10 Ephesos, Plan des Staatsmarkts

Abb. 11 Ephesos, Modell mit einer Ansicht des Staatsmarkts

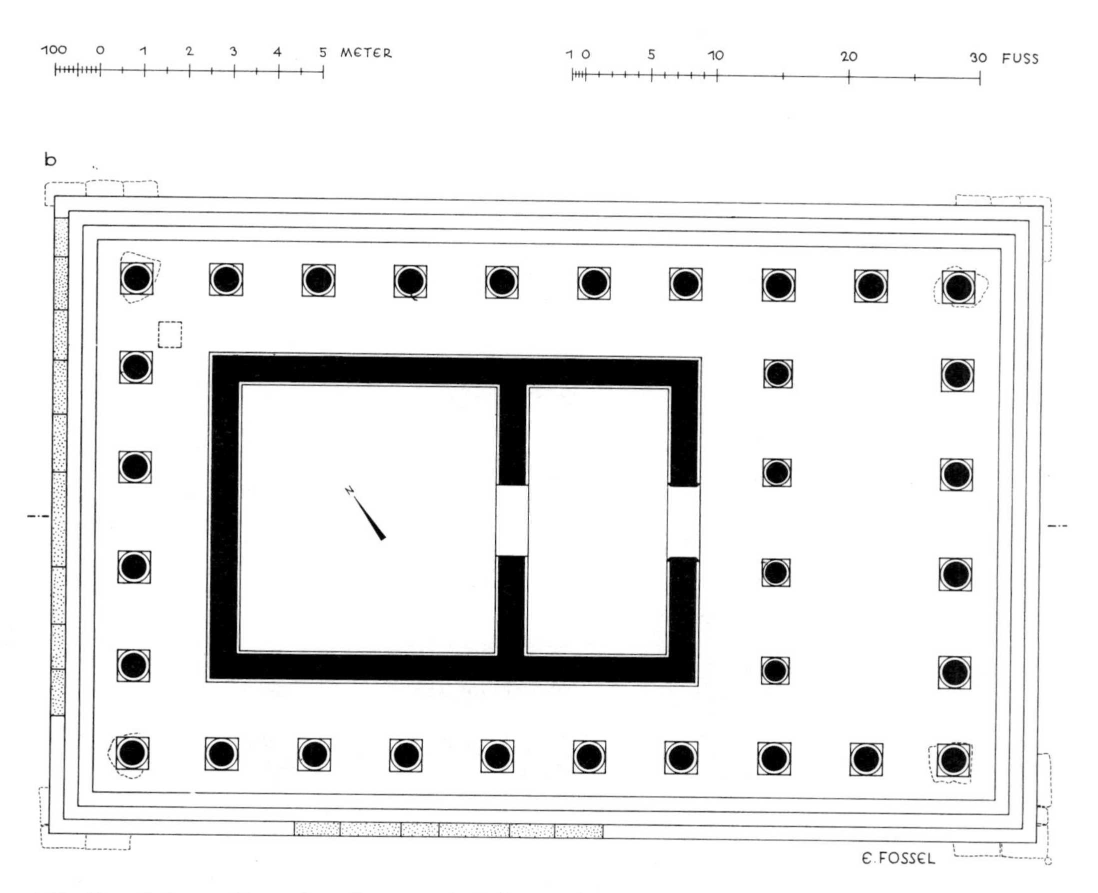


Abb. 12 Ephesos, Tempel am Staatsmarkt Rekonstruierter Grundriss

Abb. 13 Ephesos, Porträtkopf des Augustus mit Corona Civica. Fundort Basilika am Staatsmarkt (augusteisch?).

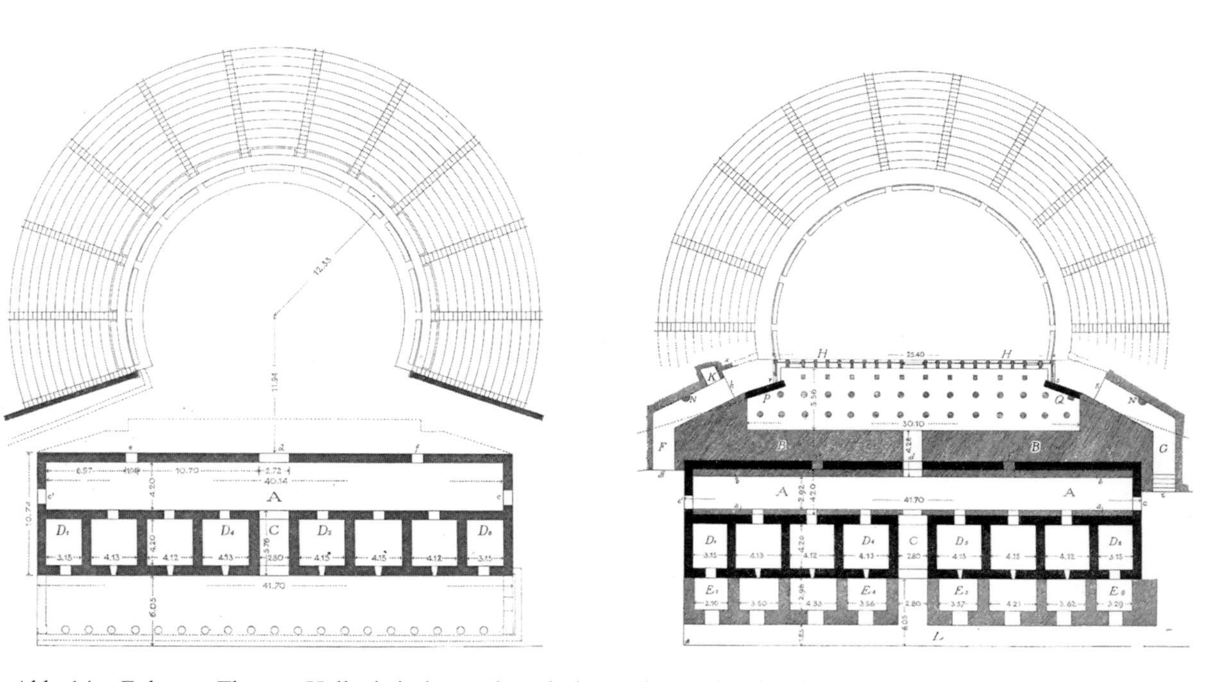

Abb. 14 Ephesos, Theater: Hellenistisches und römisches Bühnengebäude mit der Orchestra

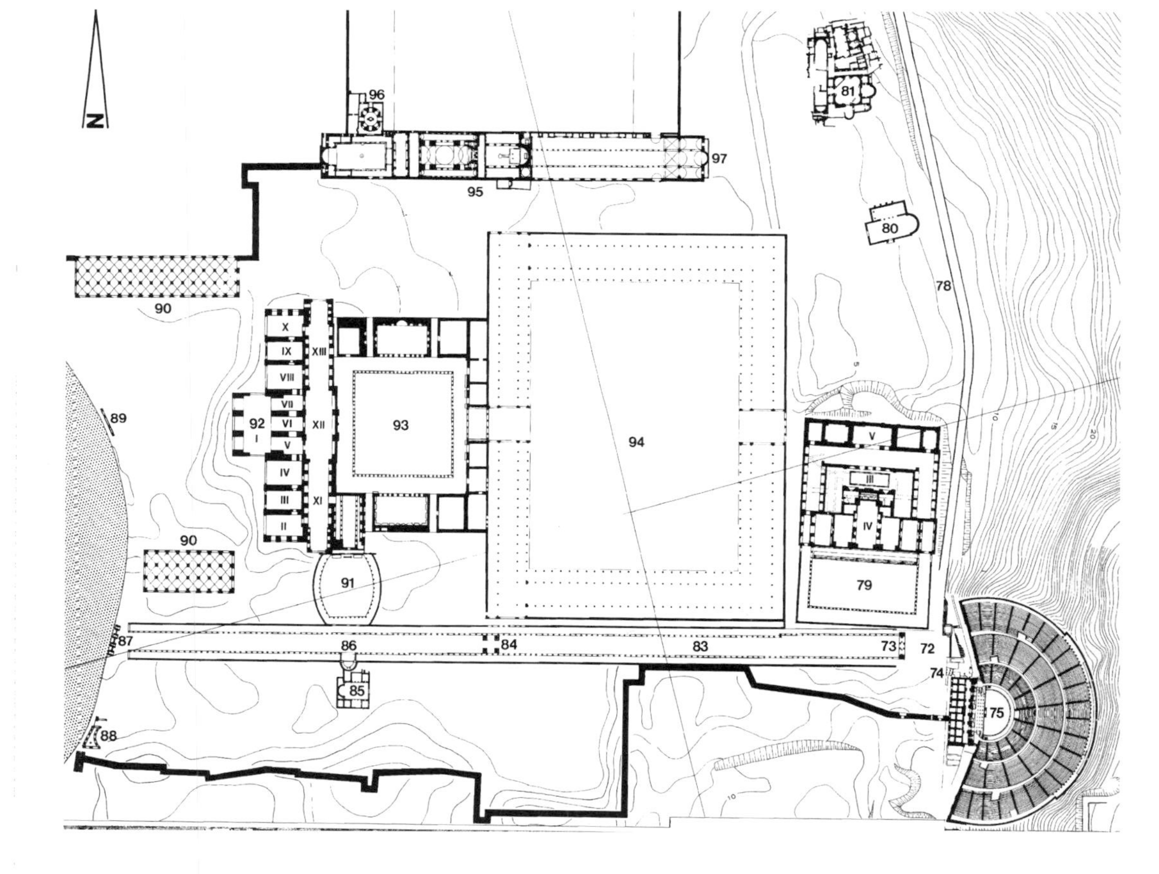


Abb. 15 Planausschnitt Hafenebene: Nr. 75 Theater; Nr. 79 Theatergymnasion; Nr. 83 Hafenstrasse (Arkadiane); Nr. 92 Hafengymnasium mit Nr. 93 Palästra; Nr. 94 „Verulanushallen“; Nr. 95 Marienkirche, in die Südhallen des Olympieions eingebaut

Abb. 16 Ephesos, Luftbild der Hafenebene gegen SO

Abb. 17 Grabstein des Palumbus, gestiftet von seiner Frau Hymnis

Abb. 18 Ephesos Hanghaus 2, Wohneinheit 7: Ostwand des Peristyls, Ritzzeichnung eines Gladiators

de[131] vor allem die Orchestra. Ohne den unpublizierten Ergebnissen vorzugreifen, sei in unserem Zusammenhang vermerkt, dass die Orchestra eine Niveauerhöhung und eine bedeutende Vergrößerung[132] erfuhr und damit zur Arena wurde (Abb. 14). Wie auch anderswo, sind dieser Vergrößerung die kreisrunde Form und die Entwässerungsanlage zum Opfer gefallen. Gewonnen hat man dadurch aber einen etwa 160 Zentimeter hohen Sockel, den man mit Orthostatenplatten verkleidete. Damit wurde eine sichere Distanz zwischen der Arena und den untersten Zuschauerrängen geschaffen und den veränderten Sichtverhältnissen auf die Bühne Rechnung getragen. Neben den Theateraufführungen waren damit auch Gladiatorenkämpfe im Theater möglich. In den obersten Rängen des Zuschauerraumes wurde deshalb ein Nemeseion[133] eingerichtet. Aus dem Theater stammen auch mehrere Reliefdarstellungen von Gladiatoren,[134] die wir durch Neufunde aus dem Jahre 2007 als figurale Ausstattungselemente von Brüstungspfeilern an den Zugängen des Theaters interpretieren konnten. Damit kann neben den in die Pfeiler der Bühne eingeritzten Darstellungen von Gladiatoren[135] die Funktion des Theaters als Schauplatz solcher Kämpfe als gesichert gelten. Zahlreiche Darstellungen von Gladiatoren, die auf Architekturfragmenten, auf Grabreliefs und auch auf Graffiti im Hanghaus 2[136] auf uns gekommen sind, vermitteln uns ein Bild von der hohen Bedeutung der Gladiatorenspiele im Selbstverständnis der Stadt und ihrer Bürger.

Wenn man sich fragt, welche andere Bauten auf die Gladiatur in Ephesos hinweisen, wäre vom *ludus*[137] zu reden, also der Ort zu suchen, in der die Gladiatoren ausgebildet wurden, sich auf die Kämpfe vorbereiteten und teilweise wohl auch untergebracht waren. Angesichts der Bedeutung der Stadt muss zumindest im 2. Jh.n.Chr. ein großer Baukomplex für diese Funktion angenommen werden. Bisher ist allerdings ein *ludus* innerhalb der Stadt noch nicht benannt worden. Es wird hier deshalb als Hypothese vor-

---

131 Zu den Bauphasen des Bühnengebäudes M. HOFBAUER, Research.

132 Vgl. F. KRINZINGER, Jahresbericht 330; die auf Grund einer Inschrift (I.v.Ephesos 2039) von Heberdey vorgeschlagene Datierung in die Jahre zwischen 140 und 144 n.Chr. ist durch den Keramikbefund bestätigt.

133 Vgl. R. HEBERDEY, Berichte 78, und DERS./G. NIEMANN/W. WILBERG, Theater 164.

134 Diese zeigen einzelne Gladiatoren oder Kämpferpaare, die durch Inschriften auf der oberen Profilleiste meist auch namentlich benannt sind. Zwei dieser Pfeiler (M. JUNKELMANN, Gladiatoren Abb. 94) sind schon früher in die Antikensammlung der Staatlichen Museen Berlin gelangt.

135 Vgl. P. SCHERRER, Ephesos mit der Abb. auf 163.

136 Vgl. H. TAEUBER, Graffiti [2005]; DERS, Graffiti [1999] 527–529 mit Taf. 121,3.

137 Der oberste Kaiserpriester, der ja die Spiele auszurichten hatte, war mit Unterstützung anderer Honoratioren (?) nach den Regeln, die eventuell aus Rom übernommen worden waren, angehalten, einen *ludus* zu betreiben und wendete dafür ganz erhebliche Mittel auf; vgl. F. QUASS, Honoratiorenschicht 308–317. Wenn die Bauinschrift (I.v.Ephesos 427) mit der Stiftung des *sebaston gymnasion* und der *xystos* auf das sog. Hafengymnasium zu beziehen ist, wäre für die Fertigstellung dieses großen Komplexes das Jahr 92/93 n.Chr. fixiert.

geschlagen, diese Einrichtung im Areal der nach seinem Stifter C. Claudius Verulanus Marcellus benannten Verulanushallen[138] zu suchen (Abb. 15). Der von Säulenhallen umgebene Platz mit den gewaltigen Ausmaßen von 200 x 240 Meter liegt nördlich der Arkadiane zwischen dem sogenannten Theatergymnasion und dem sogenannten Hafengymnasion, mit welchem durch das Propylon in der Mittelachse der Palästra ein enger architektonischer Zusammenhang besteht. Das Areal wurde von den Ausgräbern nach dem Ergebnis einiger Sondagen planimetrisch[139] rekonstruiert, exakte Untersuchungen haben bisher jedoch noch nicht stattgefunden. Wenn man die Berichte richtig deutet, musste das Niveau des weitläufigen Inneren der Anlage schon bald nach der Erbauungszeit erhöht[140] werden und dürfte nicht durchgehend gepflastert gewesen sein. Durch die Lage zwischen den Palästren zweier Thermenanlagen ist ein Konnex zum Sport und zur Körperertüchtigung nahe liegend. Mit dem Hinweis auf Vitruv,[141] wurden die Hallen von J. Keil als *xystoi*[142] bezeichnet. So wurden die Verulanushallen zum Gymnasionspark. Die Vorstellung von einem weitläufigem Baumbestand und einem parkähnlichen Aussehen haben dazu geführt, den bei Philostrat überlieferten Traum des Apollonios von Tyana[143] in diesem Areal zu lokalisieren. Diese Interpretation hat vieles für sich, doch muss festgehalten werden, dass die Bezeichnung *xystos* für diese Hallen nicht mit Sicherheit aus der Antike überliefert ist, und dass ihre architektonische Gestalt und Ausstattung[144] im Detail nicht bekannt sind. Die Interpretation sollte vor allem

---

138 Nach inschriftlichem Ausweis (I.v.Ephesos 430) stiftete C. Claudius Verulanus Marcellus zu Ehren des Kaisers Hadrian dem Olympischen Zeus und dem Demos der Ephesier als Asiarch eine neue Skoutlosis; vgl. R. HEBERDEY, Bericht [1904], 38–43 mit Abb. 7; der dort erstmals publizierte Grundrissplan lässt erkennen, dass nur der südliche Teil der Westhalle einigermaßen gesichert zu sein scheint. Da man die Funktion des Areals nicht widerspruchslos bestimmen konnte, führte Heberdey die Benennung „Verulanushallen" ein. F. YEGÜL, Baths 308, bewertet diesen Platz als „the most impressive and most commodious sports area of the classical world". Dieser hohen Bewertung wird der aktuelle Forschungsstand nicht gerecht.

139 Vgl. die Formulierungen von J. KEIL, Bericht 19–24 mit Abb. 9; in Spalte 21, ebd., ist die Feststellung zu lesen: „... schließt sich östlich ein ungefähr 200x240 Meter großer Platz an der West und Südseite und vermutlich auch an der Nord- und Ostseite mit sehr eigenartigen, anscheinend dreischiffigen Säulenhallen umgeben war"; in Anm. 10, ebd., wird präzisiert: „Die in der Nordwestecke und der Mitte der Ostseite gezeichneten Eingänge sind nicht gesichert".

140 „... mag nun dazu eine Senkung des Bodens oder das Steigen des Grundwassers Veranlassung gegeben haben" (R. HEBERDEY, Bericht [1904], 43).

141 Vitr. 5,11,3.

142 Zum Begriff *xystos*, der in den griechischen Gymnasien als Bezeichnung gedeckter Hallen bekannt ist, aber in der römischen Architektur auch gleichgesetzt mit *ambulationes*, gärtnerisch gestalteten Spazierwegen, verwendet wird, vgl. A. GIERÉ, Hippodromus.

143 Philostr. Ap. 8,26 überliefert, dass Apollonios von Tyana „in den Hainen der Xystoi" in einer telepathischen Vision die zeitgleich stattfindende Ermordung des Domitian in Rom erlebte und davon den versammelten Ephesiern erzählte; vgl. J. KEIL, Bericht 22.

144 Was mit der von Verulanus gestifteten neuen *skoutlosis* (= „chequered work", aber auch „mosaic flooring" bei LSJ s.v.; lateinisch *scutula*, Raute) wirklich gemeint war, ist leider nicht bekannt. R. HEBERDEY, Bericht [1904], 37–56 denkt offensichtlich an eine schachbrettartige

nicht dazu verführen, hinsichtlich der Nutzung des Areals ausschließlich an Athleten nach griechischer Tradition zu denken. Hinsichtlich der Proportionen und der Ausstattung sind die in der Forschung als große Palästren bezeichneten Bauten durchaus mit den Verulanushallen vergleichbar.

Das bekannteste Beispiel ist sicherlich der Baukomplex westlich des Amphitheaters von Pompeji,[145] der ursprünglich vielleicht als Wandelhalle für die Besucher des Amphitheaters gedacht war, durch seine reichen Funde zum Alltag und zur Bewaffnung der Gladiatoren aber zur Zeit des Vesuvausbruches eindeutig die Funktion eines *ludus* hatte. Der Innenhof war mit Bäumen bepflanzt und hatte im Zentrum ein großes Schwimmbecken. Nach Ausweis der offenen Durchgänge und der malerischen Ausstattung der Wände,[146] war die Palästra keine geschlossene „Kaserne", sondern eine durchlässige Einrichtung, die den Gladiatoren als Trainingsplatz und Unterkunft diente. Auch die Palästra von Herculaneum[147] ist in Dimensionen und Ausstattung vergleichbar. Die Besonderheit einer kreuzförmigen *natatio* im Zentrum der Anlage[148] macht klar, dass nicht nur das athletische Training, sondern auch andere Formen körperlicher Ertüchtigung und Erholung das Ziel der Einrichtung war. Eine vergleichbare Funktion ist auch für die Verulanushallen denkbar. Die beiden nahe gelegenen Gymnasien und ihre Palästren[149] waren vornehmlich dem Badebetrieb und der Bildung, der intellektuellen Erziehung der Jugend gewidmet. Das dazwischen liegende Areal, war groß genug, auch die Funktion des Trainingsplatzes der Gladiatoren zu übernehmen (Abb. 16). Es wäre also durchaus lohnend, durch eine archäologische Untersuchung des Areals mehr zur Funktion der Verulanushallen zu erfahren. Da sich in keinem der angrenzenden Gymnasionkomplexe ein Schwimmbad befand, könnte man sich im Zentrum des Hofes unschwer im Vergleich mit der Palästra von Pompeji eine *natatio* vorstellen.

---

„Vertäfelung" (von Wänden oder Zimmern?), genauso könnte man diesen Begriff aber auch mit den bei Vitr. 5,11,3, beschriebenen *inter arbores ambulationes ibique ex opere signino stationes* verbinden und sich die aufwändige Gestaltung von gepflasterten Plätzen oder Pavillons zwischen dem Baumbestand vorstellen.

[145] Vgl. A. MAIURI, Pompci 165–238; F. COARELLI (Hg.), Pompeji 254–257.

[146] Zur Ausstattung der großen Palästra von Pompeji vgl. I. BRAGANTINI, Palestra 311–315; die dort auf Abb. 5 rekonstruierte Wanddekoration wird der letzten Phase des III. Stils zugerechnet.

[147] A. MAIURI, Ercolano 92–113.

[148] G. CARETTONI, Art. Palestra, in: Enciclopedia dell'arte antica classica e orientale V (1963) 885, hebt die veränderte Bedeutung und erweiterte Funktion solcher Plätze in der römischen Architektur hervor, in welche auch italische Elemente einfließen können.

[149] Zu den Funktionen der Palästren in den ephesischen Bad-Gymnasien vgl. M. STESKAL/ M. LA TORRE, Vediusgymnasium 293–295. Zu den Verulanushallen betonen die Autoren die Multifunktionalität mit Blick auf die „geistige Erziehung". Man sollte hinsichtlich der Verulanushallen den Blick erweitern und auch die von den städtischen Eliten bereitzustellenden Bedürfnisse der Gladiatoren in die funktionellen Überlegungen einbeziehen.

Auch unter topographischen Aspekten bietet sich eine plausible Interpretation für die erweiterte Funktion der Verulanushallen als *ludus* an: Vom Theater, das als Austragungsort von *munera* gesichert ist, sind die Hallen nur durch das Theatergymnasium getrennt. Die Kommunikation könnte durch das archäologisch gesicherte Tor in der Südwestecke über die große Hafenstrasse, oder über das nicht gesicherte Tor in der Mitte der Ostachse erfolgt sein. Auch die Verbindung zum Stadion im Norden ist durch die repräsentative Nord-Südachse der Stadt[150] gegeben. Diese zweigt auf der Höhe des hadrianischen Olympieions nach Nordosten ab und führt direkt am Stadion vorbei zum Koressischen Tor.

Während eine Lokalisierung des ephesischen *ludus* in den Verulanushallen vorerst hypothetisch bleiben muss, konnte nordöstlich des Stadions ein Gladiatorenfriedhof nachgewiesen werden. Dieser in den 90er Jahren des 20. Jhs. erforschte Friedhof außerhalb des Koressischen Tores gibt durch die breit angelegte anthropologische und forensische Untersuchung der erhaltenen Skelette einen direkten und komplexen Einblick in die Lebensweise, die Ernährung und die medizinische Versorgung der Gladiatoren. Die ersten Ergebnisse wurden in einer Ausstellung im Ephesos-Museum in Selçuk präsentiert.[151] Trotz des hohen Interesses, das diesem Teil meines Referates entgegengebracht wurde, wird in diesem Beitrag auf nähere Ausführungen zu diesem Thema verzichtet und auf die im Katalog publizierten Ergebnisse verwiesen (Abb. 17–18).

---

[150] Zum Straßenraster von Ephesos vgl. zuletzt S. GROH, Forschungen 47–116.

[151] Österreichisches Archäologisches Institut/Institut für Histologie und Embryologie der Universität Wien/Kulturministerium der Türkischen Republik (Hg.), Gladiatoren.

# Literatur

W. ALZINGER, Augusteische Architektur in Ephesos (Österreichisches Archäologisches Institut Sonderschriften 16), Wien 1974.

–, Das Zentrum der lysimachischen Stadt, in: H. Friesinger/F. Krinzinger (Hg.), 100 Jahre österreichische Forschungen in Ephesos. Akten des Symposions Wien 1995 (Österreichische Akademie der Wissenschaften, Philosophisch-Historische Klasse 260 = Archäologische Forschungen 1), Wien 1999, 389–392.

B. ANDREAE, Ist die Hypothese vom Polyphemgiebel in Ephesos bereits falsifiziert? in: H. Friesinger/F. Krinzinger (Hg.), 100 Jahre österreichische Forschungen in Ephesos. Akten des Symposions Wien 1995 (Österreichische Akademie der Wissenschaften, Philosophisch-Historische Klasse 260 = Archäologische Forschungen 1), Wien 1999, 531–533.

I. ANDREOU, Nikopolis. Topographika kai Poleodomika, in: K.L. Zachos (Hg.), Nikopolis B', Prebeza 2007, 231–262.

I.R. ARNOLD, Agonistic Festivals in Italy and Sicily, in: AJA 64 (1960) 245–252.

P. AUPERT, Le stade, Fouilles de Delphes II, Paris 1979.

S. AURIGEMMA, I mosaici di Zliten (AfIt 2), Rom 1926.

E. BALTRUSCH, Die Verstaatlichung der Gladiatorenspiele, in: Hermes 116 (1988) 324–337.

D. D. BERNARDI FERRERO, Teatri classici in Asia Minore 4, Deduzione e proposte (Studi di architettura antica 5), Rom 1974.

F. BERNSTEIN, Ludi publici. Untersuchungen zur Entstehung und Entwicklung der öffentlichen Spiele im antiken Rom (Historia Einzelschriften 119), Stuttgart 1998.

D. BOSCHUNG, Die Bildnisse des Augustus (Das römische Herrscherbild I/2), Berlin 1993.

K. BOSHNAKOV, Die Thraker südlich vom Balkan in den Geographika Strabos: quellenkritische Untersuchungen (Palingenesia 81), Stuttgart 2003.

W. BOWDEN, Nikopolis – The ideology of the late antique city, in: K.L. Zachos (Hg.), Nikopolis B', Prebeza 2007, 135–149.

I. BRAGANTINI, II 7 Grande Palestra, in: Pompei, Pitture e mosaici III, Regiones II – III – V (Enciclopedia dell'Arte antica Classica e Orientale), Rom 1991.

O. BRONEER, Isthmia 1, Temple of Poseidon, Princeton 1971.

J. BURCKHARDT, Griechische Culturgeschichte, hg. von L. Burckhardt, München 2002/2005.

B. BURRELL, Neokoroi. Greek Cities and Roman Emperors (Cincinnati Classical Studies NS 9). Leiden 2004.

D. CAMPANILE, Ancora sul culto imperiale in Asia, in: Mediterraneo antico. Economie, società, culture 4 (2001) 473–488.

E.K. CHRYSOS (Hg.), Nikopolis A'. Praktika tu prōtu Diethnus Symposiu gia tē Nikopolē, 23–29 September 1984, Prebeza 1987.

F. COARELLI (Hg.), Pompeji, Bergisch Gladbach/Luebbe 1979.

A.M. COLINI, Stadium Domitiani (I monumenti romani 1), Rom 1943.

L. CREMA, I monumenti architettonici Afrodisiensi (MAnt 38), Mailand 1939.

W. V. DIEST, Nysa ad Maeandrum nach Forschungen und Aufnahmen in den Jahren 1907 und 1909 (JdI.E 10), Berlin 1913.

F. EICHLER, Ein augusteisches Denkmal in Ephesos, in: WSt 79 (1966) 592–597.

J. ENGELS, Augusteische Oikomenegeographie und Universalhistorie im Werk Strabons von Amaseia, Stuttgart 1999.

T. ERIM/R.R.R. SMITH, Sculpture from the Theatre: A Prelimionary Report, in: Dies. (Hg.), Aphrodisias Papers 2 (Journal of Roman Archaeology Suppl. 2) Portsmouth (RI) 1991, 67–97.

K.T. ERIM, Aphrodisias. Results of the 1968 Campaign, Türk arkeoloji dergisi XVII/1 (1968) 43–57.

A. ERTUG/R.R.R. SMITH, Aphrodisias. City & Sculpture in Roman Asia, Istanbul 2008.

E. FOSSEL, Zum Tempel auf dem Staatsmarkt in Ephesos, in: JÖAI 50 (1972–75) 212–219.
A. v. GERKAN, Das Stadion, Milet II/1, Berlin 1921.
A. GIERÉ, Hippodromus und Xystus. Untersuchungen zu römischen Gartenformen, Zürich 1986.
J.C. GOLVIN, L'amphithéâtre romain (Publications du Centre Pierre Paris 18), Paris 1988.
S. GROH, Neue Forschungen zur Stadtplanung in Ephesos, in: JÖAI 75 (2006) 47–116.
H. HÄNLEIN-SCHÄFER, Veneratio Augusti. Eine Studie zu den Tempeln des ersten römischen Kaisers (Archaeologica 39), Rom 1985.
H.A. HARRIS, Sport in Greece and Rome, Ithaca (NY) 1972.
R. HEBERDEY/G. NIEMANN/W. WILBERG, Das Theater in Ephesos (Forschungen in Ephesos 2), Wien 1912.
R. HEBERDEY, Vorläufige Berichte über die Ausgrabungen in Ephesos, in: JÖAI 1 Beiblatt (1898) 71–82.
–, Vorläufiger Bericht über die Grabungen in Ephesos 1902/3, in: JÖAI 7 Beiblatt (1904) 37–56.
–, IX. Vorläufiger Bericht über die Grabungen in Ephesos, in: JÖAI 15 Beiblatt (1912) 157–182.
H. HEINEN, Vorstufen und Anfänge des Herrscherkultes im römischen Ägypten, ANRW II/18.5 (1995), 3145–3180.
P. HERRMANN, Milet unter Augustus. C. Julius Epikrates und die Anfänge des Kaiserkultes, in: IM 44 (1994) 203–236.
H. v. HESBERG, Die Basilika von Ephesos – Die kulturelle Kompetenz der neuen Stifter, in: C. Berns/H. v. Hesberg/L. Vandeput/M. Waelkens (Hg.), Patris und Imperium. Kulturelle und politische Identität in den Städten der römischen Provinzen Kleinasiens in der frühen Kaiserzeit, Kolloquium Köln 1998 (Bulletin antieke beschaving. Suppl. 8), Leuven 2002, 149–158.
P. HERZ, Zur Geschichte des Kaiserkults in Kleinasien. Die Kulturorganisation für die *cives Romani*, in: Neue Forschungen zur Religionsgeschichte Kleinasiens (FS E. Schwertheim) (Asia Minor Studien 49), Bonn 2003, 133–148.
F. HILLER v. GAERTRINGEN, Nysa ad Maeandrum nach Forschungen und Aufnahmen in den Jahren 1907 und 1909, in: JdI.E 10 (1913).
W. HOEPFNER, Zur Stadtgründung des Augustus, in: E.K. Chrysos (Hg.), Nikopolis A', Prebeza 1987, 129–133.
M. HOFBAUER, Archaeological Research in the Theatre of Ephesus, in: F. d'Andria (Hg.) Hierapolis International Symposium, Methodologies of Restoration and Enhancement of Ancient Theatres in Turkey 2007 (im Druck).
A. HÖNLE/A. HENZE, Römische Amphitheater und Stadien, Gladiatorenkämpfe und Circusspiele, Zürich 1981.
J.H. HUMPHREY, Amphitheatrical Hippo-stadia, in: A. Raban/K.G. Holum (Hg.) Caesarea Maritima: A Retrospective after Two Millennia (DMOA 21), Leiden 1996, 121–129.
J. İNAN/E. ALFÖLDI-ROSENBAUM, Römische und frühbyzantinische Porträtplastik aus der Türkei. Neue Funde, Mainz 1979.
W. JOBST, Zur Lokalisierung des Sebasteion-Augusteum in Ephesos, in: IM 30 (1980) 241–259.
M. JUNKELMANN, Das Spiel mit dem Tod. So kämpften Roms Gladiatoren, Mainz 2000.
–, Gladiatoren. Das Spiel mit dem Tod, Mainz 2008.
S. KARWIESE, Gedanken zur Entstehung des römischen Ephesos, in: H. Friesinger/F. Krinzinger (Hg.), 100 Jahre österreichische Forschungen in Ephesos. Akten des Symposions Wien 1995 (Österreichische Akademie der Wissenschaften, Philosophisch-Historische Klasse 260 = Archäologische Forschungen 1) Wien 1999, 393–398.
–, Groß ist die Artemis von Ephesos. Die Geschichte einer der großen Städte der Antike, Wien 1995.
–, Stadion, in: JÖAI 63 Beiblatt (1994) 21–24.
–, Stadion, in: JÖAI 64 Beiblatt (1995) 22f.
–, Stadion, in: JÖAI 65 Beiblatt (1996) 18–20.
P. KAVVADIAS, Ti ieron tou Asklepiou en Epidauroi, Athen 1900.
J. KEIL, Zur Topographie und Geschichte von Ephesos, in: JÖAI 21–23 (1922–24) 96–112.

–, XVII. Vorläufiger Bericht über die Ausgrabungen in Ephesos, in: JÖAI 28,1 Beiblatt (1933) 5–44.
D. KNIBBE, Ephesos vom Beginn der römischen Herrschaft in Kleinasien bis zum Ende der Prinzipatszeit, in: ANRW II/7.2 (1980) 748–810.
–, Neue Inschriften aus Ephesos IV, in: JÖAI 50 Beiblatt (1972–75) 2–26.
J. KODER/F. KRINZINGER, Jahresbericht 2006 des Österreichischen Archäologischen Instituts, in: JÖAI 76 (2007) 393–438.
F. KRINZINGER, Jahresbericht 2005 des Österreichischen Archäologischen Instituts, in: JÖAI 75 (2006) 315–371.
–, Nikopolis in der augusteischen Reichspropaganda, in: E.K. Chrysos (Hg.), Nikopolis A', Prebeza 1987, 109–120.
–, Untersuchungen zur Entwicklungsgeschichte des griechischen Stadions, Innsbruck 1968.
D.G. KYLE, Spectacles of Death in Ancient Rome, London 1998.
–, Sport and Spectacle in the Ancient World, Malden (MA) [3]2008.
H. LANGENFELD, Die Politik des Augustus und die griechische Agonistik, in: Monumentum Chiloniense (FS E. Burck), Amsterdam 1975, 228–259.
W. LESCHHORN, Die Verbreitung von Agonen in den östlichen Provinzen des römischen Reiches, in: Stadion XXIV/1 (1998) 31–45.
D. MAGIE, Roman Rule in Asia Minor, Princeton (NJ) 1950.
A. MAIURI, Pompei, in: Notizie degli scavi di antichità (1939) 165–238.
–, Ercolano. I nuovi scavi (1927–1958), Rom 1958.
A. MALLWITZ, Das Station, in: E. Kunze/H. Bartels/A. Mallwitz, Bericht über die Ausgrabungen in Olympia 8, Berlin 1967, 16–82.
L. MALTEN, Leichenspiel und Totenkult, in: MDAI.R 38/39 (1923/24) 300–340.
B. MEISSNER, Meris VI ad ludum Neronianum. Beobachtungen und Überlegungen zu einer Inschrift des Katasters von Orange, in: ZPE 90 (1992) 167–191.
S.G. MILLER, The Early Hellenistic Stadium, Excavations at Nemea 2, Berkeley (CA) 2001.
–, Excavations at Nemea, 1977, in: Hesp. 47 (1978) 58–88.
F. MILTNER, Ephesos. Stadt der Artemis und des Johannes, Wien 1958.
V. MITSOPOULOS-LEON/C. LANG-AUINGER (Hg.), Die Basilika am Staatsmarkt in Ephesos. Funde klassischer bis römischer Zeit (Forschungen in Ephesos IX/2/3), Wien 2007.
V. MITSOPOULOS-LEON, Die Basilika am Staatsmarkt in Ephesos. Keramik hellenistischer und römischer Zeit (Forschungen in Ephesos IX/2/2), Wien 1991.
–, Zur Chronologie des kleinen Tempels auf dem Staatsmarkt in Ephesos, in: B. Brandt (Hg.), Synergia (FS F. Krinzinger), Wien 2005, 203–211.
J. MOURATIDIS, On the Origin of the Gladiatorial Games, in: Nikephoros 9 (1996) 111–134.
P. V.D. MÜHLL, Kritisches Hypomnema zur Ilias, Basel 1952.
Österreichisches Archäologisches Institut/Institut für Histologie und Embryologie der Universität Wien/Kulturministerium der Türkischen Republik (Hg.), Gladiatoren in Ephesos. Tod am Nachmittag, Eine Ausstellung im Ephesos Museum Selçuk seit 20. April 2002, Wien 2002.
G. PETZL/E. SCHWERTHEIM, Hadrian und die dionysischen Künstler. Drei in Alexandria Troas neugefundene Briefe des Kaisers Hadrian an die Künstler-Vereinigung (Asia Minor Studien 58), Bonn 2006.
G.A. PLATTNER, Ephesische Kapitelle des 1. und 2. Jhs. n. Chr. Form und Funktion kaiserzeitlicher Architekturdekoration in Kleinasien, Diss. masch., Wien 2003.
A. PONTRANDOLFO/A. ROUVERET, Le tombe dipinte di Paestum, Modena 1992.
N. PURCELL, The Nicopolitan Synoecism and Roma Urban Policy, in: E.K. Chrysos (Hg.), Nikopolis A', Prebeza 1987, 71–90.
F. QUASS, Die Honoratiorenschicht in den Städten des griechischen Ostens, Stuttgart 1993.
W. RADT, Pergamon. Geschichte und Bauten einer antiken Metropole, Darmstadt 1999.
–, The Urban Development of Pergamon, in: D. Parrish (Hg.), Urbanism in Western Asia Minor (Journal of Roman Archaeology Suppl. 45), Portsmouth (RI) 2001, 43–56.
W.M. RAMSAY, The Cities and Bishoprics of Phrygia I, Oxford 1895.

C. RATTÉ, The Urban Development of Aphrodisias in the Late Hellenistic and Early Imperial Periods, in: C. Berns/H. v. Hesberg/L. Vandeput/M. Waelkens (Hg.), Patris und Imperium. Kulturelle und politische Identität in den Städten der römischen Provinzen Kleinasiens in der frühen Kaiserzeit, Kolloquium Köln 1998 (Bulletin antieke beschaving. Suppl. 8), Leuven 2002, 5–32.

J.M. REYNOLDS, Aphrodisias and Rome: Documents from the Excavation of the Theatre at Aphrodisias Conducted by Professor Kenan T. Erim (JRS Monographs 1), London 1982.

–, Epigraphic Evidence for the Construction of the Theatre: 1st c. B.C. to mid 3rd c. A.D., in: R.R.R. Smith/K. T. Erim (Hg.), Aphrodisias Papers 2 (Journal of Roman Archaeology Suppl. 2), Portsmouth (RI) 1991, 15–28.

C. ROBERT, Bild und Lied. Archäologische Beiträge zur griechischen Heldensage, Berlin 1881.

L. ROBERT, Deux inscriptions agonistiques de Rhodes, in: Ἀρχαιολογικὴ Ἐφημερίς (1966) 108–118.

–, Les gladiateurs dans L'Orient grec, Paris 1940.

C. ROHN, Der Theater-Stadion-Komplex von Aizanoi, Cottbus 2008.

P. ROOS, On the Connection Between Theatre and Stadium in Anatolian Cities, in: H. Malay (Hg.), Erol Atalay Memorial, Izmir 1991, 165–168.

–, In Search of Ancient Stadia and Hippodromes in Anatolia, in: Opuscula Atheniensia 20 (1994) 178–188.

C. ROUECHÉ, Performers and Partisans at Aphrodisias in the Roman and Late Roman Periods (JRS Monographs 6), London 1993.

A. SCHENK V. STAUFFENBERG, Die römische Kaisergeschichte von Malalas, Stuttgart 1931.

P. SCHERRER (Hg.), Der *conventus civium Romanorum* und kaiserliche Freigelassene als Bauherrn in Ephesos in augusteischer Zeit, in: M. Meyer (Hg.), Neue Zeiten – Neue Sitten. Zur Rezeption und Integration römischen und italischen Kulturguts in Kleinasien, Wien 2007, 63–76.

–, Ephesos, Der neue Führer, Wien 1995.

–, The Historical Topography of Ephesos, in: D. Parrish (Hg.), Urbanism in Western Asia Minor (Journal of Roman Archaeology Suppl. 45), Portsmouth (RI) 2001, 57–93.

–, Die Stadt als Festplatz: Das Beispiel der ephesischen Bauprogramme rund um die Kaiserneokorien Domitians und Hadrians, in: J. Rüpke (Hg.), Festrituale in der römischen Kaiserzeit (Studien und Texte zu Antike und Christentum 48), Tübingen 2008, 35–65.

M. SEYER, Der Herrscher als Jäger. Untersuchungen zur königlichen Jagd im persischen und makedonischen Reich sowie unter den Diadochen Alexanders des Großen, Wien 2007.

C. ŞIMŞEK, Laodikeia ad Lycum, Istanbul 2007.

U. SINN, Olympia. Kult, Sport und Feste in der Antike, München 1996.

M. STESKAL/M. LA TORRE, Das Vediusgymnasium in Ephesos. Archäologie und Baubefunde (Forschungen in Ephesos XIV/1), Wien 2008.

G. STYHLER, Building Research and New Paths for Use by Visitors at the Theatre of Ephesus, in: Archaeological Research in the Theatre of Ephesus, in: F. d'Andria (Hg.), Hierapolis International Symposium, Methodologies of Restoration and Enhancement of Ancient Theatres in Turkey 2007 (im Druck).

C.H. SUTHERLAND, The Cistophori of Augustus, London 1970.

H. TAEUBER, Graffiti und Dipinti aus den Hanghäusern von Ephesos, in: H. Friesinger/F. Krinzinger (Hg.), 100 Jahre österreichische Forschungen in Ephesos. Akten des Symposions Wien 1995 (Österreichische Akademie der Wissenschaften, Philosophisch-Historische Klasse 260 = Archäologische Forschungen 1) Wien 1999, 527–529.

–, Graffiti, in: H. Thür, Hanghaus 2 in Ephesos. Die Wohneinheit 4 (Forschungen in Ephesos VIII/6), Wien 2005, 132–143.

C. TEXIER, Description de l'Asie Mineure par ordre du governement français 3, Paris 1849.

H. THÜR, Wie römisch ist der sog. Staatsmarkt in Ephesos? in: M. Meyer (Hg.), Neue Zeiten – Neue Sitten. Zur Rezeption und Integration römischen und italischen Kulturguts in Kleinasien, Wien 2007, 77–90.

G. TRAVERSARI, Laodicea di Frigia I (Supplementi alla Rivista di archeologia 24), Venedig 2000.

K. Tuchelt, Zum Problem Kaisareion-Sebasteion. Eine Frage zu den Anfängen des römischen Kaiserkults, in: IM 31 (1981) 167–186.

K. Vierneisel/P. Zanker, Die Bildnisse des Augustus. Herrscherbild und Politik im Kaiserlichen Rom; Sonderausstellung der Glyptothek und des Museums für Abgüsse Klassischer Bildwerke München, München 1979.

G. Ville, La gladiature en occident des origines à la mort de Domitian (BEFAR 245), Rom 1981.

I. Weiler, Der Agon im Mythos. Zur Einstellung der Griechen zum Wettkampf, Darmstadt 1974.

–, Wider und für das agonale Prinzip. Eine griechische Eigenart? Wissenschaftliche Aspekte und Grundsatzüberlegungen, in: Nikephoros XIX.10 (2006) 81–110.

K. Welch, The Stadium at Aphrodisias, in: AJA 102 (1998) 547–569.

O. Westheider/M. Philipp (Hg.), Malerei für die Ewigkeit. Die Gräber von Paestum, München 2007.

T. Wiedemann, Kaiser und Gladiatoren. Die Macht der Spiele im Antiken Rom, Darmstadt 2001.

T. Witulski, Kaiserkult in Kleinasien. Die Entwicklung der kultisch-religiösen Kaiserverehrung in der römischen Provinz Asia von Augustus bis Antoninus Pius (NTOA 63), Göttingen 2007.

F. Yegül, Baths and Bathing in Classical Antiquity, Cambridge (MA) 1992.

K. Zachos (Hg.), Nikopolis'. Praktika tu deuteru Diethnus Symposiu gia tē Nikopolē, 11–15 September 2002, Prebeza 2007.

Elisabeth Esch-Wermeling

# Brückenschläge: Die alttestamentlichen Traditionen der Offenbarung und Anspielungen auf die Zeitgeschichte

## Methodische Überlegungen und Fallbeispiele

Die Johannesoffenbarung und der Kaiserkult – diese beiden Begriffe in einem Atemzug zu nennen ist für die meisten ExegetInnen etwas nahezu Selbstverständliches. Ist man sich in der neutestamentlichen Forschung doch weitestgehend einig darüber, dass das letzte und zugleich rätselhafteste Buch der Bibel auf das Phänomen des Kaiserkults in Kleinasien kritisch rekurriert,[1] so löste diese Überzeugung auf dem Workshop, der dem vorliegenden Sammelband vorausging, lebhafte Diskussionen mit Vertretern der Altertumswissenschaften aus.[2] Vor diesem interdisziplinären Hintergrund will sich der folgende Beitrag darum bemühen, methodisch reflektiert zu erläutern, wie ExegetInnen mit dem Text umgehen, und versuchen, Intentionen herauszuschälen, um die teilweise kryptischen Endzeitvisionen vor einem zeitgeschichtlichen Hintergrund plausibel zu machen. Anhand von zwei ausgewählten Beispielen sollen die drei in diesem Kontext relevanten methodischen Schritte – explizit auch einem nicht-exegetischen Fachpublikum – vorgestellt werden.

## 1. Einleitung

Vor dem Einstieg in die Textarbeit sollen lediglich einige ganz grundsätzliche Worte über den Verfasser, die Adressaten und damit zusammenhängend über die geographische Lokalisierung des Textes gesagt werden: Der Verfasser selbst stellt sich im ersten Kapitel des Buches als „Johannes" vor (Offb 1,9). Im Gegensatz zu anderen apokalyptischen Schriften sind wir darüber hinaus in der glücklichen Lage, die Adressaten der Schrift zu kennen. Bereits in Offb 1,11 benennt der Seher Johannes sieben Gemeinden in der Provinz Asia als Adressaten seiner prophetischen Worte; in Kapitel 2f. folgen dann – vor dem eigentlichen, visionären Hauptteil – die Sendschrei-

---

[1] Vgl. etwa den aktuellen Forschungsüberblick von M. NAYLOR, Cult, und zuletzt H.-G. GRADL, Kaisertum.

[2] Vgl. dazu vor allem den Beitrag von W. AMELING in diesem Band (15f.44–48).

ben an die kleinasiatischen Gemeinden in Ephesos, Smyrna, Pergamon, Thyateira, Sardis, Philadelphia und Laodikeia.

Johannes hält sich „um des Wortes Gottes und des Zeugnisses Jesu willen“ im freiwilligen oder erzwungenen Exil auf der Insel Patmos auf (Offb 1,9). Dort erhält er eine Vision, in der er beauftragt wird, das Gehörte und Gesehene niederzuschreiben und an seine Brüder in den sieben Gemeinden der Asia zu senden, die – so unterstellt er – wie er selbst in endzeitlicher Bedrängnis leben, mit Spaltungen und Abfall zu kämpfen haben und an den einzig wahren Weg erinnert werden müssen.

Auf die Sendschreiben folgt der große visionäre Teil (Offb 4,1–22,6), der mit seiner Bildgewalt an einen Film erinnert, welcher vor dem inneren Auge der Leserin bzw. des Hörers abgespielt wird. Im Zentrum dieses Hauptteils, der sich mit der gegenwärtigen Zeit, dem Handeln und der Umkehr der Menschen beschäftigt, steht Kapitel 13, das von den apokalyptischen Tieren erzählt.[3]

## 2. Erstes Beispiel: Die Widersacher Gottes (Offb 13)

Um die Ereignisse in Offb 13 richtig einschätzen zu können, ist es wichtig sich vor Augen zu halten, was im Kapitel zuvor geschah: In Offb 12 ging es um den Anführer der bösen Mächte, den Drachen bzw. Satan, der im Himmel mit Michael und seinen Engeln Krieg führte und von dort auf die Erde gestürzt wurde. Daraufhin verfolgt der Drache die Frau, die in Offb 19,7f. als die Braut Christi erscheint und Symbol für das wahre Volk Gottes ist.[4] Da er ihrer nicht habhaft werden kann, führt der Drache Krieg mit deren Nachfolgern. Dafür stellt er sich auf den Sand des Meeres. Was in Offb 13 folgt, ist die konkrete Ausgestaltung dieses Kampfes, den der Drache nicht selbst führt, sondern an zwei mächtige irdische Vertreter delegiert.

### 2.1 Textinterne Beobachtungen zur Deutung des Textes

#### *2.1.1 Beobachtungen zu Offb 13*

a) Textinterne Aufforderungen zur Auslegung. Das 13. Kapitel der Offenbarung ist eindeutig zweigeteilt: Die V. 1–10 widmen sich dem Tier aus dem Meer und die V. 11–18 dem Tier aus der Erde, wobei beide Teile mit einem Aufruf an die Lesenden abgeschlossen werden. Diesen Abschlussversen der beiden Segmente kommt eine besondere Relevanz für die weite-

---

[3] Vgl. Gliederung und Erläuterung bei P. RICHARD, Apokalypse 147–150.159–174.

[4] Vgl. H. GIESEN, Reich 166; DERS., Offb 276–278.

re Interpretation zu, da sie eine grundlegende Option des Textes transportieren. In V. 9 heißt es: „Wenn einer ein Ohr hat, so soll er hören!“ und in V. 18: „Hier ist die Weisheit nötig. Der Verstand Habende soll berechnen die Zahl des Tieres. Denn Zahl eines Menschen ist sie, und seine Zahl ist 666.“ Während sich der Text durch den Weckruf in V. 9 eher allgemein der Aufmerksamkeit des Lesers vergewissert, fordert er in V. 18 unmissverständlich zu seiner eigenen Auslegung auf. Der Text selbst gibt hier einen Hinweis, dass er nicht wörtlich verstanden werden will, sondern seine Botschaft entschlüsselt werden muss. Mit dem Hinweis, dass die Zahl des Tieres diejenige eines Menschen sei, überlagern sich der animalische und der antropologische Bereich. Diese Tatsache deutet auf eine wichtige Interpretationslinie hin, die sich durch die gesamte Perikope zieht.

b) Die Figuren. Besonders aufschlussreich sind in dieser Perikope die Funktionen der Figuren. Im Text finden sich drei Figuren – der Drache, das Tier aus dem Meer und das Tier aus der Erde –, die in einem klar definierten Abhängigkeitsverhältnis zueinander stehen. Dieses lässt sich grafisch folgendermaßen darstellen:

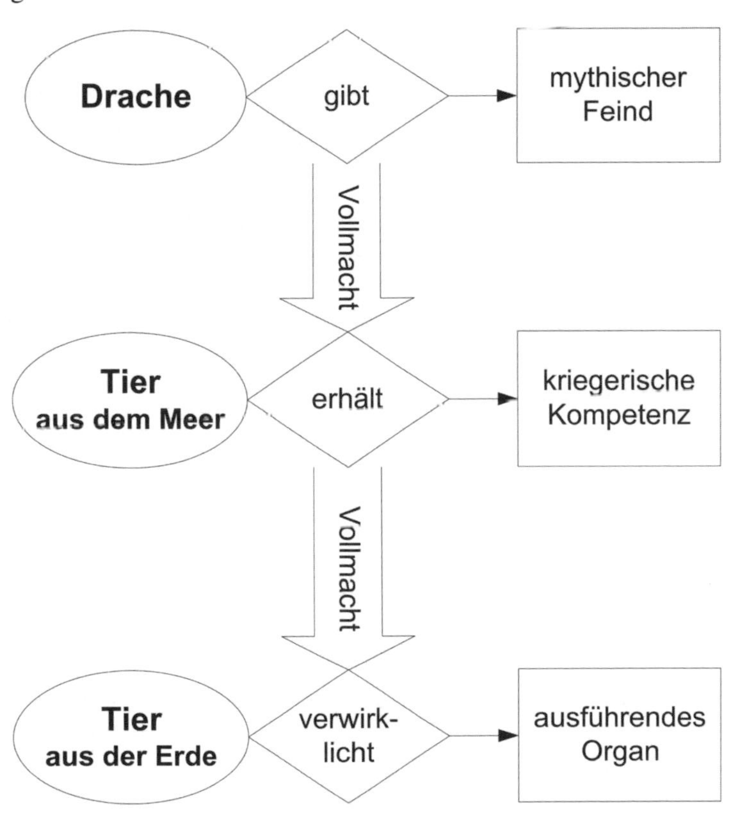

Die Trias zeichnet sich durch eine abgestufte Vollmachtsstruktur (ἐξουσία) aus: Das Tier aus dem Meer erhält seine ἐξουσία durch den Drachen, das Tier aus der Erde wiederum handelt in der Vollmacht des ersten Tieres bzw. demonstriert dessen Vollmacht. Während der Drache der mythologische Feind bleibt, nutzt das Tier aus dem Meer seine Vollmacht, um Krieg zu führen und Gott zu lästern. Die Hauptaufgabe des zweiten Tieres besteht dagegen vor allem in dessen öffentlichkeitswirksamer Arbeit für das erste Tier. Dementsprechend ist der am häufigsten genannte Begriff (neben dem Terminus θηρίον) im ersten Teil des Kapitels das Substantiv ἐξουσία (Offb 13,2.4.5.7) und im zweiten Teil das Verb ποιεῖν/wirken (Offb 13,12.13.14.15.16).

c) Beschreibung und Bedeutung der Tiere. Das erste Tier trägt auf seinen Hörnern zehn Diademe, es hat durch den Drachen dessen Thron erhalten, besitzt nicht Vollmacht über andere Tiere, sondern über Völker und Stämme und führt Krieg gegen die Heiligen Gottes (Offb 13,1f.7). Die Herrschaftsinsignien,[5] die Wirkungsweise sowie die Gegner des Tieres weisen nicht in eine tierische, sondern in die menschliche Sphäre. Eine grammatische Besonderheit deutet zusätzlich darauf hin, dass der Verfasser das Tier aus dem Meer als eine Chiffre für eine männliche Person verwendet: In V. 8 wird statt der korrekten neutrischen Form αὐτό des Personalpronomens die maskuline Form αὐτόν verwendet.[6] Zusammen weisen diese Beobachtungen darauf hin, dass das Tier als Chiffre für einen Mann, genauer einen Herrscher, verwendet wird.

Auch das zweite Tier scheint eine Chiffre für einen Menschen zu sein, denn wie das erste Tier wirkt es nicht unter Tieren, sondern eindeutig unter Menschen, die es zur Proskynese und Bilderproduktion bewegt (Offb 13,12.14). Außerdem deutet V. 17 darauf hin, dass es in wirtschaftliche Zusammenhänge eingebunden ist.

### *2.1.2 Kontextuelle Linien*

Ein Blick in die Gesamtschrift bringt in dieser Frage weitere Klarheit. Drei Beobachtungen scheinen mir wichtig zu sein:

a) In Offb 17 tritt das erste Tier erneut auf, und der Engel erklärt dem Ich-Erzähler in diesem Zusammenhang das Geheimnis der sieben Köpfe des Tiers: Es handelt sich um sieben Könige und das Tier selbst ist der achte aus den sieben (Offb 17,9–11).

---

[5] Das Diadem war das bedeutendste Herrschaftssymbol der hellenistischen Könige des Ostens (vgl. dazu grundlegend H.-W. RITTER, Diadem 1–127, bes. 2f.125–127) und wurde auch bei den Römern als Zeichen der Königswürde und -herrschaft verstanden (A. ALFÖLDI, Caesar 105–132, bes. 130f.).

[6] Auf diese Besonderheit machte bereits T. WITULSKI, Johannesoffenbarung 153f., aufmerksam.

b) Auch das zweite Tier taucht im weiteren Verlauf der Offenbarung wieder auf. Im Endkampf in Offb 19, in dem das himmlische gegen das irdische Heer des Tieres antritt, heißt es in V. 20:

Und gefangen wurde das Tier und mit ihm der Lügenprophet (ψευδοπροφήτης), der gemacht hatte die Zeichen vor ihm, mit denen er diejenigen irreführte, die das Prägezeichen des Tieres empfingen und seinem Bild huldigten.

Aufgrund seiner Wirkweise kann der ψευδοπροφήτης mit dem Tier aus der Erde identifiziert werden. Diese Bezeichnung weist darauf hin, dass mit dem Tier aus dem Meer eigentlich ein Mensch gemeint ist.

c) Das zweite Tier als Lügenprophet gibt gleichzeitig einen zweiten Hinweis auf eine Gegentrias zu der bereits erwähnten Trias von Drachen, erstem und zweitem Tier. Der satanischen Trias steht in der Offb die göttliche Trias entgegen, die sich ebenfalls über eine abgestufte Vollmachtsstruktur bildet:[7]

| **Drache**<br>(gerufen Teufel und Satan; Offb 12,9) | - übergeordnete (himmlische) Instanz | **Gott** |
|---|---|---|
| **Tier aus dem Meer**<br>Offb 13,2<br><br>Offb 13,3<br><br>Offb 13,1<br>Offb 13,1<br><br>Offb 13,4.7<br>Offb 13,4.8.12 | - wird inthronisiert durch den Drachen/Gott<br>- wie geschlachtet (σφάζω)<br>- hat zehn/sieben Hörner<br>- trägt zehn/viele Diademe<br>- tritt als Kriegsherr auf<br>- ihm wird gehuldigt | **Lamm/Christus**<br>Offb 5,6–12<br><br>Offb 5,6; 13,8 u.ö.<br><br>Offb 5,6<br>Offb 19,12<br><br>Offb 19,11–21<br>Offb 5,14 |
| **Tier aus der Erde/ Lügenprophet**<br>Offb 13,12–16 | - ausführendes Organ: wirken/schreiben | **Prophet Johannes**<br>Offb 1 |

[7] Vgl. dazu auch A. SATAKE, Offb 293–295, der allerdings als vierte gegengöttliche Macht die große Hure Babylon aus Offb 14 hinzufügt. P. RICHARD, Apokalypse 166, spricht von einer „perversen Trinität"; O. BÖCHER, Trinität 95, von einer „Antitrinität". Anders als hier vorgestellt stellen beide dem zweiten Tier bzw. Lügenpropheten den Heiligen Geist entgegen, der allerdings im Text selbst keinen Anhaltspunkt hat.

Gegenüber stehen sich der Drache und Gott als jeweils höchste Autoritätsinstanz. Unter ihnen stehen das Tier aus dem Meer und das Lamm bzw. Christus, die beide als inthronisierte Stellvertreter auf Erden agieren. Ebenso wie das Lamm, das in der Offb immer wieder als das geschlachtete bzw. wie geschlachtet bezeichnet wird, ist auch ein Kopf des Tieres aus dem Meer wie geschlachtet. Darüber hinaus haben die beiden weitere gemeinsame Merkmale: Sie tragen mehrere Hörner und Diademe, treten als Kriegsherren auf und ihnen wird Huldigung zuteil. Als drittes Glied in der Kette stehen sich das Tier aus der Erde und der Verfasser selbst als falscher und wahrer Prophet gegenüber. Beide stellen jeweils das ausführende Organ dar. Während das zweite Tier irre führende Zeichen im Namen des ersten Tieres wirkt, verkündet der Seher Johannes durch seinen Text die göttlichen Visionen, die ihm offenbart wurden. Den mächtigen Worten, Bildern und Zeichen, die das Tier bewirkt, werden zeichenhafte und bildgewaltige Worte Gottes entgegengesetzt. Die Wirkmacht des Tieres ist nur scheinbar überlegen, da die Nachfolge aufgrund der Zeichentaten des Tieres durch die prophetischen Worte des Johannes als Irrweg entlarvt wird.[8]

Für die Christen und Christinnen bedeutet diese Konstellation: Sie stehen vor der Wahl – entweder sie unterwerfen sich der Herrschaft des Drachen und lassen sich das Prägezeichen des Tieres auf ihre rechte Hand bzw. auf die Stirn geben (Offb 13,16f.) oder sie gehören zu den Besiegelten Gottes aus Offb 7,3f. Ähnlich wie das Prägezeichen wird auch dieses Siegel auf der Stirn angebracht, aber es wird im Griechischen bewusst durch einen anderen Terminus beschrieben: χάραγμα vs. ἐσφραγισμένοι (σφραγίς).

Mit dieser strukturellen Aufschlüsselung sind die konkreten Erscheinungsformen und Wirkweisen der beiden Tiere allerdings noch nicht erklärt. Es bleibt etwa die Frage, weshalb das erste Tier einem Bären, Panther und Löwen gleicht, oder warum das eine Tier aus dem Meer, das andere aus der Erde kommt.

### 2.2 Die alttestamentlichen Traditionen

Den beiden Tieren aus Offb 13 liegen jüdische Traditionen zugrunde, deren Kenntnis die gemachten Textbeobachtungen weiter pointiert. Ganz allgemein erinnern die beiden Tiere aus Offb 13 an zwei „klassisch-jüdische"

[8] Neben dem Verfasser, der sich als Prophet stilisiert, weisen auch die beiden Propheten aus Offb 11 kontrastierende Ähnlichkeiten mit dem Lügenpropheten auf: Als ausführende Organe Gottes bezeugen und prophezeien sie (Offb 11,3–7 vs. Wirken des Lügenpropheten in Offb 13,2–6), wer sie schädigt, muss getötet werden (Offb 11,5 vs. wer nicht huldigt, wird getötet in Offb 13,15), und sie besitzen Vollmacht über die Elemente (Offb 11,5f. vs. Wirkmacht in Offb 13,13).

Widersacher Gottes: Leviathan und Behemoth. Diese beiden Tiere (eins weiblich, eins männlich) wurden laut frühjüdischer Tradition am fünften Schöpfungstag erschaffen und werden am Ende der Zeit an ihren Platz im Meer bzw. in der Wüste verwiesen (äthHen 60,5–9; 4 Esra 6,49–52). Im Gegensatz zu den beiden Tieren aus Offb 13 sind sie in ihrer Funktion allerdings gleichberechtigt. Über diesen allgemeinen Traditionshintergrund hinaus ist der Text vor allem konkret an Dan 7 angelehnt. Dort wird eine Traumvision des Propheten erzählt, die ganz offensichtlich als Vorbild für die Gestaltung von Offb 13 gedient hat. In der folgenden tabellarischen Gegenüberstellung werden die Parallelen schnell ersichtlich.

| **Offb 13,1–3.5** | **Dan 7,3–8.25** |
|---|---|
| [1]Und ich sah **aus dem Meer ein Tier heraufsteigend** (ἐκ τῆς θαλάσσης θηρίον ἀναβαῖνον),<br>habend **zehn Hörner** und **sieben Köpfe** (κέρατα δέκα καὶ κεφαλὰς ἑπτὰ) und auf seinen Hörnern zehn Diademe und auf seinen Köpfen Name[n] (der) Lästerung.<br>[2]Und das Tier, das ich sah, war gleich einem **Panther** (παρδάλει),<br>und seine Füße wie (die) eines **Bären** (ἄρκου),<br>und sein Maul wie (das) Maul eines **Löwen** (λέοντος). | [3] Und **vier große Tiere stiegen aus dem Meer herauf** (τέσσαρα θηρία ἀνέβαινον ἐκ τῆς θαλάσσης), jedes verschieden vom anderen. [4] Das erste war wie ein **Löwe** (λέαινα) und hatte Adlerflügel [...] [5] Und siehe, ein anderes, ein zweites Tier, war einem **Bären** (ἄρκου) gleich. [...] [6] Nach diesem schaute ich, und siehe, ein anderes, wie ein **Panther** (πάρδαλιν): [...] Und das Tier hatte **vier Köpfe** (τέσσαρες κεφαλαὶ), und Herrschaft wurde ihm gegeben. [7] [...] und siehe, ein viertes Tier, furchtbar und schreckenerregend [...] Und es war verschieden von allen Tieren, die vor ihm waren, und es hatte **zehn Hörner** (κέρατα δέκα). |
| Und (es) gab ihm der Drache seine Kraft und seinen Thron und große Vollmacht (ἐξουσίαν μεγάλην). | [6] [...] und Herrschaft wurde ihm gegeben. |
| [3] Und (ich sah) einen von seinen Köpfen wie geschlachtet zu Tode, und der Schlag seines Todes wurde geheilt. | [8] Während ich auf die Hörner achtete, siehe, da stieg ein anderes, kleines Horn zwischen ihnen empor, und drei von den ersten Hörnern wurden vor ihm ausgerissen. |
| [5] Und gegeben wurde ihm ein Maul, redend Großes und Lästerungen,<br>und gegeben wurde ihm Vollmacht, zu wirken zwei[und]vierzig Monate. | [8] an diesem Horn waren Augen wie Menschenaugen und ein Mund, der große Worte redete. [...]<br>[25] Und er wird Worte reden gegen den Höchsten und wird die Heiligen des Höchsten aufreiben; und er wird danach trachten, Festzeiten und Gesetz zu ändern, und sie werden in seine Hand gegeben werden für eine Zeit und zwei Zeiten und eine halbe Zeit. |

Das Tier aus dem Meer in Offb 13 ist offensichtlich aus den vier Tieren aus Dan 7,3–7 zusammengesetzt. In entgegengesetzter Reihenfolge zum atl Text werden die zehn Hörner des vierten Tieres sowie Panther, Bär und Löwe genannt; zählt man außerdem die Köpfe der Tiere aus Daniel zusammen (4+3), so ergeben sich ebenfalls sieben Köpfe. Ähnlich wie in der Offenbarung werden die vier Tiere dem Propheten Daniel an einer etwas späteren Stelle durch eine andere Figur erklärt (Dan 7,16–27): Es handelt sich um vier aufeinander folgende Königreiche, von denen das vierte das schlimmste ist und die ganze Welt verschlingen wird. Die Textindizien weisen eindeutig darauf hin, dass hier der Seleukiden-König Antiochus Epiphanes IV gemeint ist, der den Jahwe-Kult in Israel verbat, die jüdische Bevölkerung zwangshellenisieren wollte und den Tempelschatz in Jerusalem plünderte.[9] Dieser letzte Schreckensherrscher – dessen Machtdauer übrigens auf die gleiche Zeit begrenzt ist wie die des Tieres aus dem Meer[10] – wird nun in Offb 13 nochmals überboten, da das erste Tier die Züge aller vier Königreiche in sich vereint.

Auffällig ist allerdings, dass in Dan 7 kein zweites, helfendes Tier auftaucht. Zwar sieht Daniel in einer weiteren Vision einen Widder mit zwei Hörnern (Dan 8,3), dessen visuelle Erscheinung als Vorbild für das zweite Tier gedient haben könnte – aber dieses Tier steht in keiner Beziehung zu den vier Tieren aus Dan 7.

| **Offb 13,11** | **Dan 8,3** |
|---|---|
| Und ich sah ein anderes Tier heraufsteigend aus der Erde,<br>und **es hatte zwei Hörner gleich einem Lamm**,<br>und es redete wie ein Drache. | Und siehe, **ein Widder** stand vor dem Fluß, der **hatte zwei Hörner**; und die zwei Hörner waren hoch, und das eine war höher als das zweite, und das höhere stieg zuletzt auf. |

Über die beiden Tiere hinaus finden sich im Verlauf des 13. Kapitels zwar weitere atl Bezugspunkte, diese sind aber weitaus dünner und beziehen sich eher auf allgemeine Topoi (jüdische Gesetzte und Regeln) wie das Bilderverbot in Ex 20,3–5 oder die Warnung vor falschen Propheten, die Israel durch Zeichen und Wunder von seinem wahren Glauben abbringen wollen (Dtn 13,2–4).

Auffällig erscheint vor allem, dass die in Offb 13 immer wieder erwähnten Huldigungen, die dem ersten Tier und dem Drachen entgegengebracht werden (das zentrale Verb lautet προσκυνέω), in der Danielvision nicht

9 Vgl. etwa O. KEEL, Massnahmen 87–117; DERS., Tiere 22; J.J. COLLINS, Dan 108.311f.

10 Die Angabe „eine Zeit und zwei Zeiten und eine halbe Zeit“ in Dan 7,25 wird im Allgemeinen als dreieinhalb Jahre verstanden, was wiederum den 42 Monanten in Offb 13,5 entspricht (3x12+6 Monate). Vgl. etwa H. GIESEN, Offb 306.

vorkommen. Gleiches gilt für die abgestufte Vollmachtstruktur zwischen den beiden Tieren, die bevollmächtigte Wirkungsweise des zweiten Tieres, die Bilder des ersten Tieres, und die Prägezeichen der Huldigenden.

Fazit: Gesucht wird folglich ein König bzw. Königreich, schlimmer als alle Reiche aus atl Zeit zusammen, das ein ausführendes Organ besitzt, welches die Vollmacht des Herrschers repräsentiert, dessen bildhafte Verehrung organisiert bzw. garantiert und gleichzeitig die Schaltstelle für die Einbindung in den Wirtschaftskreislauf bildet.

### 2.3 Anspielungen auf die Zeitgeschichte

Wenn man bedenkt, dass die Städte Pergamon, Smyrna und Ephesos durch den römischen Senat den ehrenvollen Titel *neokoros* erhalten haben und die Städte Laodikeia, Philadelphia und Sardis einen lokalen Kaisertempel besaßen, also alle in der Offb relevanten Städte – und wohl auch Thyateira – Zentren der Provinzialpolitik waren,[11] so verwundert es nicht, dass in der Exegese breite Einstimmigkeit darüber herrscht, den Kaiserkult als Hintergrundfolie für Offb 13 anzunehmen. Viele ForscherInnen konkretisieren diese Interpretation, indem sie das Tier aus dem Meer als Chiffre für den römischen Kaiser bzw. das Imperium Romanun deuten, der aus dem Westen über das Meer kommt, und das Tier aus der Erde mit dem Oberpriester des Kaiserkults bzw. der Priesterschaft am Provinzalheiligtum in Zusammenhang bringen.[12] Die wichtigsten Anhaltspunkte im Text für diese Annahme seien im Folgenden genannt.

---

[11] Vgl. S.R.F. PRICE, Rituals XXIII; S.J. FRIESEN, Neokoros 7–21.41–49.63.80–92.112f. 155–157.167–185; DERS., Cult 245: „In the late first century, Asia was on the cutting edge of the worship of the emperors."

[12] Vgl. etwa S.R.F. PRICE, Rituals 196–198.; H. GIESEN, Reich 166–190, bes. 166f.181f.; DERS., Offb 299–316; D.E. AUNE, Offb 775–780; A. SATAKE, Offb 295–304; S.J. FRIESEN, Cults 201–204; DERS., Myth 287–313, bes. 303–313; P. BARNETT, Parallelism 112–116; H.-J. KLAUCK, Sendschreiben 173.181; M. NAYLOR, Cult 216f.; H.-G. GRADL, Kaisertum 119.125. P. RICHARD, Apokalypse 168–174, deutet das erste Tier allgemeiner als Imperium Romanun und das zweite abstrakter als ideologische Struktur, die auch durch Priester und Kaiserkult repräsentiert werden. E. SCHÜSSLER FIORENZA, Buch 105–110, sieht im ersten Tier den römischen Prokonsul, „der über das Meer zu seinem jährlichen Besuch nach Ephesus kommt." (ebd. 105). R. BAUCKHAM, Climax 441–450, plädiert dafür, die Deutung des zweiten Tieres nicht zu sehr auf den Hohepriester des Kaiserkults in Kleinasien zu fokussieren, sondern stattdessen auf „the imperial priesthood" (ebd. 446) im Allgemeinen zu weiten. T. Witulski sieht zwar den Kaiserkult als eindeutige Bezugsgröße an, deutet das zweite Tier aufgrund seiner Spätdatierung in Hadrianische Zeit aber als den Sophisten Antonius Polemon, der aus der Asia stammte und bei den Besuchen Hadrians zu dessen Gefolge gehörte (vgl. DERS., Johannesoffenbarung 219).

### *2.3.1 Macht und Wirkungskreis des ersten Tieres*

Der Text, der selbst dazu auffordert, gedeutet zu werden (V. 9.18), gibt außerdem einige Hinweise für seine Interpretation. Wie oben bereits gezeigt wurde, verbirgt sich hinter der Chiffre des ersten Tieres offensichtlich ein Mensch – und zwar ein männlicher Regent (vgl. V. 8). Genauer gesagt handelt es sich um den mächtigsten zeitgenössischen Weltherrscher, der kriegerisch überlegen ist und über „jeden Stamm und (jedes) Volk und (jede) Zunge und (jede) Völkerschaft" (V. 7) herrscht. Durch die atl Tradition der vier Tiere aus Dan 7 wird dies zusätzlich unterstützt. Mit dem Tier aus dem Meer kann folglich nur der römische Kaiser gemeint sein, der jenseits des Meeres sitzt bzw. über das Meer nach Kleinasien kommt.

### *2.3.2 Das Verhältnis der beiden Tiere zueinander*

Obwohl das Tier aus dem Meer, der römische Kaiser, weitaus mehr Macht besitzt als sein „Propagandatier", wird Letzteres vom Text als das Bedrohlichere dargestellt. Für die Menschen in Kleinasien ist der Kaiser weit weg in Rom, der jeweilige Kaiserpriester dagegen dessen greifbarer Repräsentant vor Ort. Für den Verfasser der Offb scheint sich das Gegengöttliche bzw. die Gefahr für Christinnen und Christen offensichtlich an dem durch die Priester propagierten Personenkult festzumachen.

### *2.3.3 Die Kultpraxis (Offb 13,12–15)*

Das Bild (εἰκών) des Tieres bzw. das Bild für das Tier wird in dieser Perikope, die sich mit der Wirkungsweise des zweiten Tieres beschäftigt, aufgrund der vierfachen Wiederholung (V. 14f.) in den Mittelpunkt des Interesses gestellt. Übereinstimmend mit dieser Betonung des εἰκών spielt das Bild des Kaisers eine hervorgehobene Rolle im Kaiserkult und das Tragen seines Bildes ist eines der wichtigsten Rituale.[13]

Für die darüber hinaus erwähnten magischen Manipulationen (Feuer, das aus dem Himmel herab steigt [V. 13] sowie Geist und Sprache, die dem Bild gegeben werden [V. 15]) lassen sich zwar parallele antike Zeugnisse finden, allerdings nicht speziell für den Kaiserkult.[14] Der Einsatz bestimmter Techniken zur Demonstration der Wirkmacht der Götter, religiöse Wunder und der Glaube an die Wirkmächtigkeit von Götterbildern oder -statuen sind in den paganen Kulten durchaus bekannt. Lukian etwa berichtet in seiner Schrift über die Syrische Göttin:

Alles in diesem Tempel ist voll kostbarer Kunstwerke uralter Weihgeschenke und einer Menge sehenswürdiger Sachen; besonders haben die Marmorbilder etwas so

---

[13] Vgl. A. CHANIOTIS, Kaiserkult 9; S.F. PRICE, Rituals 188–191; M. CLAUSS, Kaiser 295–306; B. EDELMANN, Pompa.

[14] Vgl. hierzu auch S.J. SCHERRER, Signs 600.

Ehrfurchtgebietendes, dass man sie ohne Mühe für Götter halten kann; oder vielmehr die Götter selbst zeigen sich hier auf eine sonderbare Art gegenwärtig, dergestalt, dass die Bilder nicht selten schwitzen, in Bewegung kommen und auf einmal zu orakeln anfangen. Ja, es gibt Leute, welche bezeugen, dass sie öfters noch laute Töne und Stimmen im Tempel gehört hätten, nachdem er schon zugeschlossen gewesen und also niemand mehr darin sein konnte.[15]

Auch für die bewusste Vortäuschung von sprechenden Statuen oder Feuererscheinungen gibt es in der antiken Literatur Belege (vgl. z.B. Lukian. Alexander sive Pseudomantis 12; 16f.; 26; dort manipuliert der falsche Prophet Alexander ein Asklepiusbild).[16]

Nach einer gründlichen Betrachtung der antiken Quellen kommt Steven Scherrer zu dem Schluss

That special effects equipment might have been used in the imperial cult becomes even more plausible when we consider that some of the Caesars were particularly fond of using and impressing people with all the latest gadgetry of the day. [...] In the light of all this it seems quite plausible that technology and simulation of nature might also have been employed in the imperial cult. We suggest that Rev 13:13–15 should be accepted as describing a part of the actual practice in the cult of the princeps in the East.[17]

### *2.3.4 Wer nicht huldigt, wird getötet (Offb 13,15)*

Auch wenn es einzelne Verurteilungen und Hinrichtungen von Christen gab, so herrschte doch keine aktive Verfolgungssituation. In der Offb wird bezeichnenderweise nur ein einziger Märtyrer erwähnt: Antipas in Offb 2,13. Die exegetische Forschung ist sich inzwischen einig darüber, dass es unter Domitian keine Verschärfung der Christenverfolgung gab.[18] Das offizielle Vorgehen von römischer Seite war vielmehr dergestalt, dass nur angeklagt und bestraft wurde, wer von einem namentlichen Zeugen angezeigt worden war, seinen Glauben nicht leugnen und nicht abschwören wollte, indem er dem Bild des Kaisers (sic!) und den Götterstatuen opferte (vgl. Plin. epist. 10,96f.). Für den Verfasser der Offb lag das eigentliche Problem deshalb nicht in der Verfolgung von Christen, sondern in der Attraktivität des Kaiserkults, der den Städten und Einwohnern verschiedenste Privilegien sicherte. Bezeichnenderweise steht im Text deshalb die Gefahr der Hinrichtung nicht an letzter Stelle, sondern markiert lediglich die theoretisch äußerste Konsequenz im Machtradius der römischen Herrschaft. Die

---

[15] Lukian. De Dea Syria 10; Übers. nach M. Wieland. Vgl. auch Suet. Cal. 57,1.

[16] Vgl. S.J. SCHERRER, Signs, bes. 601f.

[17] S. J. SCHERRER, Signs 609f.

[18] Vgl. bereits A. YARBRO COLLINS, Crisis 69–73.104–107; L.L. THOMPSON, Book 95–115.158–167; H. GIESEN, Offb 25–30; T. WITULSKI, Johannesoffenbarung 24f.34f.; DERS., Kaiserkult 53–77, bes. 72–74; H.-J. KLAUCK, Sendschreiben 155 mit Anm. 8.

Versuchung, in eine wirtschaftliche Verwicklung mit dem Tier zu gelangen, ist für den Verfasser dagegen weitaus virulenter und kritikwürdiger.

### *2.3.5 Das Prägezeichen (Offb 13,16f.)*

Der Höhepunkt der Aktivitäten des zweiten Tieres wird in Offb 13,16f. beschrieben. Dort ist die Rede von einem χάραγμα (Prägezeichen), das sich alle dem Bild Huldigenden auf die rechte Hand oder die Stirn geben. Der Begriff bezeichnet einen Prägestempel und kommt sowohl in der Münzprägung als auch im Zusammenhang mit Kaisersiegeln vor, die als Stempel auf Urkunden und Verkaufsdokumenten gefunden wurden. Sowohl Münzen als auch Siegel tragen das Bild bzw. den Namen des Kaisers sowie die Jahreszahl. Vor allem mit Blick auf die in V. 16 genannten „Reichen und Armen" sowie das in V. 17 angesprochene „Kaufen und Verkaufen" weist dieser Befund auf die Verknüpfung von Wirtschaft und Personenkult des Kaisers hin (wie sie etwa in Gilden und Vereinen üblich war). Diese Verquickung, die denjenigen von wirtschaftlichen Vorgängen ausschließt, der sich dem Kult entzieht, scheint für den Verfasser der Offb das eigentliche Hauptproblem darzustellen.

### *2.3.6 Generalisierung und Konkretisierung*

Prinzipiell ist der Text so allgemein gehalten, dass er auf verschiedene römische Kaiser und Herrscher Anwendung finden kann – auch wenn der Verfasser wahrscheinlich einen bestimmten Princeps im Visier hatte. An dem zu Tode geschlachteten Kopf, dessen Todesschlag geheilt wurde (Offb 13,3.12) sowie an der Zahl 666 (Offb 13,18) machen die meisten Forscher fest, dass der Text auf Nero bzw. den *Nero redivivus*-Mythos anspielt, der zum Ende des 1. Jh.n.Chr. virulent war. Nachdem Nero sich im Jahr 68 n.Chr. selbst erdolcht hatte, wurde der Mythos genährt, dass er gar nicht tot sei, sondern aus dem Osten des Reiches als Anführer des Partherheeres zurückkommen würde, um Rom zu besiegen (Suet. Nero 48f.; Or. Sib. V 360–369).

Was die Zahl 666 betrifft, so greift man in der Regel auf die Gematrie zurück. Dabei handelt es sich um ein codiertes Wortspiel, bei dem alle Buchstaben des Alphabets einem Zahlenwert zugeordnet werden. Schreibt man den Namen *Neron Caesar* in hebräischer Umschrift, so entspricht dieser dem Zahlenwert 666.[19] Da für das Zahlenspiel keine eindeutige Auflösung möglich ist, sollte überlegt werden, ob eine klare personale Zuweisung durch den Verfasser vielleicht gar nicht beabsichtigt ist. Entscheidender wäre dann die Aussage, dass die Zahl des Tieres, die „eines Menschen"

---

[19] Ähnliche Zahlenspiele lassen sich allerdings auch mit anderen Kaisernamen durchführen, wie etwa T. Witulski für Kaiser Hadrian zeigt (DERS., Johannesoffenbarung 236f.).

ist; nicht welcher Mensch dahinter steht, ist entscheidend, sondern dass es sich um einen Menschen handelt, steht somit im Zentrum der Botschaft.

Diese Beobachtung ist insofern sehr zentral als sie gemeinsam mit den anderen erwähnten Argumenten unterstreicht, dass mit dem ersten Tier nicht irgendein paganer Gott gemeint sein kann, sondern nur ein menschlicher Weltherrscher – und das deutet unzweifelhaft auf den römische Kaiser. Die Hauptkritik des Textes richtet sich somit nicht gegen die Götterkulte im Allgemeinen, sondern im Speziellen gegen den Kaiserkult.

## 3. Methodik

Nachdem das Vorgehen einer exegetischen Analyse am Beispiel von Offb 13 exemplarisch gezeigt wurde, soll die angewendete Methodik nun in einem Zwischenschritt reflektiert und offengelegt werden.

### 3.1 Erster Schritt: Text- und Kontextanalyse

Der erste methodische Schritt einer exegetischen Analyse ist immer die Arbeit am Text selbst. Zuallererst geht es darum, die innere Logik des zu bearbeitenden Textauszugs zu erkennen. Wie ist er aufgebaut und komponiert; wie verlaufen die Argumentationslinien? Zu diesem Arbeitsschritt gehört auch das Aufspüren wichtiger und auffälliger Motive im Text. Darauf folgt eine interne Deutung: Was lässt sich aus der Perikope selbst erklären; was bleibt offen?

Im Anschluss an die Arbeit an der Perikope selbst sollte der Blickwinkel auf den Gesamttext geweitet werden, um zu klären, welche Motive und Leerstellen sich aus dem Kontext erklären lassen. Von hier ist das Sprungbrett zum nächsten Schritt die Frage, was letztendlich erklärungsbedürftig bleibt.

### 3.2 Zweiter Schritt: Erforschung der Traditionsgeschichte

Der Erforschung der Traditionsgeschichte liegt die Vorstellung zugrunde, dass Texte unter Aufnahme bestimmter Traditionen entstehen, die als Zitate oder über Topoi und Motive in den Text eingeflochten werden. Hier stellen sich Fragen wie: In welchen konkreten Traditionen steht der Text? Welche Prätexte gibt es im Umfeld der Schrift? Im Fall der Offb sind in erster Linie die jüdischen Traditionen dominant. Lassen sich solche Traditionen in einem Text erkennen, so ergibt sich automatisch eine neue Qualifizierung der Aussagen des vorliegenden Textes. Mit der Kenntnis der vier Tiere aus Dan 7 etwa, die das erste Tier aus Offb 13 in sich vereint, wird dessen Machtpotential erst in seiner ganzen Tragweite bildlich vorstellbar.

Spannend ist vor allem die sich nun anschließende Frage nach der Collage des Materials und der Motive durch die Redaktionsarbeit des Verfassers. Da die atl Texte fast nie eins zu eins übernommen werden, ist es wichtig zu untersuchen, wie die Traditionen verarbeitet werden: Welche Änderungen gibt es? Was wird ausgelassen? Was wird neu verbunden, erweitert, pointiert, gesteigert usw.? Konkret bedeutet das: Je besser ich die Tradition(en) hinter dem Text kenne, desto eher fallen mir die Unterschiede auf – und oft sind es gerade die Abweichungen von bekannten Mustern, die die besondere Sinnspitze eines Textes ausmachen.

Wie wir im Beispiel aus Offb 13 gesehen haben, sind also mit diesen beiden methodischen Schritten noch nicht unbedingt alle Fragen gelöst, denn sie provozieren gerade die Folgefrage, warum überhaupt auf die alten Texte zurück gegriffen wird und was der Text mit dem Rückgriff auf bestimmte Traditionen, und im Besonderen mit deren Variationen, für eine Intention verfolgt. Ein solcher Gedanke liegt dem dritten methodischen Schritt zugrunde, der im Vergleich zu einem aktuellen Text bei antiken Texten ungleich schwieriger ist, da uns das entsprechende Alltagswissen fehlt.

### 3.3 Dritter Schritt: Der zeitgeschichtlicher Hintergrund

Bei dieser dritten Annäherung an den Text handelt es sich um einen pragmatischen Zugang. Nun wird die Frage nach dem Warum gestellt. Dahinter steht folgende Grundannahme: Texte entstehen nie im luftleeren Raum, sondern in einer konkreten Zeit, an einem konkreten Ort, in einer konkreten Gesellschaft mit ihren aktuellen Problemen und Fragen – gerade die biblischen Texte wollen sehr oft ein kritisches Korrektiv zu den sozialen Verhältnissen bieten. Deshalb stellt sich die Frage nach dem zeit- und sozialgeschichtlichen Kontext zur Abfassungszeit. Welche Realia werden vom Text verarbeitet und gespiegelt? Welche Position bezieht der Text damit? Und was will er bei seinen Lesern erreichen?

Im Beispiel von Offb 13 bedeutete dieser Arbeitsschritt die Erkenntnis, dass der Text mithilfe atl Traditionen und deren kreativer Fortführung eine Gegenwartskritik an der Praxis des Kaiserkultes betreibt. Spielen wir zu diesem Themenbereich ein weiteres Beispiel aus dem ersten Kapitel der Offb durch.

## 4 Zweites Beispiel: Der Menschensohnähnliche (Offb 1,13–16)

Johannes hört am Herrentag eine laute Stimme, die ihn auffordert aufzuschreiben, was er sieht und dies an die sieben Gemeinden zu schicken. Die Figur, die ihm diesen Auftrag erteilt, steht eindeutig im Mittelpunkt der Perikope Offb 1,8–20. Auf ihre Beschreibung (V. 13–16) soll im Speziellen eingegangen werden.

### 4.1 Textinterne Beobachtungen

*4.1.1 Beobachtungen zur Perikope*
Die Darstellung des Menschensohnähnlichen lässt sich klar in die unterschiedlichen Elemente untergliedern und sehr schön tabellarisch darstellen.

| | **Offb 1,13–16** | |
|---|---|---|
| Person (V. 13a) | einer gleich dem Sohn eines Menschen (ὅμοιον υἱὸν ἀνθρώπου) | gesamte Person |
| Gewand (V. 13b) | gekleidet (ἐνδεδυμένον) mit einem fußlangen Gewand | Ausstattung |
| Gürtel (V. 13c) | umgürtet (περιεζωσμένον) um die Brust mit einem goldenen Gürtel (ζώνην χρυσᾶν) | Ausstattung |
| Kopf/Haare (V. 14a) | *sein* Kopf und die Haare weiß wie Wolle (ἡ δὲ κεφαλὴ *αὐτοῦ* καὶ αἱ τρίχες λευκαὶ ὡς ἔριον), weiß wie Schnee | physisches Merkmal |
| Augen (V. 14b) | *seine* Augen wie eine Feuerflamme (οἱ ὀφθαλμοὶ *αὐτοῦ* ὡς φλὸξ πυρὸς) | physisches Merkmal |
| Füße (V. 15a) | *seine* Füße gleich Golderz/Kupfer-Zink (οἱ πόδες *αὐτοῦ* ὅμοιοι χαλκολιβάνω) wie in einem glühenden Ofen | physisches Merkmal |
| Stimme (V. 15b) | *seine* Stimme wie eine Stimme vieler Wasser (ἡ φωνὴ *αὐτοῦ* ὡς φωνὴ ὑδάτων πολλῶν) | physisches Merkmal |
| rechte Hand (V. 16a) | habend in *seiner* rechten Hand sieben Sterne (ἔχων ἐν τῇ δεξιᾷ χειρὶ *αὐτοῦ* ἀστέρας ἑπτὰ) | Attribut |
| Mund (V. 16b) | aus *seinem* Mund ein zweischneidiges scharfes Schwert (ἐκ τοῦ στόματος *αὐτοῦ* ῥομφαία δίστομος ὀξεῖα) | Attribut |
| Gesicht/ Aussehen (V. 16c) | *sein* Aussehen wie die Sonne scheint in ihrer Kraft (ἡ ὄψις *αὐτοῦ* ὡς ὁ ἥλιος φαίνει ἐν τῇ δυνάμει αὐτοῦ) | gesamte Person |

Die Beschreibung ist offensichtlich sehr bewusst komponiert: In Zweier- bzw. Viererschritten werden Ausstattung, physische Merkmale und Attribute des Menschensohnähnlichen beschrieben, gerahmt werden diese durch eine allgemeine Bemerkung zu seiner Person am Anfang und am Ende.

Auffällig ist außerdem die Siebenerzahl, die sich durch die gesamte Offenbarung zieht: Insgesamt werden sieben Glieder des Menschensohnähnlichen genannt, wie das Pronomen αὐτοῦ anzeigt (*sein* Kopf, *seine* Augen etc.). Grammatikalisch fällt in dieser homogenen Komposition allerdings die „rechte Hand“ auf (V. 16a), da der Menschensohnähnliche nur an dieser Stelle grammatikalisches Subjekt ist.[20] Soweit die ersten Beobachtungen zur Komposition des Textes.

### *4.1.2 Beobachtungen im Kontext der Offenbarung*

Schaut man ein wenig über den Tellerrand der Perikope Offb 1,13–16 hinaus, verstärkt sich der Eindruck, dass die Beschreibung der rechten Hand eine Sonderstellung inne hat. Zum einen ist es das einzige Element, das in den folgenden Sendschreiben an die Gemeinden zweimal im Proömium wieder aufgegriffen wird (Offb 2,1; 3,1)[21] und zum anderen bedarf das Bild der sieben Sterne offensichtlich einer weiteren Erklärung, da ihr μυστήριον, ihr „Geheimnis“, am Ende der Perikope gelüftet wird.

> Das Geheimnis der sieben Sterne, die du sahst auf meiner Rechten, und die sieben goldenen Leuchter: die sieben Sterne, Engel der sieben Gemeinden sind sie, und die sieben Leuchter, sieben Gemeinden sind sie (Offb 1,20).

Die sieben Sterne werden also als die Engel der sieben Gemeinden gedeutet, die der Menschensohnähnliche[22] in Händen hält.[23] Diese textinternen Beobachtungen erklären allerdings noch nicht, weshalb das Motiv der Sterne in Offb 1,16 überhaupt gewählt wurde. Ziehen wir den Kreis deshalb weiter und schauen nach dem Blick in den Kontext des Buches in die gesamte Schrift.

---

[20] Vgl. hierzu bereits K. HUBER, Menschensohn 161.

[21] Außer dem Haltenden die sieben Sterne werden in Offb 2,12 das zweischneidige, scharfe Schwert sowie in 2,18 die Augen wie Feuerflammen und die Füße gleich Golderz einmalig wieder aufgenommen.

[22] Dass es sich bei dem Menschensohnähnlichen um Christus handelt, wird übrigens ebenfalls aus dem Kontext der Offb deutlich (vgl. Offb 1,18; 19,11–15; 20,4).Vgl. dazu auch K. HUBER, Menschensohn 123–125.

[23] Die Identität dieser „Engel der Gemeinden“ wird in der Forschung unterschiedlich gedeutet: Vorsteher, Boten, lokale Propheten, Schutzengel. Diese Interpretationen sind alle nicht widerspruchslos zu akzeptieren. Festzuhalten bleibt zunächst lediglich, dass durch die Begriffe Sterne und Engel auf der semantischen Ebene der himmlische Charakter betont wird. E. LOHMEYER, Offb 20, spricht von „himmlische[n] Doppelgänger[n]“ der Gemeinden; vgl. dazu A. SATAKE, Offb 147f.

### 4.2 Die alttestamentlichen Traditionen

Aufgrund der Erwähnung des Menschensohns zu Beginn der Perikope (Offb 1,13) liegt ein Vergleich mit der atl Vision des Menschensohns, dem Gott die ewige Herrschaft übergeben wird, aus dem Danielbuch nahe. In Kapitel 7 wird dieses himmlische Wesen genannt und in Kapitel 10 dann detailliert beschrieben (vgl. Dan 7,13; 10,4–12). Die einzelnen Elemente der Beschreibung des Menschensohnähnlichen aus der Offb und aus Dan lassen sich sehr schön nebeneinander stellen (vgl. die Tabelle unten).

Besonders deutlich ist der Rückgriff auf Dan 7 und Dan 10 etwa im Titel des Menschensohnes; im Falle der Augen, die mit einer Feuerflamme bzw. -fackel verglichen werden oder den Füßen, die einem Metall bzw. einer Metalllegierung gleichen (sowohl im Text der Offb als auch im LXX-Text steckt der Begriff χαλκὸς). Insgesamt betonen diese Anspielungen auf das Danielbuch den messianischen und göttlichen Charakter des Beauftragenden. Es handelt sich um eine Gestalt der Endzeit, der von Gott die Herrschaft übertragen wird.

Zusammengestellt sind die physiognomischen Elemente des Menschensohnähnlichen in der Offb allerdings aus unterschiedlichen atl Texten: neben dem Danielbuch aus Jesaja, Ezechiel und dem Buch der Richter.[24] Über die Beobachtung hinaus, dass unterschiedliche atl Texte eingespielt werden, fällt auf, dass die atl Traditionen in der Offb manchmal mehr, manchmal weniger verändert wurden. Die Reihenfolge der Beschreibung in der Offb wird im Vergleich zu Dan 7 getauscht. Außerdem sind die Motive z.T. abgewandelt. Das Leinengewand in Dan ist gegen das fußlange Gewand ausgetauscht; der Gürtel ist nicht um die Hüften, sondern um die Brust gebunden; die Beschreibung von Füßen und Hand, die in Dan in einem Atemzug erfolgt, ist in der Offb getrennt worden; dort gleichen nicht Arme und Füße, sondern nur die Füße dem Golderz – offensichtlich um die Arme bzw. die Hände frei zu halten für die Beschreibung in V.16a.

[24] Vgl. dazu K. HUBER, Menschensohn 143–173. Darüber hinaus lassen sich ähnliche Motive auch in anderen alttestamentlich-frühjüdischen Schriften (Num; Ps oder ApkAbr) finden, deren Analyse in diesem Fall aber nicht weiterführend ist.

| | **Offb 1,13–16** | **AT** (Dan, Ez, Jes, Ri) |
|---|---|---|
| Person | einer gleich dem Sohn eines Menschen (ὅμοιον υἱὸν ἀνθρώπου) | einer wie der Sohn eines Menschen (ὡς υἱὸς ἀνθρώπου, Dan 7,13) |
| Gewand | gekleidet (ἐνδεδυμένον) mit einem fußlangen Gewand | ein Mann, in Leinen gekleidet (ἐνδεδυμένος, Dan 10,5) |
| Gürtel | umgürtet (περιεζωσμένον) um die Brust mit einem goldenen Gürtel (ζώνην χρυσᾶν) | seine Hüften umgürtet mit Gold von Ufas (περιεζωσμένος, Dan 10,5) |
| Kopf/Haare | sein Kopf und die Haare weiß wie Wolle (λευκαὶ ὡς ἔριον), weiß wie Schnee | das Haar seines Kopfes wie weiße, reine Wolle (ἔριον λευκὸν καθαρόν, Dan 7,9) |
| Augen | seine Augen wie eine Feuerflamme (οἱ ὀφθαλμοὶ αὐτοῦ ὡς φλὸξ πυρὸς) | seine Augen wie Feuerfackeln (οἱ ὀφθαλμοὶ αὐτοῦ ὡσεὶ λαμπάδες πυρός, Dan 10,6) |
| Füße | seine **Füße** gleich Golderz/ Kupfer-Zink (οἱ πόδες αὐτοῦ ὅμοιοι χαλκολιβάνω) wie in einem glühenden Ofen | seine **Arme** und seine **Füße** wie der Anblick glatter Bronze (οἱ βραχίονες αὐτου καὶ οἱ πόδες ὡσεὶ χαλκὸς ἐξαστράπτων, Dan 10,6) |
| Stimme | seine Stimme wie eine Stimme vieler Wasser (ἡ φωνὴ αὐτοῦ ὡς φωνὴ ὑδάτων πολλῶν) | der Klang seiner Stimme wie die Stimme einer Volksmenge (φωνὴ λαλιᾶς αὐτοῦ ὡσεὶ φωνὴ θορύβου, Dan 10,6; vgl. auch Ez 43,2) |
| rechte Hand | Habend in seiner rechten **Hand** sieben Sterne (ἔχων ἐν τῇ δεξιᾷ χειρὶ αὐτοῦ ἀστέρας ἑπτὰ) | --------------- |
| Mund | aus seinem Mund ein zweischneidiges scharfes Schwert (ἐκ τοῦ στόματος αὐτοῦ ῥομφαία δίστομος ὀξεῖα) | der Herr macht aus dem Mund des Gotteknechtes ein scharfes Schwert (τὸ στόμα μου ὡσεὶ μάχαιραν ὀξεῖαν, Jes 49,2) |
| Gesicht/ Gesamterscheinung | sein Gesicht/Aussehen wie die Sonne scheint in ihrer Kraft (ἡ ὄψις αὐτοῦ ὡς ὁ ἥλιος φαίνει ἐν τῇ δυνάμει αὐτοῦ) | sein Gesicht wie das Aussehen eines Blitzes (τὸ πρόσωπον αὐτοῦ ὡσεὶ ὅρασις ἀστραπῆς, Dan 10,6)<br>die den Herrn Liebenden sind wie die Sonne, wenn sie aufgeht in ihrer Kraft (τοῦ ἡλίου ἐν δυναστείαις αὐτου, Ri 5,31) |

Interessanterweise ist ausgerechnet das Element des Haltens der sieben Sterne, das in der Offb auf verschiedene Weise betont und hervorgehoben wird, das einzige in der Beschreibungsreihe, für das es keinen atl Traditionshintergrund gibt. Warum wird also ausgerechnet das Bild der Sterne für die Gemeinden verwendet? Obwohl der Verfasser reichlich aus der atl Tradition schöpft und sich in allen anderen Punkten an eine bekannte Tradition anlehnt, bleibt die Herkunft des Stern-Motivs bislang ungeklärt.

Die Traditionsgebundenheit der gesamten Perikope (und auch der gesamten Offb) macht es nicht sehr wahrscheinlich, dass dieses Motiv eine eigene Kreation des Verfassers ist. Deshalb geht der Blick nun in die Entstehungszeit des Textes – und in der Tat lässt sich in der Umwelt des frühen Christentums eine interessante Tradition finden.

### 4.3 „Der Haltende die sieben Sterne" – Anspielungen auf die Zeitgeschichte

Ganz allgemein galten die Gestirne in der alten Welt „als den Weltlauf bestimmende, menschliches Schicksal auf vielfältige Weise lenkende Mächte. Herrschaft über sie bedeutet also höchste, alles umschließende Macht und Gewalt."[25]

Die Siebenzahl der Sterne in unserem Beispiel symbolisiert wahrscheinlich die bereits durch die Babylonier angenommene und in der griechisch-römischen Antike weiterhin unhinterfragte mythologische Vorstellung, dass die Luminare Sonne und Mond eine Einheit mit den fünf Planeten (Jupiter, Merkur, Mars, Venus, Saturn) darstellen, die mit Göttern gleichgesetzt wurden. Gemeinsam bilden die sieben Himmelskörper eine perfekte Symmetrie und repräsentieren den gesamten Kosmos zwischen der Erde und den Fixsternen, die man sich jenseits der Außenschale des Kosmos angeheftet vorstellte.[26]

Dieses allgemeine Hintergrundwissen ergänzt durchaus die Interpretation des Menschensohnähnlichen als himmlisch strahlende Figur. Mit Blick auf die Bedeutung von wirtschaftlichen Zusammenhängen für den Gesamttext der Offenbarung (vgl. Offb 13,16f.; 18,3.11–24)[27] gibt es einen weiteren,

---

[25] J. ROLOFF, Offb 43. Vgl. Auch K. HUBER, Menschensohn 161.

[26] Vgl. W. HÜBNER, Art. Planeten. II Astrologie und Mythologie, in: DNP 9 (2000) 1073–1079, hier 1073; F. CUMONT, Les noms des planètes et l'astrolatrie chez les Grecs, in: AuC 4 (1935) 5–43, hier 32–43.

[27] Beim Untergang der Hure Babylon sind es bezeichnenderweise die Kaufleute (Offb 18,3.11–20), die am meisten trauern. Die Ausführungen zum ersten Beispiel (Kap. 2) haben gezeigt, dass die Hauptkritik des Sehers Johannes sich gegen diejenigen Gemeindemitglieder

ganz konkreten zeitgeschichtlichen Fund, der unserer Perikope noch sehr viel mehr Brisanz verleiht: Im Jahr 82/83 n.Chr. ließ Domitian ein Propagandamittel der Antike *par excellence*, eine Goldmünze prägen, die seinen verstorbenen Sohn zeigt; in heroischer Nacktheit, in der Pose des jungen Jupiter auf einer Weltkugel thronend und mit sieben Sternen jonglierend.[28]

Von besonderer Bedeutung für die Thematik der Offenbarung ist die Umschrift des Aureus Domitians. Sie lautet: DIVUS CAESAR IMP(eratoris) DOMITIANI F(ilius). Durch diese Vergöttlichung seines Sohnes rückt Domitian sich gleichzeitig selbst noch als Lebender in die Position des Göttervaters.[29]

Die Offb stellt einer solchen Machtdemonstration des römischen Kaisers ein Kontrastbild entgegen:[30] Nicht der Sohn des Divus Domitian hält die Sterne, d.h. den Kosmos, in Händen, sondern der Menschensohn, und das ist Christus. Genau genommen braucht er dafür sogar nicht beide, sondern nur eine, die rechte Hand. Damit spricht unser Text dem römischen Kaiser

---

richtet, die sich auf der wirtschaftlichen Ebene mit dem Römischen Reich einließen. Vgl. dazu auch H.-J. KLAUCK, Sendschreiben 178.

[28] Quelle: http://www.coinarchives.com [zuletzt abgerufen am 29.10.2009 ] = RIC Nr. 152. Auf der Vorderseite der Münze ist in diesem Fall Domitian selbst abgebildet.

[29] Auf die Münze (allerdings mit Domitia, der Frau Domitians, auf der Vorderseite) und deren Bedeutung für die Offb machte bereits H.-J. KLAUCK, Johannesoffenbarung 197–200.207–210, aufmerksam. Vgl. auch K. HUBER, Menschensohn 162.

[30] Diese These betrifft die Frage nach der Entstehungszeit der Offb: Mehrheitlich geht die neutestamentliche Forschung nach wie vor von einer Abfassung der Offb zum Ende der Regierungszeit Domitians aus (ca. 95 n.Chr.). Vgl. zuletzt H.-G. GRADL, Kaisertum 118. Zeitgeschichtlich passt die Münze sehr gut in dieses Zeitfenster. Diese Datierung ist allerdings nicht unumstritten: Es gibt Stimmen, die für eine frühe Abfassung zur Zeit des Claudius (41–54 n.Chr.) bzw. Neros (54–68) oder für eine Spätdatierung zur Zeit Trajans (98–117) bzw. Hadrians (117–138) plädieren. Vgl. T. WITULSKI, Johannesoffenbarung 47–350, bes. 47–52.346–350. Eine gute Übersicht zur Datierungsfrage gibt S. WITETSCHEK, Enthüllungen 310–320, der selbst für eine Datierung „um oder kurz nach 100“ (ebd. 320) plädiert. (Noch ausführlicher wird S. Witetschek seine Überlegungen unter dem Titel „Ein weit geöffnetes Zeitfenster? Überlegungen zur Datierung der Johannesapokalypse“ in dem in Vorbereitung stehenden Tagungsband J. Frey/J.A. Kelhoffer/ F. Tóth (Hg.), Die Johannesapokalypse. Kontexte, Konzepte und Rezeption, darlegen.)

sowohl den göttlichen Status als auch den Status des Weltherrschers ab. Denn wahre Göttlichkeit und Macht liegen in den Händen Christi.[31]

Mit Blick auf die Methodik könnte an dieser Stelle der Einwand laut werden, dass es unmöglich zu belegen sei, ob den Adressaten der Offb diese Münze, die wahrscheinlich eher selten war,[32] überhaupt bekannt gewesen sein kann. Deshalb halte ich es für wichtig zu betonen, dass es bei diesem Bezug nicht darauf ankommt, ob die antike Leserschaft der Offb genau diese Münze kannte, sondern dass es sich um ein bekanntes Motiv handelt, das offensichtlich zur Zeit der Erstleser kursierte.

In diesem Zusammenhang ist es außerdem bedeutsam zu erwähnen, dass dieser Münztypus als Denar und als Aureus geprägt wurde und es unterschiedliche Versionen der Münzen gab, u.a. auch mit Domitia, der Frau Domitians, auf der Vorderseite.[33] Darüber hinaus lassen sich sowohl Vorläufer als auch Nachfolger ausmachen: Vorbild waren wahrscheinlich Silbermünzen aus Kreta, die Caligula und Claudius mit dem Bild Kaiser Augustus prägen ließen und auf denen der Herrscher ebenfalls mit sieben Sternen abgebildet ist. Für die spätere Zeit gibt es außerdem eine Münze Trajans, auf der der junge Jupiter die Hände den sieben Sternen entgegen streckt.[34]

## Schlussbemerkung: Kaiserkult oder Götterkulte?

Wie bereits zu Anfang erwähnt, steht durch den Beitrag von Walter Ameling in diesem Band die Frage im Raum, ob sich die Offb innerhalb einer Welt voller Götter und vielfältiger paganer Kulte tatsächlich explizit gegen den Kaiserkult und nicht gegen andere Götter bzw. Kulte im Speziellen oder Allgemeinen richte. Diese Frage soll abschließend noch einmal mit Blick auf die beiden Beispiele Offb 1 und 13 reflektiert werden.

Für eine fundierte Stellungnahme ist es zunächst wichtig zu bedenken, dass der Verfasser der Schrift mit seinem Text eine sehr subjektiv erfahrene Realität spiegelt und der Text aus christlicher Sicht eine radikale Außenseiterposition darstellt. In den kleinasiatischen Gemeinden herrschten offenbar

---

[31] Dies deckt sich mit der politischen Implikation der Apokalyptik, die einen geschichtstheologischen Gegenentwurf zur leidvoll empfundenen Gegenwartssituation darstellt; im weiteren Verlauf des Textes manifestiert sich dies im vorherbestimmten Sieg gegen die Mächte des Bösen (Offb 18f.); dem unentrinnbaren Endgericht (Offb 20) und der Errichtung des neuen Jerusalems (Offb 21f.).

[32] Vgl. I.A. CARRADICE/T.V. BUTTERY, Coinage 276, und auch J.-L. DESNIER, DIVVS 61.

[33] Vgl. dazu RIC Nr. 153.154.155.209a.213 sowie die Datenbank CoinArchives (http://www.coinarchives.com). Dort finden sich die Abbildungen und Beschreibungen von mindestens zwölf Exemplaren dieses Münztypus.

[34] Vgl. J.-L. DESNIER, DIVVS Abb. 4–7, vgl. 58f.

Konflikte und unterschiedliche Tendenzen vor, was die Anpassung an die pagane Umwelt anging. Der Seher Johannes möchte den Christinnen und Christen die Augen öffnen und ihnen eine Orientierungshilfe für den seiner Meinung nach einzig richtigen Weg und die richtige Geisteshaltung zu geben. Offenbar nahm er in den Gemeinden eine aus seiner Sicht bedrohliche Assimilation mit der römisch-griechischen Gesellschaft und das wirtschaftliche Leben wahr. Wahrscheinlich hatte im Vorfeld der Abfassung des Textes bereits ein argumentativer Austausch zwischen den Gemeindemitgliedern und dem Seher Johannes stattgefunden; der Text der Offb ist der gesteigerte Versuch, die Gemeinden auf Kurs zu bringen, da im Gegensatz zu der tatsächlichen Pluralität innerhalb der Gemeinden eine deutliche Schwarz-Weiß-Zeichnung stattfindet, so dass den Leserinnen und Lesern der Offb nur zwei Möglichkeiten bleiben: entweder auf der falschen oder auf der richtigen Seite – nämlich derjenigen Gottes – zu stehen. Die Kritik des Textes richtet sich somit in erster Linie nach innen und erst in zweiter Linie nach außen. Außerdem ist für die Interpretation des Textes zu bedenken, dass der Verfasser allein schon aus rhetorischen Gründen die Dinge nicht objektiv darstellt, sondern tendenziös und mit einer eindeutigen Brille.

Ein zweiter wichtiger Punkt ist die Einsicht, dass Kaiserkult und Götterkulte nicht einfach gegeneinander ausgespielt werden können. Der Kaiserkult in Kleinasien ist keine *creatio ex nihilo*, sondern rekurriert auf bereits bestehende Rituale und transferiert diese in einen neuen Kontext (Ritualtransfer) bzw. selektiert und kombiniert einzelne Handlungen und Äußerlichkeiten neu (Rekursivität von Ritualen).[35]

> [S]o überrascht es auch nicht, wenn sich der Kaiserkult in seiner äußeren Form und im Vokabular der Verehrung vom Kult der Götter nur wenig unterscheidet. Dies läßt sich in zahllosen Einzelheiten feststellen, und es war sicher beabsichtigt.[36]

Vor diesem Hintergrund ist es nicht verwunderlich, wenn manche Anspielungen im Text der Offb nicht unbedingt exklusiv auf den Kaiserkult bezogen werden müssen, sondern auch als Kritik an den paganen Götterkulten im Allgemeinen gelesen werden können. In Offb 13 etwa wird deutlich, dass der Seher Johannes mit seinem Text zwar gegen den Drachen als ein oberstes göttliches Wesen schreibt (welches den Kopf der satanischen Trias darstellt und somit dem christlichen Gott gegenüber steht), dass seine Kritik aber im Speziellen auf die beiden „menschlichen" (!) Tiere abzielt. Die Götter der paganen Welt sind somit hintergründig im Text der Offb präsent, der Fokus des Interesses liegt aber auf dem Römischen Reich, dessen Stellvertretern und dem Kaiserkult.

---

[35] Vgl. A. CHANIOTIS, Kaiserkult 4.

[36] A. CHANIOTIS, Kaiserkult 6.

Es geht folglich nicht darum, „ob der Kaiserkult tatsächlich die große Ausnahme in den Religionen der Zeit ist – die einzige ‚success-story' neben einer Vielzahl von zusehends vernachlässigten Kulten"[37] war, sondern darum, dass der Verfasser der Offb sich in seinem Text vor allem gegen den Kaiserkult und dessen Verstrickung mit dem wirtschaftlichen Leben der Menschen (und eben auch der Christen) wandte.

[37] Das Zitat stammt aus dem Beitrag von W. AMELING in diesem Band (16).

## Literatur


A. ALFÖLDI, Caesar in 44 v. Chr. Bd. 1: Studien zu Caesars Monarchie und ihren Wurzeln (Antiquitas III/16), Bonn 1985.

D.E. AUNE, Revelation 6–16 (Word Biblical Commentary 52B), Nashville (TN) 1998.

P. BARNETT, Polemical Parallelism. Some Further Reflections on the Apocalypse, in: JSNT 35 (1989) 111–120.

R. BAUCKHAM, The Climax of Prophecy. Studies on the Book of Revelation, Edinburgh 1993.

O. BÖCHER, Die teuflische Trinität, in: Ders., Kirche in Zeit und Endzeit. Aufsätze zur Offenbarung des Johannes, Neukirchen-Vluyn 1983, 90–96.

I.A. CARRADICE/T.V. BUTTERY, The Roman Imperial Coinage II/1. With Introductions and 160 Plates, London [2]2007.

A. CHANIOTIS, Der Kaiserkult im Osten des Römischen Reiches im Kontext der zeitgenössischen Ritualpraxis, in: H. Cancik/K. Hitzl (Hg.), Die Praxis der Herrscherverehrung in Rom und seinen Provinzen, Tübingen 2003, 3–28.

M. CLAUSS, Kaiser und Gott. Herrscherkult im römischen Reich, München 2001 (Nachdr. von 1999).

J.J. COLLINS, Daniel. A Commentary on the Book of Daniel. With an Essay „The Influence of Daniel on the New Testament" by A. Yarbro Collins (Hermeneia), Minneapolis 1993.

D.A. DESILVA, Honor Discourse and the Rhetorical Strategy of the Apocalypse of John, in: JSNT 71 (1998) 79–110.

J.-L. DESNIER, Divvus Caesar Imp Domitiani F., in: REA 81 (1979) 54–65.

B. EDELMANN, Pompa und Bild im Kaiserkult des römischen Ostens, in: J. Rüpke (Hg.), Festrituale in der römischen Kaiserzeit (Studien und Texte zu Antike und Christentum 48), Tübingen 2008, 153–167.

S.J. FRIESEN, Twice Neokoros. Ephesus, Asia and the Cult of the Flavian Imperial Family (Religions in the Graeco-Roman World 116), Leiden 1993.

–, The Cult of the Roman Emperors in Ephesos. Temple Wardens, City Titles, and the Interpretation of the Revelation of John, in: H. Koester (Hg.), Ephesos. Metropolis of Asia. An Interdisciplinary Approach to Its Archaeology, Religion, and Culture (HThS 41), Cambridge (MA) 1995.

–, Imperial Cults and the Apocalypse of John. Reading Revelation in the Ruins, Oxford 2001.

–, Myth and Symbolic Resistance in Revelation 13, in: JBL 123/2 (2004) 281–313.

H. GIESEN, Die Offenbarung des Johannes (RNT), Regensburg 1997.

–, Das Römische Reich im Spiegel der Johannes-Apokalypse, in: Ders., Studien zur Johannesoffenbarung (SBAB 29), Stuttgart 2000, 100–213.

H.G. GRADL, Kaisertum und Kaiserkult: Ein Vergleich zwischen Philos *Legatio ad Gaium* und der *Offenbarung des Johannes*, in: NTS 56 (2010) 116–138.

K. HUBER, Einer gleich einem Menschensohn. Die Christusvisionen in Offb 1,9–20 und Offb 14,14–20 und die Christologie der Johannesoffenbarung (NTA NF 51), Münster 2007.

O. KEEL, Die Tiere und der Mensch in Daniel 7, in: Ders./U. Staub (Hg.), Hellenismus und Judentum. Vier Studien zu Daniel 7 und zur Religionsnot unter Antiochus IV. (OBO 178), Göttingen 2000, 1–35.

–, Die kultischen Massnahmen Antiochus' IV. Religionsverfolgung und/oder Reformversuch?, in: Ders./U. Staub (Hg.), Hellenismus und Judentum. Vier Studien zu Daniel 7 und zur Religionsnot unter Antiochus IV. (OBO 178), Göttingen 2000, 87–121.

H.-J. KLAUCK, Das Sendschreiben nach Pergamon und der Kaiserkult in der Johannesoffenbarung, in: Biblica 73 (1992) 153–182.

–, Die Johannesoffenbarung und die kleinasiatische Archäologie, in: M. Küchler/K.M. Schmidt (Hg.), Texte – Fakten – Artefakte. Beiträge zur Bedeutung der Archäologie für die neutestamentliche Forschung (NTOA 59), Göttingen 2006, 197–229.

E. LOHMEYER, Die Offenbarung des Johannes (HNT XVI), Tübingen 1926.

M. NAYLOR, The Roman Imperial Cult and Revelation, in: Currents in Biblical Research 8/2 (2010) 207–239.

P. RICHARD, Apokalypse. Das Buch von Hoffnung und Widerstand. Ein Kommentar, Luzern 1996.

S.R.F. PRICE, Rituals and Power. The Roman Imperial Cult in Asia Minor, Cambridge 2002 (Nachdr. von 1986).

H.-W. RITTER, Diadem und Königsherrschaft. Untersuchungen zu Zeremonien und Rechtsgrundlagen des Herrschaftsantritts bei den Persern, bei Alexander dem Großen und im Hellenismus, München 1965.

J. ROLOFF, Die Offenbarung des Johannes (ZBK.NT XVIII), Zürich 1984.

A. SATAKE, Die Offenbarung des Johannes (KEK 16), Göttingen 2008.

S.J. SCHERRER, Signs and Wonders in the Imperial Cult. A New Look at a Roman Religious Institution in the Light of Rev 13,13–15, in: JBL 103/104 (1984) 599–610.

E. SCHÜSSLER FIORENZA, Das Buch der Offenbarung. Vision einer gerechten Welt, Stuttgart 1994.

L.L. THOMPSON, The Book of Revelation. Apocalypse and Empire, Oxford 1990.

S. WITETSCHEK, Ephesische Enthüllungen 1. Frühe Christen in einer antiken Großstadt. Zugleich ein Beitrag zur Frage nach den Kontexten der Johannesapokalypse (Biblical Tools and Studies 6), Leuven 2008.

T. WITULSKI, Die Johannesoffenbarung und Kaiser Hadrian. Studien zur Datierung der neutestamentlichen Apokalypse (FRLANT 221), Göttingen 2007.

–, Kaiserkult in Kleinasien. Die Entwicklung der kultisch-religiösen Kaiserverehrung in der römischen Provinz Asia von Augustus bis Antonius Pius (NTOA 63), Göttingen 2007.

A. YARBRO COLLINS, Crisis and Catharsis. The Power of the Apocalypse, Philadelphia 1984.

# Abbildungsnachweise

Abb. 1: nach A. PONTRANDOLFO/A. ROUVERET, tombe Abb. 333.

Abb. 2: Tripolis Museum.

Abb. 3: nach P. KAVVADIAS, ieron Tafel 7.

Abb. 4: nach W. von DIEST, Nysa Taf. 6.

Abb. 5: nach A. ERTUG/R.R.R. SMITH, Aphrodisias Abb. 17.

Abb. 6: Foto: F. Krinzinger, Juni 2006.

Abb. 7: nach J.P. KENT/B. OVERBECK /A.U. STYLOW, Die römische Münze, München 1973, Taf. 35 Nr. 139.

Abb. 8: nach A. CONZE, Altertümer von Pergamon 1. Stadt und Landschaft, 1912, Abb. 1.

Abb. 9: Österreichisches Archäologisches Institut, Wien.

Abb. 10: nach P. SCHERRER, Topography Abb. 3,10.

Abb. 11: Foto: N. Gail.

Abb. 12: nach E. FOSSEL, Tempel Abb. 4.

Abb. 13: Selçuk, Ephesos Museum.

Abb. 14: nach R. HEBERDEY /G. NIEMANN/W. WILBERG, Theater.

Abb. 15: nach P. SCHERRER (Hg.), Ephesos, Abb. auf S. 165.

Abb. 16: Foto: Orhan Durgut 2004.

Abb. 17: Selçuk, Ephesos Museum, Foto: N. Gail.

Abb. 18: Foto: F. Krinzinger.

# Abkürzungen

Für jüdisch-christliche Literatur gilt das Abkürzungsverzeichnis des RGG[4] (Religion in Geschichte und Gegenwart); für antike griechische und römische Autoren das Abkürzungsverzeichnis von DNP; für Reihen und Zeitschriften das Abkürzungsverzeichnis der TRE (Theologische Realenzyklopädie), für Inschriftenkorpora zunächst das Abkürzungsverzeichnis der TRE – für alles, was dort nicht abgekürzt wird, das Abkürzungsverzeichnis von DNP. Abkürzungen, die darüber hinaus eingesetzt werden, werden im Folgenden aufgeschlüsselt:

| | |
|---|---|
| ILAlg | Inscriptions Latines de L'Algérie, hg. von S. Gsell, Roma 1965ff. |
| I.v.Creta | Inscriptiones Creticae, opera et consilio Friderici Halbherr collectae, hg. von M. Garducci, Rom 1935ff. |
| Milet | Milet. Ergebnisse der Ausgrabungen und Untersuchungen seit dem Jahre 1899, begr. von T. Wiegand, Berlin 1906ff. |
| Sardis | Sardis. Publications of the American Society for the Excavations of Sardis, hg. von der American Society for the Excavations of Sardis, Leiden 1922ff. |

# Stellenregister

(in Auswahl)

## Altes Testament



## Griechisch-römische Autoren

## Frühjüdische Literatur



## Neues Testament



## Frühchristliche Literatur



## Inschriften

## Papyri



## Sammlungen

# Schlagwortregister

(in Auswahl)

# Verzeichnis der Autoren und Autorinnen

**Prof. Dr. Walter Ameling** (* 1958), seit April 2009: Professor für Alte Geschichte an der Universität zu Köln. – Forschungsschwerpunkt: Griechische Geschichte, griechische Epigraphik. – Wichtige Veröffentlichungen: Karthago: Studien zu Militär, Staat und Gesellschaft (Vestigia 45), München 1993; Antike Metropolen, Stuttgart 2006.

**Prof. Dr. Martin Ebner** (* 1956), seit 1998 Professor für Exegese des Neuen Testaments an der Kath.-Theol. Fakultät der WWU Münster. – Forschungsschwerpunkte: Historische Jesusforschung, Sozial- und Zeitgeschichte des Neuen Testaments, Methodenfragen. – Wichtige Veröffentlichungen: Leidenslisten und Apostelbrief. Untersuchungen zu Form, Motivik und Funktion der Peristasenkataloge bei Paulus (fzb 66), Würzburg 1991; Jesus – ein Weisheitslehrer? Synoptische Weisheitslogien im Traditionsprozeß (Herders Biblische Studien 15), Freiburg i.Br. 1998; Exegese des Neuen Testaments. Ein Arbeitsbuch für Lehre und Praxis (UTB 2677), Paderborn $^{2}$2007.

**Dr. Babett Edelmann-Singer** (* 1975), seit September 2005 Wissenschaftliche Assistentin am Lehrstuhl für Alte Geschichte der Universität Regensburg; seit Juni 2006 Akademische Rätin (a.Z.). – Forschungsschwerpunkt im Bereich der Religionsgeschichte. – Wichtige Veröffentlichungen: Religiöse Herrschaftslegitimation in der Antike. Die religiöse Legitimation orientalisch-ägyptischer und griechisch-hellenistischer Herrscher im Vergleich, St. Katharinen 2007; Arvalbrüder und Kaiserkult. Zur Topographie des römischen Kaiserkultes, in: H. Cancik/K. Hitzl (Hg.), Die Praxis der Herrscherverehrung in Rom und seinen Provinzen, Tübingen 2003, 189–205; Pompa und Bild im Kaiserkult des römischen Ostens, in: J. Rüpke (Hg.), Festrituale in der römischen Kaiserzeit, Tübingen 2008 (Studien und Texte zu Antike und Christentum 48), 153–167.

**Dr. Elisabeth Esch-Wermeling** (* 1977), März 2008–Februar 2010 Wissenschaftliche Mitarbeiterin im Teilprojekt D2 „Gewaltvisionen der Offenbarung und Gewalt-*spectacula* im Römischen Reich“ des Exzellenzclusters „Religion und Politik in den Kulturen der Vormoderne und Moderne“ an der WWU Münster. – Forschungsschwerpunkte: Neutestamentliche Apokryphen; Offenbarung des Johannes; Geschlechterforschung. – Wichtige Veröffentlichungen: Thekla – Paulusschülerin wider Willen? Strategien der Leserlenkung in den Theklaakten (NTA NF 53), Münster 2008; Kein Heimvorteil für den Heiler (Vom Arzt). Lk 4,23 (Mk 2,17/EvThom 31), in: R. Zimmermann (Hg.), Kompendium der Gleichnisse Jesu, Gütersloh 2007, 523–531.

**Prof. Dr. Peter Herz** (* 1948), seit 1994 Professor für Alte Geschichte an der Universität Regensburg. – Forschungsschwerpunkte: Römische Wirtschafts- und Sozialgeschichte. – Wichtige Veröffentlichungen: Untersuchungen zum Festkalender der römischen Kaiserzeit nach datierten Weih- und Ehreninschriften, Mainz 1975 (1976); Studien zur römischen Wirtschaftsgesetzgebung. Die Lebensmittelversorgung, Stuttgart 1988 (Historia-Einzelschriften 55).

**Prof.em. Dr. Dr. Friedrich Krinzinger** (* 1940), bis 2006 Direktor des Österreichischen Archäologischen Instituts (ÖAI); bis 2008 o. Prof. am Institut für Klassische Archäologie der Universität Wien und Direktor des Instituts für Kulturgeschichte der Antike an der Österreichischen Akademie der Wissenschaften (ÖAW). – Forschungsschwerpunkte: bis 2007 Leitung der Österreichischen Ausgrabungen in Ephesos; Arbeiten zur antiken Topographie und Urbanistik, zu naturwissenschaftlichen Methoden und Feldforschungen. – Wichtige Veröffentlichungen: Zahlreiche Grabungsberichte und Grabungspublikationen; Herausgebertätigkeit für mehrere archäologische Publikations-Reihen und Zeitschriften an der ÖAW und am ÖAI.